Nocke · Liebe, Tod und Auferstehung

D1932177

Franz-Josef Nocke

Liebe, Tod und Auferstehung

Über die Mitte des Glaubens

Kösel-Verlag · München

Mit einem Nachwort »Zum Weiterdenken«

3., erweiterte Auflage 1993
© 1978 by Kösel-Verlag GmbH & Co., München.
Printed in Germany. Alle Rechte vorbehalten.
Gesamtherstellung: Kösel, Kempten.
Umschlag: Kaselow Design, München
ISBN 3-466-20371-6

4 5 6 7 8 · 98 97 96 95 94

Gedruckt auf umweltfreundlich hergestelltem Werkdruckpapier (säurefrei und chlorfrei gebleicht)

Inhalt

Vorwort

Zur ersten Auflage

Persönliche Gespräche, vor allem mit Jüngeren, über existentielle Zugänge zur Mitte des Glaubens veranlaßten mich zu einem Seminar und zu einem interdisziplinären Kolloquium über den Begriff Liebe sowie zu einer Vorlesungsreihe, aus der dann das Manuskript dieses Buches entstand. Für vielfache Anregungen, für Kritik und Ermutigung möchte ich Freunden, Studierenden und nicht zuletzt meinen Kollegen an der Universität Gesamthochschule Duisburg herzlich danken.

Zur dritten Auflage

Seit fünfzehn Jahren findet dieses Buch immer neue Leserinnen und Leser. Das freut mich sehr; denn die hier angesprochene Thematik liegt mir nach wie vor am Herzen. Inzwischen gaben mir neue Anstöße aus der theologischen Diskussion und ungezählte Gespräche weiter zu denken. Davon möchte ich etwas sichtbar machen in einem zusätzlichen Kapitel, das ich dieser Auflage in der Form eines Nachwortes anfüge. Im ursprünglichen Text habe ich nur einige wenige sprachliche Änderungen vorgenommen (vgl. hierzu Teil B des Nachworts). Wieder habe ich für bohrende Fragen, konstruktiven Widerspruch und weiterführende Anregungen vielen zu danken, besonders meinen Freunden Margret und Johannes Eulering. Den Studierenden Hans-Jörg Leeuw und Michaela Schmitz danke ich für ihre kritische Durchsicht des Textes.

Duisburg, im Januar 1993 *Franz-Josef Nocke*

I. Anliegen, Ziel und Methode

Je weniger selbstverständlich der Glaube wird, je mehr der einzelne Christ genötigt ist, vor seinen nächsten Bekannten und vor sich selbst zu rechtfertigen, warum er glaubt, und darzulegen, was er persönlich an diesem Glauben habe, desto mehr wird er nach dem Punkt suchen, an welchem die christliche Botschaft den entscheidenden Nerv seines Lebens trifft. Desto mehr wird er auch nach der Mitte dieser Botschaft selbst fragen, nach einer »Kurzformel« [1], in welcher er seinen Glauben möglichst einfach, prägnant und verständlich ausdrücken kann.

Nun trifft dieses Verlangen nach Einfachheit heute ausgerechnet auf eine Theologie, die aus vielen, hier nicht näher zu erörternden Gründen bedeutend komplizierter geworden ist als die früherer Zeiten. Wer heute Theologie studiert, hat doppelten Grund zu der Sorge, vor lauter Bäumen den Wald nicht mehr

---

[1] Vgl. hierzu und zu den einführenden Überlegungen überhaupt die Bemühungen um »Kurzformeln des Glaubens«, die mit *K. Rahner,* Kurzer Inbegriff des christlichen Glaubens für Ungläubige, in: Geist und Leben 38 (1965) 374–379, einsetzten: *ders.,* Die Forderung nach einer Kurzformel des christlichen Glaubens, in: Schriften zur Theologie, Bd. VIII, Einsiedeln 1967, 153–164; *ders.,* Reflexionen zur Problematik einer Kurzformel des Glaubens, in: Schriften zur Theologie, Bd. IX, Einsiedeln 1970, 242–256; *ders.,* Mitte des Glaubens, in: *A. Exeler* u. a., Hilfe zum Glauben, Zürich 1971, 39–56; *ders.,* Grundkurs des Glaubens, Freiburg i. B. 1976, 430–440; *K. Lehmann,* Kurzformeln des christlichen Glaubens, in: *B. Dreher* u. a. (Hrsg.), Handbuch der Verkündigung, Bd. I, Freiburg i B. 1970, 274–295; *W. Kasper,* Zum Problem der Rechtgläubigkeit in der Kirche von morgen, in: *F. Haarsma,* u. a., Kirchliche Lehre – Skepsis der Gläubigen, Freiburg i. B. 1970, 37–96, bes. 66–87; *R. Bleistein,* Kurzformel des Glaubens, 2 Bde., Würzburg 1971; *J. Schulte* (Hrsg.), Glaube elementar. Versuch einer Kurzformel des Christlichen, Essen 1971; *A. Stock,* Kurzformeln des Glaubens. Zur Unterscheidung des Christlichen bei Karl Rahner, Zürich 1971. Textzusammenstellungen: *R. Bleistein,* Bd. II (Entwürfe bekannter Theologen); *J. Schulte* (darüber hinaus: Entwürfe von Schülern, Studenten u. a.). Kritik an der Gattung Kurzformel: *J. Ratzinger,* Noch einmal: »Kurzformeln des Glaubens«, in: IKZ 2 (1973) 258–264.

zu sehen: nicht nur wegen dieser größer gewordenen Kompliziertheit, sondern vor allem auch deshalb, weil ihm – im Gegensatz zu früheren Generationen – das Ganze der Glaubenswelt nicht mehr so heimatlich-vertraut ist, daß er sich wie selbstverständlich darin bewegen und sich bald dieser, bald jener Einzelheit interessiert zuwenden könnte, weil ihm vielmehr das Ganze selbst zur Frage geworden ist.
Mit dem Problem der Unübersichtlichkeit verbindet sich das der Relevanz des Glaubens. Vor der Frage seines skeptischen oder atheistischen Gesprächspartners »Was hätte ich davon, wo würde mein Leben reicher, wenn ich glaubte?« – vor dieser Frage hat mancher intellektuell redliche Christ Angst, weil er den Verdacht hat, sein eigener Glaube sei gar nicht in der Mitte seiner Existenz angesiedelt, die Hauptthemen von Religionsunterricht und Predigt berührten nicht die Hauptprobleme seines Lebens, die großen Angebote des Glaubens träfen sich nicht mit seinen tragenden Lebenshoffnungen, und weil er beides bei bestem Willen nicht so leicht zusammenbringen kann.
Als Beispiel sei der Auferstehungsglaube genannt. (Er wird uns im Laufe unserer Überlegungen noch weiter beschäftigen.) Der Glaube an die Auferstehung Jesu und an die allgemeine Auferstehung der Toten gehört zweifellos zum Zentrum der christlichen Verkündigung [2]. Es ist auch gut denkbar, daß er zur entscheidenden Hoffnung für Menschen wird, die sich dem Tode nahe wissen. Aber trifft er auch das zentrale Interesse derer, die das Leben noch vor sich haben, die dabei sind, Freunde zu gewinnen, eine Partnerbeziehung einzugehen, Familie zu gründen, sich auf ein gesellschaftliches Engagement einzulassen, kurz: ihre Existenz aufzubauen? Kann die Auferstehungshoffnung hier überhaupt im Mittelpunkt stehen? Ist sie vorläufig nicht nur eine Hoffnungsreserve für später? Müßte christliche Pädagogik die Aufmerksamkeit verstärkt auf den Tod lenken, weil der eigentliche Glaubensinhalt jenseits des Todes liegt? Darf aber das jetzt und hier zu bestehende Leben zugunsten eines künftigen, jenseitigen Lebens abgewertet werden? Wenn

---

[2] Vgl. z. B. 1 Kor 15, bes. 3 f. u. 14, sowie die großen Predigten in der Apostelgeschichte: 2,14–36; 3,12–26; 4,10–12; 5,29–32; 10,34–43.

nicht, wird dann tatsächlich der Glaube erst wichtig an den Rändern des Lebens? Dann wären das Zentrum des Glaubens und das Zentrum des Lebens grundsätzlich nicht zur Deckung zu bringen. So oder so verbliebe man im Schema des Diesseits-Jenseits-Dualismus. Verkündigung und Theologie lebten vom Interesse am Jenseits und müßten folgerichtig zu jeder Diesseitsorientierung in Konkurrenz treten.
Dieser Dualismus bot der heute noch wirksamen Religionskritik des 19. und des beginnenden 20. Jahrhunderts die Grundlage, das Christentum als verneinend und menschenfeindlich abzulehnen und alle Jenseitserwartungen zu zerstören, um die freigewordenen Kräfte auf das irdische Leben zu konzentrieren.[3]
Aber nicht nur wegen der Angriffsfläche nach »außen« ist das polarisierende Reden von Diesseits und Jenseits bedenklich. Vielmehr scheint, wer das Diesseits vernachlässigt, auch die Jenseitshoffnung auszuhöhlen. Setzt nicht, wie Reinhold Schneider schrieb, »der Glaube an die Auferstehung ... den Wunsch nach Auferstehung voraus« [4]? Wird, wer nicht entschieden leben will, überhaupt nach Auferstehung verlangen? »Nur einem heftigen Willen zum Diesseits entkeimt ... der Glaube an das Jenseits ... Das ewige Leben kann nur die Fortsetzung des erfahrenen sein.« [5] Wenn das richtig ist, dann kann der Inhalt des Auferstehungsglaubens kaum zutreffend und wirksam zur Spra-

---

[3] Vgl. z. B. das 2. Kapitel von *L. Feuerbach,* Das Wesen des Christentums, Leipzig [3]1849 (leicht zugängliche Ausgabe: Reclams Univ.-Bibl., Stuttgart 1971, bes. 71–74); *S. Freud,* Die Zukunft einer Illusion, bes. anschaulich das Ende des IX. Kap.: »Was soll ihm die Vorspiegelung eines Großgrundbesitzes auf dem Mond, von dessen Ertrag doch nie jemand etwas gesehen hat? Als ehrlicher Kleinbauer auf dieser Erde wird er seine Scholle zu bearbeiten wissen, so daß sie ihn nährt. Dadurch, daß er seine Erwartungen vom Jenseits abzieht und alle freigewordenen Kräfte auf das irdische Leben konzentriert, wird er wahrscheinlich erreichen können, daß das Leben für alle erträglich wird ...« Hier zit. n. der Fischer-Tb-Ausgabe: *S. Freud,* Massenpsychologie und Ich-Analyse. Die Zukunft einer Illusion, Frankfurt/M. 1967, 129.

[4] Vgl. *R. Schneider,* Winter in Wien, Freiburg i. B. 1958, hier zit. n. der Tb-Ausgabe: Freiburg i. B. 1963, 67.

[5] Ebd. 178. Vgl. dazu *G. Scherer,* Der Tod als Frage an die Freiheit, Essen 1971, 185 f. Vgl. auch *G. Greshake,* Bemühungen um eine Theo-

che gebracht werden, wenn nicht gleichzeitig über die zentralen Vollzüge dieses Lebens nachgedacht wird. Allgemeiner gesagt: Lebenserfahrung und Glaubensbotschaft müssen zusammengedacht werden.

Der Theologe steht also vor einer doppelten, allerdings in sich zusammenhängenden Aufgabe:

Er wird erstens – unbeschadet aller auch notwendigen Detaildiskussionen – konzentrieren und vereinfachen müssen. Er muß die Mitte des Glaubens sichtbar machen. Vereinfachen, verständlich machen – das muß gleich gegen den Rationalismus-Verdacht gesagt werden – heißt natürlich nicht: den Glauben handlich machen, das Geheimnis auflösen, sondern: deutlich und verständlich eine Richtung angeben, in die zu schauen und zu gehen ist. Geheimnis im theologischen Sinne meint ja nicht Kompliziertheit oder logische Widersprüchlichkeit, sondern unauslotbare Tiefe, Unendlichkeit und insofern – weil man an kein Ende kommt – Unbegreiflichkeit.[6]

Zweitens wird es darum gehen, diese Glaubensmitte so zur Sprache zu bringen, daß ihr Zusammenhang, ihre Korrelation[7] mit existentiellen Grunderfahrungen deutlich wird. Theologie wird den Glauben zu reflektieren haben als Deutung, Bestätigung und Realisierung fundamentaler menschlicher Erfahrungen und Erwartungen, als Hilfe zur Unterscheidung und Entscheidung in den Widersprüchen dieser Erfahrungen, als Er-

---

logie des Sterbens, in: Concilium 10 (1974) 270–278, bes. 276: »Nur wenn das Leben Sinn hat, hat auch der Tod Sinn.«

[6] Vgl. *K. Rahner*, Über den Begriff des Geheimnisses in der katholischen Theologie, in: Schriften zur Theologie, Bd. IV, Einsiedeln 1960, 51–99.

[7] Ich greife damit ein Stichwort und ein sachliches Anliegen der gegenwärtigen Religionspädagogik auf. Vgl. z. B. die einleitenden Überlegungen in: *Zielfelderplan* für den katholischen Religionsunterricht in der Grundschule, Teil I: Grundlegung, hrsg. von der Zentralstelle für Bildung der Deutschen Bischofskonferenz, München 1977, 13–20; *G. Lange*, Religion und Glaube. Erwägungen zum Gegenstand des Religionsunterrichts, in: KBl 99 (1974) 733–750; *G. Hilger*, Ansätze und Typen der Korrelation von Lebenssituationen und Glaubensinhalten, in: KBl 102 (1977) 250–257; *G. Miller*, Der Zielfelderplan für die Primarstufe. Versuch einer Didaktik der Korrelation, ebd. 380 ff.

füllung und Überbietung menschlicher Hoffnungen.[8] Es geht also um eine Form anthropologisch orientierter Theologie. Daß dies nicht dasselbe ist wie anthropologische Reduktion, Auflösung der Theologie in Anthropologie, und daß es nicht nur religionspädagogische, sondern auch dogmatische und fundamentaltheologische Argumente für eine anthropologisch gewendete Theologie gibt, das braucht nach den Veröffentlichungen der letzten Jahre zu dieser Frage[9] nicht mehr eigens entfaltet zu werden. Nur so viel sei dazu gesagt: Gerade nach katholischer Tradition ist der von Gott und auf Gott hin geschaffene Mensch trotz aller geschichtlichen Korrumpierung ein Wesen von solcher Transzendenzverwiesenheit, daß man nicht den Menschen vergessen muß, um von Gott zu reden, daß vielmehr gerade im Menschlichen die Spuren des Göttlichen zu suchen sind. Bei menschlichen Erfahrungen anzusetzen, kann schon

[8] Vgl. *W. Kasper,* Die Methoden der Dogmatik, München 1967, 79: »Will sich die Theologie nicht in das freigewählte Gefängnis der Selbstisolierung begeben, dann muß sie ihre Aussagen als Konkretisierung, Erfüllung und Überbietung dessen aufweisen können, was sich in den allgemeinen Wesensstrukturen jeder Geschichte in der Weise der Antizipation und Hoffnung abzeichnet... Sie kann dann aufzeigen, daß sich das Kreuz Christi in dem Grundgesetz jeder Geschichte, der Selbstüberschreitung, im Aufgeben, um zu gewinnen, bereits abschattet.«

[9] Vgl. für den *religionspädagogischen* Aspekt außer der Anm. 7 gen. Literatur: *G. Baudler,* Die anthropologische Wende der Theologie und ihre Bedeutung für den gegenwärtigen Religionsunterricht, in: Diakonia 4 (1973) 87–98; *P. Schmidt,* Theologische Anthropologie und Religionspädagogik, in: ThPh 50 (1975) 404–415; *R. Baumann,* Gesichtspunkte für einen »besseren« Umgang mit Bibeltexten, in: KBl 102 (1977) 213–222, bes. 218; für den *dogmatischen* Aspekt: *K. Rahner,* Theologie als Anthropologie, in: Schriften zur Theologie, Bd. VIII, Einsiedeln 1967, 43–65; *ders.,* Grundkurs, 22 f., und die Gesamtkonzeption des Buches; *P. Eicher,* Du sollst dir kein Bildnis machen. Möglichkeiten und Grenzen theologischer Anthropologie heute, in: *G. Bitter/G. Miller* (Hrsg.), Konturen heutiger Theologie, München 1976, 21–44, sowie die Anm. 8 gen. Schrift von *W. Kasper;* für den *fundamentaltheologischen* Aspekt: *O.H. Pesch,* Rechenschaft über den Glauben, Mainz 1972, bes. 128–135 (Pesch bricht eine Lanze für die »Immanenzapologetik«); *G. Fuchs,* Glaubhaft ist nur Liebe. Theologische Anmerkungen zu Ansatz und Perspektive des Zielfelderplans für die Primarstufe, in: KBl 102 (1977) 371–377.

deshalb nicht heißen, bei deren Reflexion reduktionistisch stehenzubleiben. Der Mensch selbst weist über sich hinaus.
Allerdings ist, wenn man sich auf den Ansatz bei konkreten Erfahrungen einläßt, mit einer Vielzahl möglicher und berechtigter theologischer Perspektiven zu rechnen. Denn was als existentiell wichtig erfahren wird, das kann nach Kulturen, geographischen Zonen und geschichtlichen Epochen, ja sogar nach Lebensaltern und rasch wechselnden Zeitströmungen verschieden sein. Nur eine solche mögliche Perspektive soll in den folgenden Überlegungen aufgezeigt werden.
Das Ziel dieser Schrift ist also nicht ein kompletter Überblick (wie man ihn vom Flugzeug aus über eine Stadt oder eine Landschaft hat), sondern eine Per-spektive, ein Durch-blick (wie man ihn beim Durchwandern eines Gebirges oder beim Gang durch eine Stadt gelegentlich an einer günstigen Stelle gewinnt). Angezielt ist der Blick auf die Mitte; aber die Blickrichtung ist abhängig von dem Punkt, an dem man sich gerade befindet. So sei von vornherein bei aller Bemühung um Konzentration die Relativität dieser Perspektive eingestanden.
Der Ausgangspunkt liegt in Gesprächen und Reflexionen über konkrete Erfahrungen mit Liebe, Freundschaft und sozialem Engagement, über die grundsätzliche Bestimmung zur Liebe, über die Unbedingtheit, mit der diese Bestimmung erlebt wird, und über die Ausweglosigkeiten, in die sie hineinführen kann. Dies wird nicht selten mit solcher Wucht erfahren, daß die Frage nach der persönlichen Fähigkeit oder Unfähigkeit zur Liebe sowie nach ihrer objektiven Möglichkeit oder Unmöglichkeit zur Frage nach der Sinnhaftigkeit des Lebens überhaupt wird.
An dieser Stelle setzt die Frage nach Inhalt und Relevanz des christlichen Glaubens ein.
Es scheint mir einiges dafür zu sprechen, daß dieser Ansatz heute (vor allem bei Jugendlichen und jungen Erwachsenen, aber längst nicht nur bei ihnen) besonders gefragt ist. Das Wort »Liebe« dürfte so etwas wie ein epochales Stichwort sein. Wohl kein Inhalt der christlichen Botschaft wird auch außerchristlich, wenigstens theoretisch, so ernst genommen und für so wichtig gehalten wie die Forderung der Nächstenliebe. Davon

kann man sich in fast jedem Grundsatzgespräch über ethische Fragen im Bekanntenkreis überzeugen; das bezeugt ebenso der christlich-marxistische Dialog des letzten Jahrzehnts, in dem das Gesetz der Liebe als »das ganze Geheimnis« des Menschen anerkannt wurde[10]; das bestätigt auch Erich Fromms jüngstes Werk »Haben oder Sein«, in welchem Fromm dem sich an seinen Besitz klammernden Menschen im »Haben-Modus« den »neuen Menschen« im »Seins-Modus« gegenüberstellt, der bestimmt ist vom »Willen zu geben, zu teilen und zu opfern«[11]. Vielleicht nicht zu Unrecht wurde der beträchtliche Verkaufserfolg dieses Buches als Ausdruck eines »religiösen Grundbedürfnisses des Menschen von heute« interpretiert.[12]
Es ist daher nicht verwunderlich, daß das Wort »Liebe« in vielen der in den letzten Jahren formulierten Kurzformeln des Glaubens – von den Entwürfen Karl Rahners bis zu den auf Schüler- und Studententagungen entstandenen – eine zentrale Stelle einnimmt. Gott wird geglaubt als »Horizont, Garant und Radikalität« einer Liebe, in welcher der Mensch »sich radikal an den anderen wegwagt«[13]; der »Sinn des Menschseins« wird gefunden im »Dienst für die anderen«[14]; auf die Frage nach

---

[10] Vgl. z. B. *V. Gardavský,* Gott ist nicht ganz tot. Betrachtungen eines Marxisten über Bibel, Religion und Atheismus, München 1971, 63: »Bringt er (der Mensch) es ... fertig, radikal zu lieben, dann bricht er mit seiner Tat den Schoß der Zukunft auf und wird zu einem, der mehr ist, als in seinen Möglichkeiten lag. Darin liegt sein ganzes Geheimnis, darin ist der Mensch selbst ein Wunder.« Den Kern der Bedeutung Jesu für den atheistischen Marxisten (vgl. ebd. 46) sieht Gardavský in der Überzeugung Jesu, »daß der Mensch nur dann *ist,* wenn er über sich hinausgreift: sich selbst gegenüber, dem Nächsten gegenüber, Gott gegenüber«. 60 f.

[11] Vgl. *E. Fromm,* Haben oder Sein. Die seelischen Grundlagen einer neuen Gesellschaft, Stuttgart 1976, bes. 101–108.

[12] Vgl. den ungezeichneten Artikel »Nichts ist heilig«, in: *Der Spiegel,* 1977, Nr. 15, 232–236, Zitat 235. Vgl. ferner als Rezensionen von E. Fromms »Haben oder Sein«: *W. Merkel,* in: Orientierung 41 (1977) 23; *ders.,* in: Publik-Forum 6 (1977), Nr. 4, S. 15 f.; kritischer: *D. A. Seeber,* in: Herder-Korrespondenz 31 (1977) 214 f.; *J. Sánchez,* in KBl 102 (1977), 501–505.

[13] *K. Rahner,* Grundkurs, 437; so auch schon in: Reflexionen (s. o. Anm. 1), 252.

[14] *W. Kasper,* Glaube und Glaubensbegründung angesichts einer mo-

»Sinn, Ursprung und Ziel seines Daseins« findet der Christ eine Antwort im Glauben an Gott, der sich »als Liebe« mitteilt[15], in der Realisierung dieser Liebe findet er »bereits auf Erden die Freiheit der Söhne und Töchter Gottes«[16].

Karl Rahner hat auch in anderen Zusammenhängen über die epochale Bedeutung des »Urwortes« Liebe nachgedacht. Er sieht sowohl in den gesellschaftlichen Problemen als auch in der (negativen) Gotteserfahrung der Gegenwart zwingende Gründe zur Konzentration auf die Nächstenliebe: »Heute jedenfalls, wo die Menschheit in der Ungeheuerlichkeit ihrer Zahl und konkreten Einheit, den notwendig neuen Formen ihrer Gesellschaftlichkeit ganz neu lernen muß zu lieben, oder untergeht, wo Gott so als die schweigende Unbegreiflichkeit neu aufgeht, daß der Mensch versucht ist, ihn überhaupt nur noch durch Schweigen zu ehren ... – in einer solchen neu heraufziehenden Epoche könnte die ›Nächstenliebe‹ das wirklich bewegende Urwort und Schlüsselwort für uns heute sein.«[17]

Auf der Suche nach Zugängen zum Christusglauben kommt Rahner zu drei Momenten, die auch für den Suchenden, noch nicht ausdrücklich Glaubenden, verständliche »Zugänge« oder »Appelle« sein können. Diese Zugänge sind »der andere (der Nächste), der Tod und die Zukunft«[18]. »Wer fragt, wie man den Nächsten bedingungslos lieben und seine eigene Existenz radikal für ihn einsetzen könne, wie solche Liebe auch durch

---

dernen Problemstellung, Münster 1970, hier zit. nach *R. Bleistein,* a.a.O. II, 100.

[15] Auf einer Studententagung formulierte Kurzformel von *H. C. Maus,* in: *J. Schulte,* a.a.O., 96.

[16] Auf einer offenen Akademietagung in einer Tutorengruppe erarbeitete Formel, ebd. 117. Vgl. ferner die von *J. Schulte* gesammelten Kurzformeln von *M. Stemmrich* (ebd. 89 f.); *H. J. Heckelei* (92 f.); *R. Cornelissen* (113).

[17] *K. Rahner,* Über die Einheit von Gottes- und Nächstenliebe, in: Schriften zur Theologie, Bd. VI, Einsiedeln 1965, 277–298, Zitat 297.

[18] *K. Rahner,* Auf der Suche nach Zugängen zum Verständnis des gottmenschlichen Geheimnisses Jesu, in: Schriften zur Theologie, Bd. X, Zürich 1972, 209–214, Zitat 209. Vgl. auch *ders.,* Grundlinien einer systematischen Christologie, in: K. Rahner/W. Thüsing, Christologie – systematisch und exegetisch, Freiburg 1972, 61–63; *ders.,* Grundkurs, 288–291.

den Tod nicht ungültig wird, ob man hoffen könne, im Tod nicht das Ende, sondern die Vollendung in der absoluten Zukunft zu finden, die Gott genannt wird, der sucht mit dieser Frage, ob er es weiß oder nicht, Jesus.« [19]

In dieser dreifachen Frage fand ich die Stichworte wieder, aus denen ich die Grundthese dieses Buches formulieren möchte: Liebe, Tod und Auferstehung. Die These lautet:

Der Mensch findet seine Selbstverwirklichung in der hingebenden, sich selbst loslassenden Liebe. Diese Liebe, einerseits unverzichtbarer Weg zur Vollendung des Ich, hat andererseits etwas Tödlich-Gefährliches an sich. Deshalb erfährt sich der Mensch als Wesen, das zugleich lieben will und Angst vor der Liebe hat. Leben und Botschaft Jesu provozieren zum Wagnis des liebenden Engagements. Der Glaube an die Auferstehung läßt hoffen, daß gerade im radikalen Sich-Loslassen die Liebe »ankommt« und der Liebende sein Leben gewinnt. Kurz: Christlicher Glaube befreit zum Wagnis der Liebe.

Diese These kann man als eine weitere Kurzformel bezeichnen, wenn damit nicht der Anspruch verbunden wird, aus ihr ließen sich alle Einzelaussagen des Glaubens ableiten. Soviel soll sie nicht leisten. Sie soll ja nur eine Perspektive markieren: einen Durchblick, in dem die Mitte des Glaubens sichtbar und eine Reihe von Einzclaussagen, gewissermaßen als Elemente am Wege, verständlich werden. Wohl wird verlangt, daß der Mensch selbst, seine Erfahrungen, Hoffnungen und Ängste in dieser Perspektive vorkommen.[20]

Das hat Konsequenzen für die Methode dieser Arbeit. Theologische Aussagen sollen mit nicht-theologischen vermittelt werden. Beide werden, wenn auch in unterschiedlicher Breite, in allen Kapiteln nebeneinanderstehen. Aber nicht alle Aussagen können gleich gründlich belegt werden. Die wichtigsten theologischen Thesen werden ausführlicher begründet und erläutert werden; ferner sollen einschlägige theologische Streitfragen sichtbar gemacht werden, damit der Leser mit der Kontroverse

---

[19] *K. Rahner,* Auf der Suche, 214.

[20] Als ersten kleinen Versuch in dieser Richtung vgl. *F.-J. Nocke,* Liebe und Tod. Versuch einer Kurzformel, in: KBl 100 (1975), 18–25.

auch die hier vorausgesetzten oder getroffenen Entscheidungen für eine bestimmte Denkmöglichkeit erkennt. Andere theologische Aussagen werden summarischer behandelt; Phänomene, die primär Gegenstand anderer Disziplinen sind (z. B. der Psychologie, der Philosophie oder der Literaturwissenschaft), kann ich, bis auf einige Hinweise zur raschen Weiterorientierung, nur ohne großen wissenschaftlichen Apparat zur Sprache bringen.

Der Aufbau der folgenden Überlegungen ergibt sich weitgehend aus der Entfaltung der Grundthese. Nach einer Bemühung um ein erstes inhaltliches Verständnis des Begriffs »Liebe« (Kap. II) sind einerseits der Zusammenhang von Liebe und Selbstverwirklichung (Kap. III) und andererseits der »gefährliche« Charakter der Liebe, der Zusammenhang von Liebe und Tod zu bedenken (Kap. IV). Da in der Dialektik dieser beiden Momente der Angelpunkt unserer Überlegungen liegt, werden wir uns mit ihnen etwas ausführlicher zu befassen haben. Dann ist zu zeigen, was für die Konfrontation mit dem Dilemma, das aus dieser Dialektik erwächst, der Auferstehungsglaube einbringt (Kap. V). Schließlich soll aufgewiesen werden, wie sich in der Perspektive von Liebe, Tod und Auferstehung ein etliche Einzelheiten verständlich machender Durchblick ergibt; aber auch auf die Grenzen und Gefahren dieses Entwurfs möchte ich den Leser am Schluß aufmerksam machen (Kap. VI).

II. Zum Begriff »Liebe«

A. Mehrdeutiger Sprachgebrauch

Das Wort »Liebe« ist so verbraucht und so vieldeutig[1], daß zunächst eine Verständigung darüber notwendig ist, was mit diesem Wort auf den folgenden Seiten gemeint ist. Allerdings wird das kaum mit einer rasch formulierten Definition zu erledigen sein. Da nämlich die Vieldeutigkeit des Wortes eine Vielschichtigkeit der »Sache« vermuten läßt, bekämen wir die gemeinte »Sache« möglicherweise nicht recht zu Gesicht, wenn wir um der begrifflichen Klarheit willen an dem diffusen Sprachbefund einfach vorbeigingen. Außerdem hat der Begriff »Liebe« eine Geschichte durchgemacht, die für den Fortgang unserer Überlegungen – besonders für die Frage nach dem Zusammenhang von Selbstverwirklichung und Liebe – außerordentlich interessant ist. Deshalb wird wenigstens kurz der sprachliche und begriffsgeschichtliche Befund vorgestellt werden müssen, bevor ich eine eigene inhaltliche Umschreibung versuche.

Drei Beispiele, zu denen jeder Leser vermutlich Parallelen erzählen könnte, mögen veranschaulichen, wovon die Rede ist.

In einem siebten Schuljahr fand ich als Religionslehrer im Fragekasten einen Zettel mit dem knappen Fragesatz: »Was ist Liebe – und wie wird es gemacht?« Darunter stand noch der Zusatz »Bitte genau!« Gewünscht war offenbar ein Gespräch über Sexualtechniken. Soll nun der Religionslehrer der Klasse

---

[1] Vgl. hierzu *P. Tillich,* Liebe, Macht, Gerechtigkeit, in: Sein und Sinn. Zwei Schriften zur Ontologie (Gesammelte Werke, Bd. XI), Stuttgart 1969, 143–225, bes. 144–146; *R. Laurentin,* Die neuen Forderungen der Liebe, Graz 1971, 7–30; *J. Pieper,* Über die Liebe, München 1972, 15–37; *B. Welte,* Dialektik der Liebe. Gedanken zur Phänomenologie der Liebe und zur christlichen Nächstenliebe im technologischen Zeitalter, Frankfurt/M. 1973, 13–16; *H. Kuhn,* »Liebe«. Geschichte eines Begriffs, München 1975, 9–29; *A. Ganoczy,* Liebe als Prinzip der Theologie, in: *E. Biser* u. a., Prinzip Liebe. Perspektiven der Theologie, Freiburg i. B. 1975, 36–58, bes. 38 f.

erklären, hier habe sich der Schreiber im Wort vergriffen, das habe doch mit Liebe nichts zu tun? –

Ein Mann, dessen junge Ehe scheiterte und der im Gespräch darüber zugab, durch vielfache Vernachlässigungen verursacht zu haben, daß es seine Frau schließlich nicht mehr mit ihm aushielt, erklärte im gleichen Gespräch seiner Frau gegenüber, daß er sie immer noch liebe, und dies sage er ihr nun, da sie ihn verlasse, absichtlich, um ihr wehzutun. Emotionale Anhänglichkeit, die den anderen ins Unrecht setzen will? Kann solche Anhänglichkeit einfach aus dem Begriff »Liebe« gestrichen werden? –

In einer Diskothek fragte der Moderator einer Fernsehsendung ein etwa siebzehnjähriges Mädchen: »Wer von den geschichtlichen Figuren hat am meisten geliebt?« Antwort: »Am meisten geliebt – ja, meinen Sie Jesus? Er hat die Menschen geliebt als solches; es gab natürlich noch einen Casanova und Heinrich VIII., die haben auf eine andere Weise geliebt. Aber ich meine, Liebe, wie sie Jesus Christus uns gezeigt hat, gibt es heutzutage nicht mehr.« [2]

Was steckt in dem einen Wort, daß dem Mädchen – bei aller Verschiedenheit, die ihm bewußt ist – diese drei Namen dabei einfallen können?

Lassen wir einmal (obwohl auch das meiner Meinung nach schon eine Verkürzung ist [3]) all die Bedeutungsfelder außer Betracht, in denen das Wort »Liebe« eine positive Beziehung

---

[2] Vgl. *G. Heinen,* Religion ist nicht »out«, in: Frankfurter Hefte 30 (1975), Heft 4 (Sonderheft Jugend), 106–110, Zitat 106.

[3] Auch hier liegt ja nicht eine äquivoke, sondern mindestens eine analoge Bedeutung des Wortes Liebe vor. Auch Dinge können faszinieren, herausfordern, Kräfte und Hoffnungen in Bewegung setzen, Sinnerfahrungen vermitteln, ähnlich, wenn auch nicht gleich, wie Personen. So weit faßt *J. Pieper* den Begriff: »jemanden oder etwas lieben«. A.a.O., 38. *D. von Hildebrand* unterscheidet »die Liebe zu impersonalen Gebilden, wie Liebe zu einer Nation, zur Heimat, zu einem Land, zu einem Kunstwerk, zu einem Haus usw.«, die »schon ein wenig analog« sei, vom »›Hängen‹ an Gütern ... wie Speisen, Trank, Geld usw.«: dies könne »auch im analogen Sinn nicht mehr als ›lieben‹ bezeichnet werden«. Das Wesen der Liebe (Gesammelte Werke, Bd. III), Regensburg 1971, 31.

zu Dingen oder Tätigkeiten ausdrückt (Liebe zum Wein, zum Sport, zum Vaterland), – auch im personalen Bereich stoßen wir auf eine solche Fülle sehr verschiedener Beziehungen, die alle mit diesem Wort benannt werden, daß man versucht sein könnte, die deutsche Sprache arm zu nennen, weil sie für so disparate Gegenstände nur eine Vokabel habe.[4] Tatsächlich hat, wie Josef Pieper berichtet, ein deutscher Philosophieprofessor[5] den Vorschlag gemacht, die Sprache zu korrigieren und wissenschaftlich-exakt nur noch von »Liebe^{1}«, »Liebe^{2}« usf. zu sprechen. Lehnt man das ab, weil man Liebe für ein »Grundwort« hält und weil sich, wie Pieper sagt, »Grundworte ... nicht willkürlich und auch nicht kraft noch so wohlbegründeter Willensentscheidung auswechseln oder ersetzen«[6] lassen, dann muß man nach dem einen Grundlegenden fragen, das in allen Bedeutungsnuancen enthalten ist.[7]

---

[4] So der Altphilologe *U. von Willamowitz-Moellendorf* mit Bezug auf die Wiedergabe der beiden griechischen Vokabeln ἔρως und ἀγάπη durch das eine deutsche Wort Liebe: »Wenn die deutsche Sprache so arm ist, daß sie in beiden Fällen Liebe sagt, haben die Begriffe doch darum nichts miteinander zu schaffen.« Hier zit. nach *A. Nygren,* Eros und Agape, Berlin ²1955, 9. Vgl. auch ebd. 14, Anm. 1. Dazu *J. Pieper,* a.a.O., 16.

[5] *J. Rehmke,* Grundlegung der Ethik als Wissenschaft, Leipzig 1925, 98 f. Hier zit. nach *J. Pieper,* a.a.O., 16.

[6] *J. Pieper,* a.a.O., 18.

[7] Übrigens bringt der Seitenblick auf andere Sprachen (vgl. *J. Pieper,* a.a.O., 23–37; *R. Laurentin,* 14–19) zwar ein differenziertes Vokabular zutage; aber auch dort findet man keine randscharfen Begriffe. Im Englischen unterscheidet man »to like« (gern haben, mögen) von »to love« (lieben); aber gerade der Engländer *C. S. Lewis* macht darauf aufmerksam, daß die in der Schule gelernte Unterscheidung in der lebendigen Sprache nicht durchgehalten wird. Vier Arten der Liebe, Einsiedeln 1961, 22. (Da dieses lesenswerte Buch in deutscher Übersetzung leider nicht mehr im Handel ist, zitiere ich im folgenden außer der deutschsprachigen auch die englische Ausgabe: The Four Loves, London/New York 1960, hier: 25.) Für das Lateinische stellt *J. Pieper* die Unterschiede zwischen »studium«, »pietas«, »affectio«, »dilectio«, »amor« und »caritas« heraus, muß aber gleich darauf einräumen, daß z. B. Augustinus und die Vulgata unterschiedslos und gleichbedeutend »amor«, »dilectio« und »caritas« nebeneinander gebrauchen. A.a.O., 23–28. Vielleicht ist das Mißlingen sprachlicher Abgrenzungen eben

Das heißt nicht, daß man nach einer Definition suchen müßte. »Definition« wird durch Abgrenzung von anderen gewonnen. Handelt es sich aber um ein »Grundwort«, das »den umfassendsten Akt des Menschen« [8] benennt, dann ist keine Einordnung durch Abgrenzung mehr möglich. Mit dieser Begründung lehnen etliche Autoren eine Definition des Begriffs Liebe ausdrücklich ab; [9] andere verzichten stillschweigend darauf. [10]
Etwas anderes ist eine positive inhaltliche Bestimmung, in welcher Komponenten zusammengetragen werden, die das eine Ganze des Grundaktes ausmachen. Hier fallen nun bei der Durchsicht einer Reihe von systematischen Abhandlungen über die Liebe zwei Akzente auf. Die einen legen den Ton auf die »Bejahung«, »Gutheißung« des Du: »In jedem denkbaren Fall besagt Liebe soviel wie Gutheißen.« (Pieper [11]) »Lieben heißt, eine andere Person um ihrer selbst willen bejahen, sie anerkennen, sich für sie engagieren, daran mitwirken, daß sie sich verwirklichen kann.« (Scherer [12]) In diesen Bestimmungen ist das Auge vornehmlich auf das geliebte Du gerichtet. In anderen liegt der Ton auf der Vereinigung, nach welcher der Liebende

---

doch ein Indiz für die Komplexität der »Sache«, die sich regelmäßig gegen perfekte Distinktionen durchsetzt.

[8] *B. Casper,* Art. Liebe, in: HPhG 3, München 1973, 860–867, Zitat 864.

[9] Vgl. außer *B. Casper* (s. o. Anm. 8) *B. Welte,* a.a.O., 14: »Ich glaube nicht, daß man Liebe definieren kann.« *M. Scheler,* Wesen und Formen der Sympathie (Gesammelte Werke, Bd. 7), Bern 1974, 155: »Als letzte Wesenheiten sind Liebe und Haß nur *erschaubar* zu machen, nicht definierbar.« *V. Warnach,* Agape. Die Liebe als Grundmotiv der neutestamentlichen Theologie, Düsseldorf 1951, 16: »Auch dem scharfsinnigsten Philosophen entgeht ein unauflösbarer Erkenntnisrest, der sich nicht in eine Begriffsbestimmung einzwängen lassen will.«

[10] So z. B. *V. Warnach,* Art. Liebe, in: HThG, Bd. II, München 1963, 54–75; *ders.,* Art. Liebe, in: *Bauer,* Bd. II, 780–818 (eine ausführliche »Wesensumschreibung« – nicht Definition! – bringt Warnach in seinem o. g. Werk Agape, 445); *K. Rahner,* Art. Liebe, in: LThK, Bd. 6, Freiburg i. B. ²1961, 1031 f. und 1038 f.; *ders.,* Art. Liebe, in: HThTL, Bd. 4, Freiburg i. B. 1972, 319–333.

[11] *J. Pieper,* a.a.O., 38.

[12] *G. Scherer,* Art. Liebe, in: Glaubensinformation. Sachbuch zur theologischen Erwachsenenbildung, hrsg. von *A. Exeler/G. Scherer,* Freiburg i. B. 1971, 200 f., Zitat: 200.

verlangt: »Liebe ist Vereinigungskraft.« (Kuhn[13]) »Der Liebende erkennt das Geliebte als gut, und er will, daß ihm dieses Gute werde.« (Kuhn[14]) Erich Fromm nennt Liebe die »Erfüllung des Verlangens nach Vereinigung.«[15] Hier ist mehr das eigene Glücksverlangen im Blick. Manche Formulierungen suchen beide Momente in einem Satz unterzubringen. So Dietrich von Hildebrand: »In Wahrheit besteht das Wesen der Liebe darin, daß man an einer anderen Person ein Interesse nehmen kann, aus dem eine ähnliche Solidarität entsteht, wie sie der eigenen Person gegenüber von selbst besteht.«[16] Max Müller und Alois Halder formulieren Liebe als »dasjenige Hinstreben zu einem Anderen, das dieses Andere auch in der Vereinigung mit ihm nicht seiner Eigenheit beraubt, sondern es vielmehr gerade darin belassen will«.[17]

Die beiden hier gegeneinandergesetzten Gruppen schließen sich nicht gegenseitig aus (es handelt sich auch nicht in jedem Fall um Betonungen, die für das ganze Werk des betreffenden Autors charakteristisch sind), sie markieren aber Akzentunterschiede. Hinter diesen Akzentunterschieden (Blick auf das geliebte Du – Blick auf das eigene Glücksverlangen) steht eine ganze Begriffsgeschichte, die im folgenden grob skizziert werden soll. Im III. Kapitel werde ich noch einmal darauf zurückkommen.

---

[13] *H. Kuhn,* »Liebe«, 19 u.v.a. Nach Kuhn wird die Formel »vis unitiva« seit Pseudo-Dionysius (um 500) unzählige Male wiederholt und »durchzieht die Geschichte des Liebesbegriffs wie ein nie ganz verklingendes Leitmotiv«. 16.

[14] Ebd., 16.

[15] *E. Fromm,* Die Kunst des Liebens, Frankfurt/M. 1975, 54. Vgl. auch ebd., 39 f.: »Die Liebe des Menschen ist eine aktive Kraft, die die Mauern durchbricht, durch die der Mensch von seinen Mitmenschen getrennt ist, und die ihn mit den anderen vereint. Die Liebe läßt ihn das Gefühl der Isolation und Getrenntheit überwinden, erlaubt ihm aber, sich selbst treu zu bleiben und seine Integrität, sein So-Sein zu bewahren.«

[16] *D. von Hildebrand,* a.a.O., 21 f.

[17] *M. Müller/A. Halder,* Art. Liebe, in: Kleines Philosophisches Wörterbuch, Freiburg i. B. 1971, 155.

B. Ein Blick in die Begriffsgeschichte

Zwei griechische Worte, Eros und Agape – beide im Deutschen mit »Liebe« wiedergegeben –, markieren zwei Motive, die in der Geschichte des Liebesbegriffs eine grundlegende Bedeutung gewonnen haben.[18] Sie sind zugleich Kennworte für zwei Hauptquellen der abendländischen Kultur: die griechische Antike und das neutestamentliche Christentum. An der Verschiedenheit und der Synthese zwischen Eros und Agape läßt sich die Problematik studieren, die im Verhältnis des biblischen Glaubens zur antiken Philosophie liegt. Zur Erläuterung der beiden Begriffe beschränke ich mich auf Platons »Symposion«[19] einerseits und neutestamentliche[20] Texte andererseits.

---

[18] Vgl. als ausführliche Erörterungen: *H. Scholz,* Eros und Caritas. Die platonische Liebe und die Liebe im Sinne des Christentums, Halle 1929; *A. Nygren,* Eros und Agape. Gestaltwandlungen der christlichen Liebe, 2 Bde., Gütersloh 1930 u. 1937; im folg. zitiert nach der 2. (einbändigen) Auflage: Berlin 1955; *L. Grünhut,* Eros und Agape. Eine metaphysisch-religionsphilosophische Untersuchung, Leipzig 1931; *E. Brunner,* Eros und Liebe, Berlin 1937; *M. C. d'Arcy,* The Mind and Heart of Love. Lion and Unicorn. A Study in Eros and Agape, London 1945; *W. J. Verdenius,* Platon und das Christentum, in: Ratio 5 (1963) 13–28; *J. B. Lotz,* Die Stufen der Liebe. Eros – Philia – Agape, Frankfurt/M. 1971; *H. Kuhn,* »Liebe«, 39–92. Für einen Überblick: *H. U. von Balthasar,* Eros und Agape, in: StdZ136 (1939) 398–403; *V. Lindström,* Art. Eros und Agape, in: RGG, Bd. II, Tübingen ³1958, 603–605; *W. Heinen,* Liebe als sittliche Grundkraft und ihre Fehlformen, Freiburg i. B. 1958, 15–30; *J. Ratzinger,* Geschichte der Theologie der Liebe, in: LThK, Bd. 6, Freiburg i. B. ²1961, 1032–1036, bes. 1032ff.; *V. Warnach,* Art Liebe, in: HThG. II (vgl. oben Anm. 10), bes. 60–63; *M. Schmaus,* Der Glaube der Kirche. Handbuch katholischer Dogmatik, Bd. 2, München 1970, 613ff.; *B. Casper,* a.a.O. (vgl. Anm. 8), bes. 862f.

[19] Im folg. zit. nach der von *O. Apelt* u. *A. Capelle* besorgten Ausgabe: *Platon,* Das Gastmahl. Griechisch-deutsch, Hamburg 1960. Auf die vielfache Modifizierung, die der Eros-Begriff in der Antike erfahren hat, gehe ich hier nicht ein. Bei einer gründlicheren Beschäftigung damit wäre insbesondere die gegenüber der platonischen weiterentwickelte Darstellung des Eros im Neuplatonismus zu berücksichtigen; dieser war ja der unmittelbare Gesprächspartner der Kirchenväter in der Begegnung zwischen Christentum und Antike. Dazu knapp und aufschlußreich: *V. Verdenius,* a.a.O., 18.

[20] Das *Alte Testament* wird nur aus methodischen Gründen nicht eigens

1. Eros

In Platons »Symposion« werden bei einem abendlichen Trinkgelage von sechs bekannten Athenern nacheinander Reden über den Eros gehalten: von zwei Sophistenschülern, einem Arzt, zwei Dichtern und zuletzt von Sokrates. Jeder tut es auf seine Weise; frühere Reden werden durch spätere korrigiert.
Besonders bekannt ist die witzig-anschauliche Rede des Komödiendichters Aristophanes: Das Liebesverlangen unter den Menschen rühre von einem Eingriff der Götter her, mit dem diese sich vor den Menschen, die vordem »gewaltige Kraft und Stärke« und »hohes Selbstgefühl« [21] besaßen, schützen wollten. Einst seien nämlich die Menschen kugelgestaltig gewesen, mit je vier Armen und Beinen, zwei Gesichtern usw., infolgedessen so stark und so schnell, daß sie selbst den Göttern gefährlich zu werden drohten. Um dem zuvorzukommen, habe Zeus einen jeden in zwei Hälften geschnitten. »Als nun so ihre ursprüngliche Gestalt in zwei Teile gespalten war, ward jede Hälfte von Sehnsucht nach Vereinigung mit der anderen getrieben.« [22] Seitdem sei die Liebe den Menschen eingeboren. »Sie führt das ursprüngliche Wesen zusammen und ist bestrebt, aus Zweien Eins zu machen und der menschlichen Natur Heilung zu schaffen.« [23] Weil »jeder von uns nur das Halbstück eines Menschen« ist, sucht »jeder ... beständig das ihm entsprechende Gegenstück«.[24] Eros ist demnach Verlangen nach Vereinigung, Streben nach Ganzheit, nach Heilung der menschlichen Gespaltenheit.
Die größte Bedeutung für die Geschichte des Eros-Begriffs hat die Rede des Sokrates. Für ihn geht die Liebe nicht auf im Verlangen nach Vereinigung und Ganzheit, sie richtet sich vielmehr auf etwas, was hinter und über allen zunächst angestrebten Werten liegt. Sie gilt »dem dauernden Besitz des Guten« [25].

---

behandelt. Hier geht es nicht darum, das NT gegenüber dem AT zu profilieren, sondern gegenüber der griechischen Philosophie.

[21] *Platon,* a.a.O., 190.

[22] Ebd., 191 a.

[23] Ebd., 191 c.

[24] Ebd., 191 d.

[25] Ebd., 206 a.

Wie auf einer Stufenleiter[26] steigt der Liebende, wenn er pädagogisch richtig geführt wird, auf: von der Liebe zu einem schönen Körper zu der Schönheit an sich, wie sie in allen Körpern wohnt, weiter von der körperlichen Schönheit zur geistigen Schönheit; so gelangt er »hinaus ... auf das weite Meer des Schönen«[27], bis er schließlich, herangereift zum höchsten Akt, »am Ziel des Liebesweges angelangt, plötzlich ein Schönes von wunderbarer Art«[28] erblickt, die absolute Schönheit. Auf die Schau dieser Schönheit zielen alle früheren Bemühungen letztlich hin. Der Eros ist für Sokrates also eine Kraft, ein Streben, das von Stufe zu Stufe weitertreibt auf die höchste Beseligung des Menschen hin: die Schau des Absoluten. Eros ist Helfer zur Vollendung, Vehikel zum höchsten Glück.
Bei allen Gegensätzen und Nuancen zwischen den einzelnen Rednern treten doch einige charakteristische Züge des Eros-Begriffs zutage: Eros ist ein Verlangen, das im Menschen steckt, ihn unruhig macht und in Bewegung setzt auf seine eigene Vollendung hin. Dabei spielt in der weiteren Begriffsgeschichte der sokratische Gedanke von der Stufenleiter eine besondere Rolle: Eros ist eine Bewegung von unten nach oben, vom Niederen zum Höheren.

2. Exkurs über die Philia

Nebenbei erwähnt, weil auch auf ihn gelegentlich zurückgegriffen wird[29], sei der aristotelische Begriff der Philia[30], der im Deutschen meist mit »Freundschaft« übersetzt wird. Philia ist für Aristoteles »fürs Leben das Notwendigste. Ohne Freund-

---

[26] Dabei muß man die platonische Voraussetzung mitdenken, daß das Allgemeine höheren Seinsrang hat als das Individuelle und das Geistige höheren als das Körperliche.

[27] Platon, a.a.O., 210 d.

[28] Ebd., 210 e.

[29] Vgl. z. B. *J. B. Lotz*, a.a.O., bes. 45–89. 188–208; *P. Tillich*, a.a.O., 146.

[30] Vgl. dafür die Nikomachische Ethik, bes. Kap. VIII und IX, hier zit. nach der von *G. Bien* besorgten Ausgabe: *Aristoteles*, Nikomachische Ethik, Hamburg 1972.

schaft möchte niemand leben, hätte er auch alle anderen Güter.« [31] – »Freundschaft ist es auch, die die Staaten erhält.« [32] Inhaltlich gehört zur Freundschaft, »daß man sich gegenseitig wohlwolle und Gutes wünsche, ohne daß einem die gegenseitige Gesinnung verborgen bleibt.« [33] In den verschiedenen Versuchen, konkret zu sagen, worin Freundschaft besteht – »man bezeichnet als Freund denjenigen, der uns das Gute ... um unseretwillen wünscht und tut, oder denjenigen, der uns Sein und Leben um unseretwillen wünscht ... Andere verstehen unter einem Freund den, der mit uns umgeht und mit uns die gleichen Meinungen hat, oder den, der Leid und Freude mit uns teilt« [34], – findet Aristoteles jeweils Verhaltensweisen, wie sie der tugendhafte Mensch auch zu sich selbst einnehme. So kann er sagen, »daß das höchste Maß der Freundschaft der Liebe gleicht, die man zu sich selbst hat«.[35] Der Freund ist »ein zweites Selbst«.[36]

Die Gegenseitigkeit scheint aber für die aristotelische Philia nicht konstitutiv zu sein. Denn diese »liegt mehr im Lieben als im Geliebtwerden«. Das zeigt Aristoteles am Beispiel der Mütter, »deren Freude es ist zu lieben. Manche Mütter lassen ihre Kinder von anderen ernähren und schenken ihnen bewußt Liebe, verlangen aber keine Gegenliebe, wenn beides zusammen nicht sein kann, sondern halten sich schon für glücklich, wenn sie nur sehen, daß es ihren Kindern gutgeht, und sie haben sie lieb, auch wenn diese aus Unwissenheit ihnen nichts von dem erweisen, was der Mutter gebührt« [37]. Überhaupt ist die Mutterliebe für Aristoteles der klassische Anwendungsfall der Philia.[38] Das allerdings macht deutlich, wie wenig das griechische Wort »Philia« und das deutsche Wort »Freundschaft« dekkungsgleich sind, positiv ausgedrückt: wie sehr auch die Philia

---

[31] Ebd., 1155 a.

[32] Ebd.

[33] Ebd., 1156 a.

[34] Ebd., 1166 a.

[35] Ebd., 1166 b.

[36] Ebd.

[37] Beide Zitate ebd., 1159 a.

[38] Vgl. z. B. ebd., 1166 a.

in die Geschichte des Liebesbegriffs gehört. Das entsprechende Verbum »philein« wird ohnehin durchweg mit »lieben« übersetzt.

Für die Entwicklung des christlichen Liebesverständnisses ist aber die aristotelische Philia nicht von solcher Bedeutung wie der platonische (bzw. der neuplatonische) Eros, vielleicht auch deshalb, weil in der mehr praktisch ausgerichteten Nikomachischen Ethik des Aristoteles theologisch-metaphysische Bezüge der Philia weniger sichtbar werden als beim Eros in Platons Symposion. Die Geschichte des christlichen Liebesbegriffs ist wesentlich geprägt durch die Begegnung (oder – je nachdem, wie man zu der geschichtlichen Entwicklung steht – durch die Vermischung) von Eros und Agape. Agape ist das neutestamentliche Stichwort. Von ihm ist nun zu handeln.

3. Agape

Auffälligerweise kommen im griechischen Text des Neuen Testaments weder das Hauptwort »eros« noch das zugehörige Tätigkeitswort »eran« vor. Relativ selten taucht auch die Wortgruppe »philia«, »philein« auf.[39] Dominierend ist ein Wort[40], das im vorbiblischen Griechisch als Hauptwort fast gar nicht zu finden ist und als Tätigkeitswort nur eine blasse und schwankende Bedeutung[41] hat: Agape, agapan. Wurde absichtlich ein unverbrauchtes, noch wenig festgelegtes Wort gewählt, um das

---

[39] Nur einmal, noch dazu in negativem Zusammenhang, kommt das Substantiv φιλία vor (Jak 4,4: »Liebe zur Welt«). Das Verbum φιλεῖν ist fast nur im Johannesevangelium zu finden; dort wird es allerdings synonym mit ἀγαπᾶν gebraucht. Vgl. *Stählin,* Art. φιλέω κτλ., in: ThW, Bd. 9, Stuttgart 1973, 113–144, bes. 126–136.

[40] Vgl. *Stauffer,* Art. ἀγαπάω κτλ., in: ThW 1, Stuttgart 1933, 20–55; *V. Warnach,* Agape (s. o. Anm. 9); *C. Spicq,* Agapè. Prolégomènes à une théologie néotestamentaire, Louvain/Leiden 1955; *ders.,* Agapè dans le Nouveau Testament. Analyse des textes, 3 Bde., Paris 1958 f.

[41] ἀγαπάω kann u. a. bedeuten: sich zufriedengeben mit, empfangen, begrüßen, mit Ehren behandeln, nach etwas streben, jemanden oder etwas gern mögen, bevorzugen. Vgl. *Stauffer,* a.a.O., 36. Zur etymologischen Herkunft vgl. *V. Warnach,* Agape, 17.

Neue zu bezeichnen, das mit dem biblischen Liebesgedanken gemeint ist? Was beinhaltet Agape im Neuen Testament? Das soll aus der Beschäftigung mit einigen Textstellen erkennbar werden. Ich wähle drei Texte aus.

1) Alle drei Synoptiker[42] berichten von einem Gespräch zwischen einem »Gesetzeskundigen«[43] und Jesus, in welchem nach dem entscheidenden Gebot gefragt und mit dem Doppelgebot der Gottes- und Nächstenliebe geantwortet wird. In dieser Perikope geht es nicht darum, die Lehre Jesu von der jüdischen Tradition abzusetzen. Die Antwort wird deutlich aus zwei Schriftstellen des Alten Testaments zitiert.[44] Bei Lukas kommt sie nicht einmal von Jesus selbst, sondern von dem Gesetzeskundigen, den Jesus auf die Frage, was er tun müsse, um das ewige Leben zu erlangen, einfach auf die Schrift verweist: »Was steht im Gesetz geschrieben? Wie liesest du?« Darauf kann jener prompt antworten: »Du sollst den Herrn, deinen Gott, lieben aus deinem ganzen Herzen und mit deiner ganzen Seele und mit deiner ganzen Kraft und mit deinem ganzen Denken und deinen Nächsten wie dich selbst.«[45] Im einzelnen zeigen die synoptischen Parallelen bemerkenswerte Unterschiede. Bei Markus hat die Unterhaltung die Form eines »Schulgesprächs«: Zwischen Fragendem und Antwortendem besteht Übereinstimmung; die Gesprächspartner bestätigen sich gegenseitig.[46] Bei Mattäus und Lukas[47] geht es eher um ein Streitgespräch, die Gesprächspartner versuchen Jesus zu »versuchen«, d. h. ihn zu einer Entscheidung in einer offenbar strittigen Frage zu zwingen. Umstritten war im Judentum, ob man überhaupt die vielen Forderungen des Gesetzes in einem Gebot zusammenfassen dürfe oder nicht. »Es wird berichtet, daß ein

---

[42] Mt 22,34–40; Mk 12,28–34; Lk 10,25–28.

[43] So Mt (22,34) und Lk (10,25), bei Mk (12,28) ein »Schriftgelehrter«.

[44] Dt 6,4 f. und Lev 19,18.

[45] Lk 10,26 f.

[46] Vgl. *W. Grundmann,* Das Evangelium nach Markus, Berlin 1962, 250.

[47] *W. Grundmann* rechnet damit, daß hier auf dem Weg über die Logienquelle an historische Positionen des Jerusalemer Rabbinats erinnert wird. Das Evangelium nach Matthäus, Berlin 1968, 476.

Heide, der Proselyt werden wollte, zu Rabbi Schammaj gekommen sei und gefordert habe, er solle ihn die ganze Thora lehren, solange er auf einem Fuße stehe. Schammaj trieb ihn mit einem Meßstock von sich. Daraufhin kam er zu Hillel, der ihn annahm und die ganze Thora in die negative Fassung der goldenen Regel zusammenfaßte: ›Was dir unliebsam ist, das tue auch deinem Nächsten nicht; dies ist die ganze Thora; das andere ist ihre Auslegung; gehe hin und lerne das.‹« [48] Schammaj verkörpert die strenge Richtung im Jerusalemer Rabbinat; sie lehnt jeden Versuch einer Zusammenfassung der vielen Hunderte von Satzungen zu einem Prinzip ab, weil sie darin eine Relativierung der einzelnen Gebote und eine Auflösung der Thora sieht. Hillel steht für die Theologie der jüdischen Diaspora; diese läßt sich auf das Verlangen des von außen Kommenden nach einer »Kurzformel der Thora« ein.
In dieser Streitfrage entscheidet sich Jesus für die letztere Seite. »Das ganze Gesetz und die Propheten« [49] konzentriert er auf das Gebot der Gottes- und Nächstenliebe. Hier findet man ein erstes wesentliches Moment der neutestamentlichen Agape: Sie ist die Mitte aller christlichen Ethik.[50]
Ein zweites Merkmal wird in dem bei Lukas sich anschließenden Gleichnis vom barmherzigen Samariter [51] sichtbar. Die Geschichte vom mit Juda befeindeten Samariter, der trotzdem in dem Überfallenen am Wege seinen Nächsten sieht, soll antworten auf die Frage, wie weit der Begriff des Nächsten gehe. Die Antwort ist: Jeder, der deine Hilfe braucht, kann Nächster sein, den du lieben sollst. Das Liebesgebot ist prinzipiell unbegrenzt, es schließt auch den Feind ein. Damit sind alle zeitgenössischen Einschränkungen gesprengt, die ganze Blickrichtung

---

[48] *W. Grundmann,* Das Evangelium nach Markus, 250 f. Vgl. auch *ders.,* Das Evangelium nach Matthäus, 476 f.
[49] Mt 22,40.
[50] Mit dieser Feststellung ist nicht der Zusammenhang mit der vorjesuanischen jüdischen Tradition bzw. mit einer Strömung in dieser Tradition bestritten. Das Wesentliche ist nicht einfach identisch mit dem Unterscheidenden. Die Mitte der christlichen Botschaft wird nicht unbedingt durch Abgrenzung gefunden, sondern durch den Blick auf das, was von Jesus mit Nachdruck verkündigt wird.
[51] Lk 10,29–37.

ist umgedreht. Die Frage »Wer ist mein Nächster?« stellt sich nicht mehr vom Ich her: wie weit erstreckt sich meine Nächstenschaft: über meine Familie, meine Sippe, mein Volk ...? Die von Jesus geforderte Nächstenliebe denkt vielmehr vom anderen, von seiner Not und seiner Angewiesenheit her.[52]
Zugleich tritt eine weitere wichtige, dem modernen Liebesverständnis nicht selbstverständliche Bestimmung der Agape zutage: Sie ist wesentlich Praxis. Es geht nicht um Stimmungen oder Gefühle, sondern um Handeln. Das wird bei Lukas noch dadurch unterstrichen, daß Jesus gegenüber dem gern diskutierenden und sich rechtfertigenden Gesetzeslehrer auf das Tun drängt: »Tu das!« – »Gehe hin, tue desgleichen!« [53]

2) Paulus stellt die Konzentration auf die Liebe besonders im 13. Kapitel des 1. Korintherbriefes heraus. Der erste Abschnitt (1–3) betont die Relativierung aller persönlichen Begabungen und aller noch so heroischen Handlungen: ohne Liebe wären sie »nichts«. Der zweite (4–7) nennt eine Reihe von Verhaltensweisen der Agape, die bemerkenswerterweise im griechischen Text – im Gegensatz zu den meisten deutschen Übersetzungen – nicht mit Eigenschafts-, sondern mit Tätigkeitswörtern ausgedrückt werden.[54] Der dritte Abschnitt (8–13) begründet den absoluten Vorrang der Liebe, und zwar eschatologisch: sie ist das Bleibende, während alle anderen Gnadengaben nur Elemente des Vorläufigen sind.
Zwei philologische Beobachtungen an diesem Text scheinen mir des weiteren für eine Begriffsbestimmung der Agape bedeutsam. Im ersten Abschnitt ist vom »Haben« der Liebe die Rede. Das erinnert an den Kontext: Das vorangehende und das folgende Kapitel sprechen von den Charismen, von persönli-

[52] In der Bergpredigt wird dieser Gedanke in der »goldenen Regel« formuliert (Mt 7,12; vgl. Lk 6,31) – und akzentuiert in der Aufforderung zur Feindesliebe (Mt 5,38–48; vgl. Lk 6,27–36).
[53] Lk 10,28.37.
[54] »Man hat 15 Verben in diesen Versen gezählt; dies bedeutet, daß von der Liebe nur in Begriffen des Handelns gesprochen werden kann: Liebe sind die *Taten,* das Walten der Liebe.« *H. D. Wendland,* Die Briefe an die Korinther, Göttingen 1968, 120.

chen Begabungen, Gnadengaben, die zum Aufbau und zur Kommunikation in der Gemeinde helfen. In diesem Zusammenhang erscheint die Liebe als ein Geschenk, eine Gabe, die man »haben« oder »nicht haben« kann. Bevor Paulus vom Handeln der Liebe spricht, spricht er von ihrem Geschenkcharakter.

Im zweiten Abschnitt ist dann das Subjekt aller Sätze, noch dazu ohne Objekt, »die Liebe«. Wessen Liebe eigentlich? Von wem werden die vielen hier aufgezählten Handlungen ausgesagt: von Gott, dem einzelnen Christen, der Gemeinde? Einerseits ist die Agape Geschenk – also ist Gott der Handelnde; andererseits appelliert Paulus an das Verhalten der Gemeindemitglieder – also sollen sie die Handelnden sein. Der absolute Gebrauch des Wortes »Liebe« spricht dafür, daß Paulus göttliche und menschliche Liebe sachlich ineinander sieht. 1 Kor 13 redet von der »Liebe schlechthin«[55]; diese ist eine göttliche Wirklichkeit, »gleichsam göttliche Person«[56]; sie schafft Liebende, so daß sie, wie Heinz Dietrich Wendland sagt, »im Lieben der Gemeinde, der Christen in dieser Welt das handelnde Subjekt ist«.[57] M. a. W.: Das menschliche Lieben kommt von Gott. Wohlgemerkt: Nicht nur das Geliebtwerden, sondern auch das Liebenkönnen, auch das eigene liebende Handeln betrachtet der Glaubende als Geschenk Gottes. Dieser Gedanke scheint mir wichtig für die Frage, ob das christliche Liebesgebot nicht eine Überforderung[58], auf jeden Fall eine bedrückende Belastung darstellt. Vor der Forderung steht das Geschenk und der ermutigende Zuspruch. Darin könnte ein entlastendes, befreiendes Moment liegen.

3) Der erste Johannesbrief ist weitgehend aus der Auseinandersetzung mit dem Gnostizismus zu verstehen.[59] Diese schwer

---

[55] *H. Schlier,* Über die Liebe. 1 Kor 13, in: Die Zeit der Kirche, Freiburg i. B. ²1958, 186–193, Zitat 186.

[56] *H. D. Wendland,* a.a.O., 123.

[57] Ebd.

[58] Vgl. *R. Medisch,* Das Liebesgebot als Überforderung? in: Theologie der Gegenwart 19 (1976) 109–113.

[59] Vgl. *J. Schneider,* Die Kirchenbriefe, Göttingen 1961, 138 ff.;

faßbare Zeitströmung im ersten nachchristlichen Jahrhundert geht aus vom Problem des Dualismus: hier der Bereich der Welt – Materie, Dunkelheit, Todverfallenheit –, dort der Bereich Gottes – Licht, Geist, ewiges Leben –. Wie kann der Mensch aus diesem finsteren Weltbereich in den lichten Bereich Gottes gelangen? Wie kann ihm die Lösung aus der Welt, die Gemeinschaft mit Gott gelingen? Eine Antwort scheint zu sein: durch die »Gnosis«, d. h. durch erkennendes Innewerden. Dadurch, daß die Seele sich ihrer Herkunft von Gott, ihrer göttlichen Bestimmung und ihres Geworfenseins in die untere, ihr feindliche Welt bewußt wird, löst sie sich von dieser Welt, wird erlöst, wiedergeboren und »vergöttlicht«.

In den von 1 Joh angesprochenen Gemeinden scheint dieser gnostische Heilsweg mit dem christlichen identifiziert worden zu sein. Darauf geht der Verfasser, einerseits werbend, andererseits kritisierend, ein. Er greift das Verlangen der Gnosis positiv auf. Das bezeugt seine Terminologie: Jawohl, es gibt einen »Überschritt vom Tod zum Leben«[60], Existenz im »Licht« statt in der »Finsternis«[61], »Erkenntnis Gottes«[62], »Gemeinschaft mit Gott«[63]. Aber er kritisiert die für ihn widerchristlichen Tendenzen des gnostischen Weges dorthin: seine Geschichtslosigkeit (als gehe es um einen zeitlosen Mythos und nicht um den in die Geschichte gekommenen Jesus Christus) und seine ethische Unverbindlichkeit (als könne man an den Menschen vorbei direkt zu Gott kommen). Leben, Überwindung der Todverfallenheit, Gemeinschaft mit Gott wird viel-

---

R. Schnackenburg, Die Johannesbriefe, Freiburg i. B. 1963, 15–23; 70 ff.; 95–101.

[60] 1Joh 3,14; 5,11 f.

[61] 1 Joh 1,7; 2,10.

[62] 1 Joh 2,3 ff.; 2,14. Vgl. *R. Schnackenburg,* a.a.O. 95–101. Ob allerdings der Gebrauch des Wortes γινώσκειν auf die Auseinandersetzung mit der Gnosis zurückzuführen ist – »gleichsam als Waffe den Gnostikern entwunden und mit neuer Sinngebung erfüllt« (Zimmermann) – oder sich aus dem alttestamentlichen Sprachgebrauch herleitet, ist umstritten. Vgl. dazu *R. Bultmann,* Art. γινώσκω κτλ in: ThW 1, Stuttgart 1933, 688–719; *H. Zimmermann,* Art. Erkennen, in: Bauer, Bd. I, 294 bis 300, Zitat 299.

[63] 1 Joh 1,3; 4,12.16. Vgl. *R. Schnackenburg,* a.a.O., 66–72.

mehr gewonnen in der Agape, d. h. in einer Bewegung, die von Gott in geschichtlicher Stunde in Gang gesetzt wurde, in Jesus Christus, und die nun von uns fortzusetzen ist in der Liebe zu den »Brüdern«. Diese Liebe ist konkret und sehr praktisch gemeint: die »Brüder« sind die Gemeindemitglieder; die Herausforderung zur Agape kann in ihrer für den Gnostiker banalen materiellen Not liegen.[64]

Der 1. Johannesbrief insistiert auf zwei Dingen: auf dem Bekenntnis zu Jesus Christus und auf dem Tun der Bruderliebe: »Wir sollen an den Namen seines Sohnes Jesus Christus glauben, und wir sollen einander lieben.«[65] Beide »Glaubenssätze« gehen inhaltlich ineinander über; denn in der Sendung seines Sohnes hat sich Gott als Liebe geoffenbart: »Gott ist Liebe«[66]. In der Lebenshingabe Jesu wird die Bewegungsrichtung der Agape erkannt. Die Liebe beginnt nicht bei uns, sondern bei Gott. »Die Liebe besteht nicht darin, daß wir Gott geliebt haben, sondern daß er uns geliebt und seinen Sohn als Sühne für unsere Sünden gesandt hat.«[67] Sie soll fortgesetzt werden in Richtung auf die Brüder. »Wenn Gott uns so sehr geliebt hat, müssen auch wir einander lieben.«[68] Durch Jesus haben wir auch erkannt, was Liebe ist: Hingabe des Lebens. »Die Liebe haben wir daran erkannt, daß er sein Leben für uns gegeben hat. So müssen auch wir das Leben hingeben für die Brüder.«[69] Charakteristisch für den Vollzug der Agape ist das kleine Wort »für«. Christliche Existenz ist wesentlich »Existenz für«, »Pro-Existenz«.[70]

Die neutestamentliche Agape ist gleichzeitig Forderung und Geschenk. Genauer: sie ist geschenkt, bevor sie gefordert wird. Gefordert wird die Hinwendung zum Nächsten (zum »Bruder«), die praktische Sorge für ihn, eine Änderung der Blickrichtung: ich soll nicht von mir, sondern vom anderen und sei-

[64] Vgl. 1 Joh 3,17 f.
[65] 1 Joh 3,22. Vgl. 4,15 f.
[66] 1 Joh 4,8.12.
[67] 1 Joh 4,10.
[68] 1 Joh 4,11.
[69] 1 Joh 3,16.
[70] Vgl. dazu unten S. 62–65.

ner Angewiesenheit her denken; ich soll ihm geben, was er braucht, bis zur Hingabe meines Lebens. Aber diese Agape wird nicht vom Menschen erstmalig hervorgebracht. Sie ist ihm vielmehr schon vorher geschenkt: in jener Bewegung, in der Gott den Menschen liebt und ihn zu einem Liebenden macht. Wer sich auf diese Bewegung einläßt, erlangt – über die Liebe zum Nächsten – Überwindung des Todes, Leben, Gemeinschaft mit Gott.[71]

4. Die Verschmelzung von Eros und Agape

Sprechen Eros und Agape von derselben Sache? Wie kommen wir dazu, beide Begriffe in der einen Geschichte des Begriffs Liebe unterzubringen? Historisch betrachtet, lautet die Frage: Konnte die christliche Verkündigung an den griechischen Eros-Gedanken und das damit verbundene Glücksverlangen anknüpfen? Oder mußte sie den Eros bekämpfen, um die (ganz andere) Agape zur Geltung zu bringen? War das Evangelium zu verkünden durch Abgrenzung von der antiken Gedankenwelt oder durch deren »Taufe«?

Tatsächlich scheinen die Theologen der ersten Jahrhunderte in dieser Frage geschwankt zu haben. Während Ignatius von Antiochien vom »Kreuzigen des Eros« spricht und diesem die »unvergängliche Agape« gegenüberstellt[72], fließen für Orige-

---

[71] Vgl. als übersichtliche Zusammenfassungen auch *R. Schnackenburg,* Die Forderung der Liebe in der Verkündigung und im Verhalten Jesu, in: *E. Biser* u. a., Prinzip Liebe, 76–103; *A. Ganoczy,* Liebe als Prinzip der Theologie, ebd., 36–58, bes. 40–47.

[72] *Ignatius* arbeitet stark mit Gegensätzen: Feuer – Wasser, vergänglich – unvergänglich, Materie – Gott. So kommt Eros auf die Seite des Vergänglichen, der »Ergötzungen dieses Lebens«, Agape auf die Seite Gottes, des Unvergänglichen, Agape gehört zur Eucharistie, die für Ignatius »Unsterblichkeitsarznei« (vgl. Ignatius an die Epheser 20,2) ist: »Meine Liebe (ἔρως) ist gekreuzigt und kein Feuer ist in mir, das in der Materie Nahrung sucht; dagegen ist lebendiges und redendes Wasser in mir, das innerlich zu mir sagt: Auf zum Vater! Ich habe keine Freude an vergänglicher Speise und an den Ergötzungen dieses Lebens. Gottes Brot will ich, das ist das Fleisch Jesu Christi ... und als Trank will ich sein

nes Eros und Agape so sehr ineinander, daß er die johanneische Formel »Gott ist Agape« umprägen kann in »Gott ist Eros«.[73] Die entscheidende und für die Folgezeit wirksamste Synthese zwischen griechischem und christlichem Liebesdenken stellt Augustinus her. Er sucht den Dialog mit der zeitgenössischen Philosophie und findet unter allen Geistesströmungen den Platonismus als denjenigen Gesprächspartner, welcher dem christlichen Glauben am nächsten stehe.[74] Die Platoniker müßten, wenn sie nur konsequent wären, den einen und selben Gott wie die Christen verehren, »der unser Gott ist und der ihre«.[75] So kann Augustinus in ähnlichen Vorstellungen von Gott und vom menschlichen Verlangen nach Gott sprechen wie Platon vom absoluten Schönen und vom Eros als dem Weg dorthin. Gott ist »der Quell unserer Glückseligkeit, das Ziel alles Strebens«. Zu ihm »streben wir hin durch Liebe, um durch die Erreichung des Zieles zur Ruhe zu gelangen, glückselig deshalb, weil wir durch dieses Ziel die Vollendung gewinnen«.[76] Auf ihn verweist alles menschliche Glücksverlangen, alle innere Unruhe und Dynamik.[77] In diesem Sinne interpretiert Augustinus das Doppelgebot der Gottes- und Nächstenliebe und knüpft an dessen letzte Worte »lieben wie dich selbst« eine Betrachtung über die Selbstliebe an: »Glücklich sein und nichts anderes will jeder, der sich selbst liebt.«[78] Mit dem Liebesgebot wird der Selbstliebe und dem Glücksverlangen ein Ziel gewiesen:

Blut, das ist die unvergängliche Liebe (ἀγάπη).« *Ignatius* an die Römer, 7,2–4. Hier zit. nach: Die Apostolischen Väter. Griechisch und deutsch; München 1956, 182–192, Zitat 190 f.

[73] Vgl. *V. Warnach,* Art. Liebe, in: HThG, 61.

[74] Vgl. *Augustinus,* De civ. Dei, VIII, 1–11.

[75] Vgl. ebd., X,3.

[76] Ebd. Hier zit. nach der BKV-Ausgabe: Des heiligen Kirchenvaters Aurelius Augustinus zweiundzwanzig Bücher über den Gottesstaat, Kempten 1914, 518 (= Bd. II, 76).

[77] Vgl. auch den vielzitierten Satz aus Augustins »Bekenntnissen«: »Geschaffen hast Du uns zu Dir, und ruhelos ist unser Herz, bis es seine Ruhe hat in Dir.« Conf. I,1. Hier zit. nach der deutschen Übersetzung von *J. Bernhart,* in: *Augustinus,* Confessiones. Bekenntnisse. Lateinisch und deutsch, München 1955, 13.

[78] *Augustinus,* De civ. Dei, X, 3, a.a.O., 519 (77).

Gott, unser höchstes Gut. An anderer Stelle[79] finden sich bei Augustinus Anklänge an das platonische Modell des stufenweisen Aufstiegs. Der nach seiner Welt und sich selbst fragende Mensch nähert sich mit seinem Fragen und Suchen Gott und stößt zuletzt auf ihn, der sein ganzes Glück ausmacht.

Hier sind also weitgehend platonische Kategorien aufgenommen: der Ansatz beim menschlichen Glücksverlangen und der Aufstieg zu Gott durch den Impuls der im Menschen steckenden Sehnsucht. Andererseits ist nicht zu übersehen, daß Augustinus Platon mit christlichen Augen gelesen hat. Er meint sogar, Platon, der den Philosophen als den liebenden Gottsucher definiere und der in vielen anderen Aussagen so sehr mit der biblischen Überlieferung übereinstimme, müsse die alttestamentlichen Schriften gekannt haben und von ihnen beeinflußt sein.[80] So wird auch der platonische Liebesbegriff bei seiner Rezeption durch Augustinus (und schon durch die Kirchenväter vor ihm[81]) verwandelt. Die Aufstiegsbewegung zu Gott ist nicht das Erste, sondern bereits Antwort auf einen vorausgehenden »Ruf«, auf eine vielfache liebende Zuwendung Gottes zum Menschen, durch welche der Mensch erst auf den »Geschmack« der Liebe gekommen ist.[82]

Die Verschmelzung des biblischen mit dem griechischen Liebesbegriff wurde von Theologen und Philosophen unseres Jahrhunderts sehr unterschiedlich gewertet. Aber selbst ihr schärfster Kritiker Anders Nygren gibt eine gewisse geschichtliche Notwendigkeit dieser Synthese zu: ohne sie wäre das Agapemotiv wirkungslos geblieben, und das Christentum wäre dazu

---

[79] *Ders.*, Conf., X, 6–28.

[80] Vgl. *ders.*, De civ. Dei, VIII, 11.

[81] Vgl. *V. Warnach*, Art. Liebe, in HThG, 62.

[82] »Spät hab ich Dich geliebt, Du Schönheit, ewig alt und ewig neu, spät hab ich Dich geliebt. Und siehe, Du warst innen und ich war draußen ... Du warst bei mir, ich war nicht bei Dir ... Du hast gerufen und geschrien und meine Taubheit zerrissen; Du hast geblitzt, geleuchtet und meine Blindheit verscheucht; Du hast Duft verbreitet, und ich sog den Hauch und schnaube jetzt nach Dir; ich habe gekostet, nun hungere ich und dürste; Du hast mich berührt, und ich brenne nach dem Frieden in Dir.« *Augustinus,* Conf., X, 27, a.a.O., 547 ff.

verurteilt gewesen, »sein Dasein als eine verborgene Sekte zu führen«.[83]

Nach dem Vorbild dieser Synthese soll nun eine kurze inhaltliche Bestimmung dessen versucht werden, was ich im folgenden mit dem Wort »Liebe« meine.

C. Versuch einer Systematik: Liebe als Mit-sein und Sein-für

Als kurze, wenn auch etwas hölzerne Bestimmung des Begriffs Liebe schlage ich vor: das Ineinander von Mit-sein und Sein-für. Dabei ist freilich nur an die Beziehung zu Personen gedacht; die »Liebe« zu Dingen oder Tätigkeiten ist ausgeklammert.

Ich gehe davon aus, daß auch die »reinsten« Beziehungen zu Personen immer schon komplex sind. In diesem Komplex markiert das Stichwort »Sein-für« das spezifische Moment der Agape. Zu ihm gehört das, was in den oben erwähnten Begriffsbestimmungen »Bejahung«, »Gutheißung« genannt wird: die Existenz des anderen und seine Individualität bejahen, sein Wohl wollen, dafür eintreten, sich engagieren, für den anderen leben, aktive Pro-Existenz.

Ein anderes Moment, in der zweiten Gruppe der angeführten Begriffsbestimmungen betont, ist das Verlangen nach Vereinigung. Vereinigung meint: sich einlassen auf den anderen, teilnehmen an seiner Existenz, ihm vertrauen und ihn teilnehmen lassen an der eigenen Existenz. Das soll durch das Stichwort »Mit-sein« ausgedrückt werden.

Von Liebe möchte ich sprechen, wo beide Momente zusammen gegeben sind. Zwar kann – je nach Art der Beziehung – mal das eine, mal das andere mehr akzentuiert sein – es ist klar, daß das Mit-sein in der ehelichen Liebe grundsätzlich einen größeren Anteil ausmacht als etwa in der Beziehung Krankenpfleger – Patient –; aber keines darf ganz fehlen, wenn

[83] *A. Nygren*, a.a.O., 157.

von Liebe die Rede sein soll. Genauer: beide Momente sind gar nicht völlig unabhängig voneinander realisierbar.
Das kann verdeutlicht werden an zwischenmenschlichen Beziehungen, die man leicht als Fehlformen von Liebe erkennt. Es gibt Partnerverhältnisse, in denen zwei aneinander kleben, ohne doch bereit zu sein, füreinander Opfer zu bringen. Jeder (oder einer von beiden) sagt: »Ich kann ohne dich nicht leben«, pocht auf die eigene Anhänglichkeit (»Ich liebe dich doch!«), leitet womöglich Ansprüche auf ein gemeinsames Leben daraus ab, will aber seine eigene Existenz nicht einsetzen. Solche Beziehungen sind eine Quelle dauernder Frustration. Das Mitsein kann nicht gelingen, wenn das Sein-für verweigert wird. Umgekehrt ist auch kein Sein-für ganz ohne Mit-sein möglich. Eine Mutter, die ganz für ihre Kinder leben will, aber sich nicht auf ihre Gedankenwelt einläßt (nicht auch mit ihnen lebt), tut vielleicht tausend Dinge für die Kinder, trifft aber allzuoft nicht das, was diese in Wirklichkeit brauchen, und ist so – bei aller Anstrengung – doch nicht recht für sie da. Daß eine Liebesbeziehung zwischen Mann und Frau nicht bestehen kann, wenn einer von beiden aus nichts anderem als aus Fürsorge für den anderen bestehen will, ist allgemein bekannt. Aber mir scheint, daß auch bei ausgesprochen sozialen Tätigkeiten das Moment des Mit-seins nicht ganz ausfallen darf. Der Krankenpfleger, der mit der Motivation, für den Patienten dazusein, seinen Dienst aufnimmt, wird doch in der Begegnung mit dem Kranken Interesse an ihm gewinnen, in gewissem Maß mit ihm solidarisch werden und ihm so besser helfen können, als wenn er ihm aus reinem Pflichtgefühl gegenüberträte. Auch Mit-leid, wenn damit nicht das distanzierte Herabblicken auf den Leidenden, sondern echtes Leiden mit ihm gemeint ist, ist ja eine Weise des Mit-seins.
So treffen sich in der Liebe nicht zwei verschiedene Verhaltensweisen, sondern zwei Komponenten, die zusammen, wenn auch in unterschiedlicher Mischung, das eine Verhalten ausmachen: Liebe als Ineinander von Mit-sein und Sein-für.
In dieser Liebe haben auch das Verlangen nach sexueller Vereinigung und die Anhänglichkeit, von denen am Anfang dieses Kapitels die Rede war, ihren Platz. Sie müssen allerdings ver-

schmolzen werden mit dem Willen zur Pro-Existenz. Für sich allein können sie weder Liebe genannt noch überhaupt sinnvoll realisiert werden. In der Verschmelzung aber werden sie konstitutive Momente der Liebe.[84]

[84] Dieser Sachverhalt kommt auch zum Ausdruck in verschiedenen Versuchen, den Liebesbegriff zu strukturieren. Der bekannteste ist die seit *Victor Warnach* oft vorgenommene Unterscheidung von Sexus, Eros und Agape: Sexus meint die »triebhaft-geschlechtliche Liebe«, das vitale Verlangen nach dem anderen, das in ihm vor allem das andere Geschlecht erblickt und auf körperliche Vereinigung aus ist; Eros die »seelisch-begehrende Liebe«, die vom Gefühl getragene Hinneigung zum anderen, die Faszination durch bestimmte Eigenschaften und Werte des anderen, entsprungen aus der Sehnsucht nach eigener Ergänzung, Vervollkommnung und Beglückung; Agape die »reine oder personale Liebe«, die den anderen nicht um bestimmter Werte willen, sondern um seiner selbst willen, eben als »Person«, bejaht. *Warnach* denkt dabei nicht an drei real getrennte Realisierungen, sondern an Dimensionen der einen Liebe, die zusammen deren Vollgestalt ausmachen. Vgl. *V. Warnach,* Agape, 19–27 (Zitate: 27); 456–472; *ders.,* Art. Liebe, in: HThG 2, 54; *B. Häring,* Das Gesetz Christi, Freiburg [4]1957, 1047–1052; *Th. Bovet,* Ehekunde, Bd. I, Tübingen 1961, 32–43; *G. Teichweier,* Die Geschlechterliebe in der gegenwärtigen Diskussion der Moraltheologie, in: *E. Biser* u. a., Prinzip Liebe, 120–138, bes. 123–132. Die Begriffe werden allerdings nicht von allen Autoren in exakt der gleichen Bedeutung verwendet.
Vgl. auch die mit etwas anderen Kategorien vorgenommene Unterscheidung von *J. B. Lotz,* Die Stufen der Liebe (die »Stufen« sind im Untertitel genannt: Eros, Philia, Agape); ferner *M. Scheler,* Wesen und Formen, 170–175 (geistige, seelische, vitale Liebe); *P. Tillich,* Liebe, 146 (Libido-, Philia-, Eros- und Agape-Qualität der Liebe); *M. Müller,* Grundlagen der katholischen Sexualethik, Regensburg 1968, 124–158 (Sexus, Eros, Freundschaft, Agape als Arten der Zuneigung, die auch je für sich allein existieren können); ähnlich *C. S. Lewis,* Vier Arten (Affection, Friendship, Eros, Charity, übers.: Zuneigung, Freundschaft, Eros, Caritas). Zahlreiche weitere Versuche sind aufgezählt bei *V. Warnach,* Agape, 27 ff., Anm. 1.

D. Zur Einheit von Gottes- und Nächstenliebe

Das eine Hauptgebot der Liebe hat die Form eines Doppelgebotes. Gefordert wird die Liebe zu Gott und zum Nächsten. Wie hängen die beiden hier geforderten Akte zusammen?
Auf Platons Stufenleiter muß der Höherstrebende die unteren Stufen hinter sich lassen, um zur höchsten zu kommen. Die Liebe zum einzelnen Menschen ist nur Durchgangsstadium zur Vereinigung mit dem absoluten Gut. Im Neuen Testament dagegen sind die Liebe zu Gott und die Liebe zum Nächsten enger miteinander verbunden. Der erste Johannesbrief polemisiert gegen die Vorstellung, man könne den unsichtbaren Gott lieben ohne Liebe zum Bruder, den man neben sich sieht.[85] Bei Paulus steht die Nächsten- und Bruderliebe stark im Vordergrund, von der Liebe zu Gott und zu Christus ist auffällig selten die Rede.[86] In der Perikope vom Weltgericht Mt 25,31–46 wird als entscheidender Maßstab im Gericht das Verhalten gegenüber dem bedürftigen Nächsten eingeschärft. Die Pointe liegt gerade in der erstaunten Frage an den Menschensohn: »Wann haben wir dich hungrig . . ., durstig . . ., obdachlos gesehen . . .?« [87] Und in dessen Antwort: »Was ihr für einen meiner geringsten Brüder getan habt, das habt ihr für mich getan.« [88] Die Stellungnahme zum Richter erfolgt, ob man es weiß oder nicht, in der Stellungnahme zum Nächsten. Man spricht deshalb in der gegenwärtigen Theologie [89] nicht nur vom Zusammenhang,

---

[85] Vgl. 1 Joh 4,20.

[86] Vgl. *H. D. Wendland,* a.a.O., 123.

[87] Mt 25,37 ff..44.

[88] Mt 25,40. Vgl. auch V. 45.

[89] Vgl. z. B. *K. Rahner,* Über die Einheit von Gottes- und Nächstenliebe; *ders.,* Art. Liebe, in: SM, Bd. III, Freiburg i. B. 1969, 234–252, bes. 247–250; *H. Rotter,* Strukturen sittlichen Handelns. Liebe als Prinzip der Moral, Innsbruck/Mainz 1970, 59–64. *K. Rahner* sieht einen inneren Zusammenhang zwischen der Einheit von Gottes- und Nächstenliebe einerseits und der in der Christologie thematisierten gott-menschlichen Einheit in Jesus Christus andererseits. Vgl. *K. Rahner,* Grundlinien 61 f.; *ders.,* Ich glaube an Jesus Christus, Einsiedeln 1968, 16–30. 58–64; *ders.,* Grundkurs, 289. 301 f. Starke Reserven gegen die Identifizierung von Gottesliebe und Nächstenliebe äußert *D. von Hildebrand,* a.a.O., 321–334.

sondern von der Einheit, ja, der sachlichen Identität von Gottes- und Nächstenliebe: In der Liebe zum Menschen wird die Liebe zu Gott realisiert. Diese These ist für die folgenden Überlegungen von Bedeutung. Wenn nämlich das Wort Liebe ein »epochales Stichwort« genannt werden kann, das eine starke Resonanz im allgemeinen Bewußtsein findet, dann ist damit zunächst die Nächstenliebe gemeint. Ein großer Teil der theologischen Tradition thematisiert aber ausdrücklich die Liebe zu Gott. Das gilt von den in diesem Kapitel erwähnten Augustinustexten ebenso wie von der im nächsten Kapitel heranzuziehenden Diskussion über die »reine Liebe«. Besteht eine sachliche Identität zwischen Gottesliebe und Nächstenliebe, dann gewinnen diese Texte eine größere Nähe zur heutigen Problematik der Liebe.

Weil aber diese These sowohl von »frommen« wie auch von »skeptischen« Zeitgenossen gelegentlich mißdeutet wird, sei sie mit einigen Sätzen erläutert. Sie besagt nicht, die Nächstenliebe schiele, weil sie gleichzeitig Gottesliebe sei, mit einem Auge immer schon am Nächsten vorbei. Laurentin weist darauf hin, wie mißverständlich die Formel ist, der Nächste werde »um Gottes willen« geliebt. »Die Leute wollen um ihretwillen geliebt werden, andernfalls ziehen sie es mitunter vor, überhaupt nicht geliebt zu werden.« [90] Dieses Mißverständnis rührt daher, daß gerade die radikale Einheit beider »Lieben« nicht realisiert wird; es geht von der (freilich gar nicht so leicht zu überwindenden) Vorstellung aus, Gott sei *ein* Gegenstand neben anderen Gegenständen (und so möglicher Konkurrent) der Liebe, ihr kategoriales (statt: transzendentales) Objekt. Dagegen meint diese These, daß die Liebe gerade dann Gott erreicht, wenn sie sich ganz dem Nächsten zuwendet, kurz: daß Gott *im* Nächsten geliebt wird.

Die Behauptung der Einheit von Gottes- und Nächstenliebe ermöglicht eine Aussage, die angesichts des gegenwärtig starken Bewußtseins von der Abwesenheit oder Unerreichbarkeit Gottes wichtig ist. Wer sich liebend auf den Nächsten einläßt, der läßt sich nach christlicher Interpretation auch auf Gott ein.

---

[90] *R. Laurentin,* a.a.O., 11.

Die Nächstenliebe ist immer schon, ob bewußt oder nicht, Weg zu Gott. Alle Sinnerfahrung in der Liebe unter Menschen kann als Erfahrung der sinnstiftenden Begegnung mit Gott gedeutet werden.

Die These besagt aber nicht, der ausdrückliche Bezug zu Gott werde überflüssig, da in der Liebe zum Nächsten schon alles gegeben sei. Im Gegenteil: die Gottesliebe bringt in die Nächstenliebe ein notwendiges läuterndes Element. Sie bewahrt vor der Vergottung des Nächsten und vor der Vergötzung der Liebe, d. h. sie bewahrt den Liebenden davor, dem geliebten Nächsten unkritisch zu verfallen – was das Ende der Liebe wäre; sie motiviert ihn vielmehr, den Nächsten gerade in seiner Bezogenheit auf Gott zu bejahen und, wo nötig, kritisch zu unterstützen. Zugleich macht das Wissen um den unendlichen Gott als Ziel und Horizont aller Nächstenliebe den endlichen Nächsten unendlich liebenswert. Der Glaube daran, daß Gott, der im Menschen geliebt wird, doch im Menschen nicht aufgeht (das meint ja »Transzendenz«), ermöglicht ein Engagement, das an keiner Grenze, selbst nicht an der des Todes, aufhört. Doch mit diesen, vielleicht noch zu abstrakt und unbegründet vorgetragenen Formulierungen greife ich etwas vor. Ich werde im IV. und V. Kapitel darauf zurückkommen.

III. Liebe und Selbstverwirklichung

A. Eine These und zwei Einwände

Nach der etwas spröden, aber um der Klarheit der Rede willen notwendigen Bemühung um eine Begriffsbestimmung komme ich zur Entfaltung der Grundthese. Sie enthält als erstes die Behauptung, *der Mensch finde in der Liebe seine Selbstverwirklichung, und zwar nicht nur, insofern diese beglückende Vereinigung (Mit-sein) ist, sondern auch insofern sie Hingabe, Sich-selbst-Loslassen, Sein-für bedeutet.* Diese These ist nun zu erörtern.

Mit ihr wird eine Erfahrung ausgesprochen, die nach meiner Überzeugung grundsätzlich jedem zugänglich ist. Grundsätzlich zugänglich heißt allerdings nicht, daß sie auch tatsächlich jeder gemacht habe, auch nicht, daß sie jederzeit von jedem, unabhängig von seiner persönlichen Lebensgeschichte, gemacht werden könne. Faktisch werden gegen diese Behauptung auch Einwände vorgebracht. Zwei seien genannt.

In einem »Spiegel«-Interview über die Krise in der Lebensmitte wurde Alexander Mitscherlich gefragt, ob sich – neben anderen Ursachen – auch die Säkularisierung krisenfördernd ausgewirkt habe, »die Tatsache, daß die Leute nicht mehr so recht an den lieben Gott glauben«. Darauf Mitscherlich: »Wissen Sie, der liebe Gott hat sie doch so unglücklich gemacht ... Dieses ständige Angehaltenwerden zur Liebe, was das Christentum getan hat, nur leider Gottes ziemlich erfolglos – das erforderte doch eine grenzenlose Anstrengung; es bedeutet, daß da furchtbar viel geleistet worden ist an Verzicht und Unterordnung, an Demut und fraglos ertragenem Unglück.«[1] – Macht der Appell zur Liebe eher unglücklich? Steht die Selbstverwirklichung dem Egoismus[2] näher als der Liebe? Sind des-

---

[1] Die Unfähigkeit, erwachsen zu werden, in: Der Spiegel, 30 (1976), Heft 31 (22. 7. 76), 40–46, Zitat: 44. Jetzt auch in: *H. Schreiber,* Die Krise in der Mitte des Lebens, München 1977, 60–71, Zitat: 67.

[2] *J. Kirschner,* Die Kunst ein Egoist zu sein, München 1977, scheint das

halb Reserven gegen allzu radikale Liebesforderungen angebracht? Steht also Selbstverwirklichung gegen Liebe?
Auf der anderen Seite begegnet mir in Gesprächen mit Jugendlichen und Studenten öfters so etwas wie ein prinzipieller Egoismus-Verdacht gegenüber jedem Liebesakt, etwa nach folgender Logik: Ich liebe A, weil ich nicht allein sein will. Es geht mir also nicht um A, sondern um mich selbst; ich »liebe« aus Egoismus. Aber selbst wenn ich alles nur für den anderen täte, wenn ich aus ähnlicher Motivation handelte wie die »selbstloseste« Mutter oder wie der, der seine besten Lebensjahre opfert für die Pflege eines kranken Angehörigen, – ich täte es um des guten Gefühls, um der Sinnerfahrung willen, die ich daraus ziehen könnte, also wiederum aus selbstischen Motiven. Davon ist keiner frei. Es gibt keine wahre Liebe, sondern nur mehr oder weniger sublimen Egoismus. – Protestierte der erste Einwand im Namen der Selbstverwirklichung gegen radikale Liebesforderungen, so wird hier von einem – zumindest scheinbar – anspruchsvollen Liebesbegriff her jede Selbstverwirklichung abqualifiziert. Dabei geht es nicht nur um ein geistreiches Gedankenspiel. Für manche Gesprächspartner bedeutet diese »Erkenntnis« eher so etwas wie eine traurige Desillusionierung, mit der Konsequenz, daß ihr bisheriges Bemühen um »reine« Liebe umzuschlagen droht in wirklichen kalten Egoismus.
Sicher ist hier eine anfechtbare Begrifflichkeit im Spiel. Zwischen »Liebe« und »Egoismus« fehlt der Begriff »Selbstliebe«. Er wird statt dessen einfach auf die Seite des Egoismus geschlagen, so daß einerseits alle Selbstverwirklichung egoistisch genannt und andererseits Liebe von vornherein gegen jedes Eigeninteresse gestellt wird. Aber ist es mit dieser kurzen terminologischen Bemerkung getan? Liegen nicht die Schwierigkeiten für eine zutreffende und klare Begrifflichkeit wenigstens zum Teil in der »Sache« (der Liebe und ihrem Verhältnis zur Selbstverwirklichung) selbst?
Ich will versuchen, dieser »Sache« näherzukommen, indem ich

---

in einigen Formulierungen nahezulegen. Man müßte allerdings genauer nachfragen, was hier mit »Egoismus« gemeint ist.

zunächst einige außertheologische Gesichtspunkte zusammenstelle, welche die These dieses Kapitels zugleich unterstützen und von verschiedenen Seiten beleuchten, und danach eine Reihe von theologischen Aspekten, teils bestätigende, teils zur Differenzierung zwingende, bespreche.

B. Außertheologische Gesichtspunkte für die These

1. Allgemeine Erfahrungen

Unter den außertheologischen Gesichtspunkten soll zunächst eine weitverbreitete Lebenserfahrung wachgerufen werden. Sie kann sich z. B. einstellen beim reflektierenden Vergleich zwischen zwei Bekannten, von denen einer sich wirtschaftlich, gesellschaftlich usf. so gut wie alles leisten kann, aber niemanden hat, für den er wichtig ist, – und ein anderer es zwar finanziell, gesundheitlich oder wegen der Sorgen um ihm anvertraute Menschen schwer hat, aber doch weiß, für wen er arbeitet, sorgt und lebt. Wer ist glücklicher? Glück scheint nicht einfach zu resultieren aus Wohlstand und Freiheit von Sorge, es scheint vielmehr gebunden an Sinnerfahrung. Kaum etwas dürfte aber so sehr die Erfahrung von Sinn oder Sinnlosigkeit bestimmen wie die Möglichkeit (und die Fähigkeit), seine eigene Existenz einzusetzen für andere. Diese Erfahrung wird auf vielfache Weise in Mythos, Philosophie und Psychologie artikuliert. Dafür im folgenden einige Beispiele.

2. Platons Symposion

In Platons Symposion bestehen über Wesen und Funktion des Eros etliche Meinungsunterschiede zwischen den einzelnen Rednern; aber alle sind sich darin einig, daß Eros und Vollendung des Menschen zusammengehören. Selbst für Sokrates, der gegenüber den anderen den Eros am meisten relativiert[3], wird

[3] Für Sokrates ist der Eros nicht ein Gott, sondern nur »ein großer

der Sinn der Existenz erreicht durch die Liebe. Der Eros führt den Liebenden »hinaus auf das weite Meer des Schönen«[4]. »Am Ziel dieses Liebesweges« erblickt, wer sich so führen läßt, »ein Schönes von wunderbarer Art«[5]. »Auf dieser Stufe des Lebens ... ist, wenn irgendwo, das Leben für den Menschen erst lebenswert.«[6]

3. Das Narziß-Motiv

In negativer Form ist dieser Gedanke verdichtet in dem griechischen Mythos von Narkissos (= Narziß), dem schönen Jüngling, nach dem viele Mädchen und Jungen begehrten. Er wies sie alle zurück und blieb kalt gegen jede Liebe. So traf ihn der Fluch, sich selbst lieben zu müssen und daran zugrundezugehen. Über eine Quelle gebeugt, erblickte er darin sein eigenes Spiegelbild und verliebte sich so sehr in dieses Bild, daß er nicht mehr davon loskam. Unfähig, es zu umarmen, und gleichzeitig unfähig, sich fortzubewegen, starb er schließlich an ungestillter Sehnsucht und Erschöpfung. Zuletzt fand man statt seines Leichnams eine Blume, die heute noch seinen Namen trägt: »Narzisse«, »die mit weißen Blättern umhüllt das Herz ihrer Blüte.«[7] Das Schicksal des Narkissos, sein Tod und seine Verwandlung in eine Blume sprechen davon, was Verweige-

---

Dämon«, »ein Mittleres zwischen Gott und Mensch«, nicht selbst »gut und schön«, sondern ein Mittleres zwischen »häßlich und schlecht« und »gut und schön«, also nicht die Vollendung selbst, sondern nur Vermittler zur Vollendung. *Platon,* a.a.O., 202 d und 202 b.

[4] Ebd., 210 d.

[5] Ebd.

[6] Ebd., 211 d.

[7] *Ovid,* Metamorphosen, III, 510. Für die ganze Erzählung vgl. III, 336–510. Hier zitiert nach der von *E. Rösch* hrsg. lateinisch-deutschen Ausgabe, München [6]1974, 113. Eine gut lesbare, dem Ovid-Text nahe Nacherzählung findet man in: *I. Trencsényi-Waldapfel,* Die Töchter der Erinnerung, Berlin (Ost) 1974, 172–176; rasche Information über Quellen, Abweichungen und sachliche Parallelen in: *H. J. Rose,* Griechische Mythologie, München [4]1974, 161 u. 369 f. Vgl. auch *K. Kerényi,* Die Mythologie der Griechen, Bd. I, München 1966, 138.

rung von Liebe bedeutet: innere Disharmonie, Aufhören des Lebens, Rückversetzung auf der Stufenleiter des Seins auf die Ebene der untermenschlichen Natur.[8]

In Anlehnung an dieses Motiv nennt die moderne Psychologie[9] »Narzißmus« verschiedene Verhaltensweisen[10] übermäßiger Selbstbezogenheit und entsprechender Unfähigkeit zur Kommunikation mit anderen, insbesondere »das pathologische Verhalten eines Menschen..., der... unwillkürlich vor unüberwindlichen Schwierigkeiten steht, sobald er ganz oder teilweise von sich selbst loskommen will, um in harmonische Beziehungen zu seiner Umwelt ... zu treten«[11]. Marc Oraison wertet den so verstandenen Narzißmus als »einen Schritt zurück zum primitiven Ich und weg von einer kraftvollen Entfaltung zwischenmenschlicher Beziehungen und der Liebe«[12].

Ins Positive gewendet, heißt das: Zur Entfaltung der Person gehören Kommunikation und Liebe. Ja, wenn die Person überhaupt bleiben will, was sie ist, darf sie sich der Liebe nicht versagen. Gleichzeitig enthalten aber sowohl der Mythos als auch der moderne psychologische Befund schon einen Hinweis

---

[8] Vgl. als ähnliche Motive die Geschichte von Daphnis, der nicht lieben wollte, »bis ihn schließlich Aphrodite mit unstillbarer Sehnsucht nach einer Unerreichbaren schlug, woran er starb« (*H. J. Rose,* a.a.aO., 161), sowie den im antiken Griechenland verbreiteten Glauben, es sei unheilvoll, sein eigenes Spiegelbild zu sehen (ebd., 370), schließlich auch das Motiv vom Spiegel in *Jean Cocteaus* Film »Orphée« (1950): Orphée geht durch den Spiegel in das Land des Todes. In diesem Film ist Orphée so sehr in seine eigene Dichtung und in seinen eigenen Tod verliebt, daß er darüber die Liebe zu seiner Frau Eurydice vergißt, – womit freilich die antike Sage von Orpheus und Eurydike wesentlich verändert wurde. Vgl. dazu unten S. 103ff.

[9] Vgl. für diesen Abschnitt *M. Oraison,* Der Narzißmus in medizinischer und theologischer Sicht, in: Überwindung der Angst, Frankfurt/M. 1973, 17–62.

[10] *Oraison* nennt: pathologisches Verhalten speziell im Sexualbereich; eine allgemeine, noch nicht pathologisch zu nennende Haltung übermäßiger Selbstbezogenheit; das ursprüngliche triebhafte Streben (den »primären Narzißmus« der Freudschen Psychologie), das überhaupt nichts Krankhaftes an sich hat, und schließlich das hier beschriebene pathologische Verhalten. A.a.O., 21–27.

[11] Ebd., 22.

[12] Ebd., 23.

darauf, daß es im Menschen so etwas wie eine tiefverwurzelte Angst vor der Liebe geben kann. Darauf werde ich im IV. Kapitel zurückkommen müssen.

4. Liebesunfähigkeit als »personale Misere« (R. Affemann)

Der Psychotherapeut Rudolf Affemann war aufgefordert worden, auf der Tagung der Arbeitsgemeinschaft katholischer Dogmatiker und Fundamentaltheologen zum Thema »Erlösung und Emanzipation« (1972) vorzutragen, was aus der Sicht seines Faches »der heutige Mensch als seine menschliche, personale Misere empfindet . . . und was er als Befreiung davon ersehnt« [13]. Affemann nennt eine Reihe von Gegebenheiten, die auch in früheren Zeiten den Menschen belasteten, die aber heute stärker zum Vorschein kommen und deshalb besonders als Misere empfunden werden. Zu ihnen gehöre neben innerer Leere, Sinnverlust, Aggressivität, Angst und Selbstablehnung die Einsamkeit. Die Gründe für die verstärkte Einsamkeitserfahrung sieht er außer in der gesellschaftlichen Entwicklung (Wegfall der »großen übergreifenden Ordnungen« [14], in die man früher eingebettet war) besonders in der Person des einzelnen: die Ich-Stärke nehme ab, die Erschließung des Ur-Vertrauens unterbleibe immer mehr, die Liebesfähigkeit schwinde. Der Mensch »wagt zu wenig. Er will sich vor Enttäuschungen und Verletzungen schützen. Auch damit bleibt die Fähigkeit zur Liebe unterentwickelt. Die Folge von beiden Einwirkungen: die Liebe verharrt in ihrem ursprünglichen seelischen Zustand als Autoerotik, als Narzißmus, als Ichbezogenheit, als Liebe zu sich selbst« [15].

Ähnlich wie im vorigen Abschnitt erscheint der Mangel an

---

[13] *R. Affemann,* Sünde und Erlösung in tiefenpsychologischer Sicht, in: *L. Scheffczyk* (Hrsg.), Erlösung und Emanzipation, Freiburg i. B. 1973, 15–29, Zitat: 15.

[14] Ebd., 20.

[15] Ebd., 21. Vgl. auch das Interview zum Thema »Schuld, Schulderfahrung und Gewissen«, das *R. Affemann* der Herder-Korrespondenz gab: HK 27 (1973) 131–137.

Liebesfähigkeit als »Misere«, als Unfähigkeit zur Selbstverwirklichung. Zugleich wird hier dem Theologen vom Psychologen ein Stichwort geliefert, bei dem eine Theologie der Erlösung anzusetzen habe.

5. *»Liebe, die Antwort auf das Problem der menschlichen Existenz« (E. Fromm)*

So überschreibt Erich Fromm den ersten, grundlegenden Abschnitt seiner Theorie der Liebe.[16] *Das* Problem der menschlichen Existenz liege im »Bewußtsein seiner Einsamkeit und Getrenntheit«. Es mache dem Menschen sein Dasein zum Gefängnis. »Er würde wahnsinnig werden, könnte er sich nicht selbst aus seinem Gefängnis befreien und es sprengen, könnte er sich nicht in dieser oder jener Form mit Menschen, mit der Umwelt vereinen.« Hier liege »die Quelle jeder Angst« [17]. Es bestehe demnach die größte Notwendigkeit für den Menschen, den Kerker seiner Einsamkeit zu verlassen. Alle Ausbruchsversuche, die im Laufe der Menschheitsgeschichte gemacht wurden – orgiastische Erlebnisse, Anpassung an eine Gruppe, kreative Arbeit – führten nicht zum Ziel, außer der einzigen eigentlichen und totalen Antwort auf die existentielle Frage, »der Vereinigung mit einem anderen Menschen, ... der Liebe.« [18]

Von den anderen Formen zwischenmenschlicher Vereinigung (»symbiotische Vereinigung« im Sadismus oder Masochismus) grenzt Fromm die »reife Liebe« ab als »Eins-Sein unter der Bedingung, die eigene Identität und Unabhängigkeit zu wahren« [19]. Inhaltlich beschreibt er sie als Fürsorge, Verantwort-

---

[16] *E. Fromm,* Die Kunst des Liebens, 23.

[17] Alle Zitate ebd., 24. Anders als Fromm sieht allerdings *F. Riemann* die Angst vor Ungeborgenheit und Isolierung nicht als die letzte Quelle aller Angst, sondern als *eine* »Grundform« von Angst, welcher die Angst vor dem Ich-Verlust und der Abhängigkeit in der Selbsthingabe gegenübersteht. *F. Riemann,* Grundformen der Angst. Eine tiefenpsychologische Studie, München [9]1975, bes. 7–19.

[18] *E. Fromm,* a.a.O., 36.

[19] Ebd., 39.

lichkeit, Respekt und Wissen um den anderen. Diese Liebe sei »die letzte Konsequenz der Psychologie«[20]. Als besonderen Fall des »universalen Verlangens nach Vereinigung« sieht Fromm das Streben nach Vereinigung der Geschlechter. Er beruft sich hierfür auf den Mythos von den in zwei Hälften zerschnittenen Menschen[21] und sieht eine Parallele in der biblischen Erzählung von der Erschaffung Evas aus der Seite Adams.[22]

Hebt Erich Fromm in »Die Kunst des Liebens« besonders den Gedanken der Vereinigung hervor, so betont er in dem späteren Werk »Haben oder Sein« »das Bedürfnis, zu geben und zu teilen, und die Bereitschaft, für andere Opfer zu bringen«[23], als Verhaltensweisen der Liebe im »Seins-Modus«. Beide Male ist Liebe *die* Antwort auf die größten Existenzprobleme.

6. Personalismus und Dialogische Philosophie

Zu ähnlichen Einsichten kamen vor einigen Jahrzehnten auf philosophischem Wege – durch eine Reflexion auf den Begriff der Person und auf die Funktion des Wortes – der Personalismus und die Dialogische Philosophie.[24]

Emmanuel Mounier definierte den Personalismus im Gegensatz zum Individualismus des 18. und 19. Jahrhunderts. Während das Hauptinteresse des Individualismus in der Konzentration des Individuums auf sich selbst liege, gehe es dem Personalismus gerade um die wesentliche Offenheit der Person.[25] »Man könnte fast sagen: ich existiere nur in dem Maße, in dem ich für andere existiere, kurz: Sein heißt Lieben.«[26]

---

[20] Ebd., 20.

[21] Vgl. dazu oben II, B. 1.

[22] Vgl. Gen 2,21–24; *E. Fromm,* a.a.O., 54.

[23] *E. Fromm,* Haben oder Sein, 104.

[24] Vgl. als Quellen bes.: *F. Ebner,* Das Wort und die geistigen Realitäten, Innsbruck 1921; *M. Buber,* Ich und Du, erstmals 1923, jetzt in: Das dialogische Prinzip, Heidelberg 1962, 5–121; *R. Guardini,* Welt und Person, Würzburg 1939; *E. Mounier,* Le Personnalisme, Paris 1950.

[25] Vgl. *E. Mounier,* a.a.O., 37.

[26] Ebd., 39.

An die Stelle des Individuums tritt die Person. Ihr eigentümliche Akte sind: von sich selbst loslassen (Kampf gegen Egozentrismus, Narzißmus, Individualismus); verstehen (meinen eigenen Blickwinkel vertauschen mit dem des anderen, versuchen, von ihm her zu sehen); annehmen (das Schicksal, den Schmerz, die Freude, die Aufgabe des anderen übernehmen); geben (schenken ohne Kalkül auf Gegengabe); Treue (Kontinuität in den wechselnden Abenteuern des Lebens).[27] Martin Buber formulierte die wesentlich dialogische Natur der Person in den Kategorien von »Ich und Du«: Erst durch die Du-Beziehung wird das Ich zum Ich. In der Begegnung mit dem Du sammelt sich der zerfaserte und zersplitterte Mensch, wird ganz er selbst: »Das Grundwort Ich – Du kann nur mit dem ganzen Wesen gesprochen werden. Die Einsammelung und Verschmelzung zum ganzen Wesen kann nie durch mich, kann nie ohne mich geschehen. Ich werde am Du; Ich werdend spreche ich Du. Alles wirkliche Leben ist Begegnung.«[28] Die personale Beziehung ist es, die den Menschen von seiner Ausgeliefertheit an die Dinge befreit, ihn zu sich selbst führt, ihn zu einem Geist-Wesen macht. »Geist ist nicht im Ich, sondern zwischen Ich und Du. Er ist nicht wie das Blut, das in dir kreist, sondern wie die Luft, in der du atmest. Der Mensch lebt im Geist, wenn er seinem Du zu antworten vermag. Er vermag es, wenn er in die Beziehung mit seinem ganzen Wesen eintritt. Vermöge seiner Beziehungskraft allein vermag der Mensch im Geist zu leben.«[29] Buber nennt zwei mögliche Beziehungen: Liebe und Haß. Haß ist mehr als Beziehungslosigkeit; aber er ist seiner Natur nach blind. Die sehende Beziehung, in die der Mensch ganz eingeht, ist Liebe.[30]

7. *Neue Ansätze im Marxismus*

Dem Personalismus ging es darum, das individualistische Den-

---

[27] Vgl. ebd., 39 f.
[28] *M. Buber,* a.a.O., 15.
[29] Ebd., 41.
[30] Vgl. ebd., 20.

ken aufzusprengen. Er betonte die Kategorie der Beziehung und brachte die Liebe in die Definition der Person selbst. Bei gesellschaftlich-politisch Interessierten aber gerät das Denken von Ich und Du leicht in den Verdacht des Idyllischen, ausschließlich Privaten, die große, weithin und notwendig institutionalisierte Wirklichkeit außer acht Lassenden.[31] Vielleicht ist ein ähnlicher Verdacht einer der Gründe, weswegen im (ebenfalls antiindividualistischen!) Marxismus das Thema »Liebe« zunächst kaum Platz hatte.[32] Um so bemerkenswerter scheint mir die »Entdeckung« der Liebe bei zwei kommunistischen Philosophen, die am christlich-marxistischen Dialog der sechziger Jahre entscheidenden Anteil hatten: Viteslav Gardavský und Roger Garaudy.[33]

Gardavský bringt das Wort Liebe vorsichtig ins Spiel. Er geht aus von »zwei grundlegenden Einsichten von absoluter Gewißheit . . .: ich bin ein gesellschaftliches Wesen, das über sich hinauszuschreiten fähig ist; ich besitze die unumstößliche Gewißheit, daß ich sterben muß« [34], und reflektiert über den Zusammenhang dieser beiden Gegebenheiten. Auf der einen Seite die Sicherheit des Todes, die für Gardavský gerade deshalb so schrecklich ist, weil der Tod den endgültigen, durch keine Jen-

---

[31] Vgl. z. B. *J. B. Metz,* Kirche und Welt im Lichte einer »politischen Theologie«, in: Zur Theologie der Welt, Mainz/München ²1969, 99–116, bes. 100 f.; *J. Moltmann,* Mensch. Christliche Anthropologie in den Konflikten der Gegenwart, Stuttgart 1971, 122–126.

[32] Vgl. die engagiert-polemische Kritik eines »Linken« am Marxismus: *D. Duhm,* Der Mensch ist anders. Besinnung auf verspottete, aber notwendige Inhalte einer ganzheitlichen Theorie der Befreiung. Kritik am Marxismus. Beiträge zur Korrektur, Lampertheim ²1976. Zu den »vom Marxismus vernachlässigten psychologischen und anthropologischen Gegebenheiten« (12) zählt Duhm insbesondere das Kapitel »Liebe« (160–185). »Am liebsten würde ich alles, was ich in diesem Buch zu sagen habe, unter diesem Abschnitt sagen.« (160) Vgl. allerdings auch seine im Vorwort zur zweiten Auflage (7) gemachten Einschränkungen.

[33] *V. Gardavský,* a.a.O.; *R. Garaudy,* Menschenwort. Ein autobiographischer Bericht, Wien 1976.

[34] *V. Gardavský,* a.a.O., 227. Ich gebe hier Gedanken aus dem letzten Artikel wieder: Der marxistische Atheismus als Metaphysik (221–236). Einschlägig sind auch die Kapitel über Jesus (46–64) und über Augustinus (65–76).

seitshoffnung gemilderten[35] Verlust aller Beziehungen bedeutet[36], auf der anderen Seite die gerade durch diesen Tod in Frage gestellte wesentliche Bezogenheit auf die anderen. Diese anderen aber leben von der Hoffnung des einzelnen, ja von seinem Tod und seiner trotzdem durchgehaltenen Hoffnung.[37] Welches Motiv gibt uns die Möglichkeit, fragt Gardavský, »den Tod in dieser bewußten, reflektierten Art auf uns zu nehmen und dabei doch Menschen zu bleiben«?[38] Die Frage verbindet sich für ihn mit der Frage nach den Triebkräften der großen geschichtlichen Freiheitsbewegungen. Natürlich rechnet er – gut marxistisch – mit objektiven Antriebskräften hinter den subjektiven Motiven der einzelnen; aber es müsse doch ein »Prisma« geben, durch welches das Subjekt die objektiven Kräfte der Geschichte in sich auffängt. Welches ist »die treibende Kraft des Menschen . . ., die sein Inneres dazu bewegt, bewußt die Tragik der eigenen Niederlage zugunsten einer gemeinsamen Hoffnung der Menschheit auf sich zu nehmen?«[39] Der Gedanke an »das Gemeinwohl, bessere Tage, die kommen sollen, der Gedanke des Opfers . . .« – das alles sind bereits »Motive zweiter Ordnung«[40]. Darum spricht Gardavský, nicht ohne Reserven, aber wie etwas, das unbedingt gesagt werden muß, die »Ahnung« von »etwas Grundlegenderem« aus: »Wir

---

[35] »Wer an Gott glaubt und an eine unsterbliche Seele, der hat auch in seinem letzten Stündlein eine Hoffnung; er schiebt seinen Tod noch ein Weilchen hinaus. Ich habe diese Hoffnung nicht.« Ebd., 229.

[36] »Ich sterbe – das heißt: ich werde mein Werk nicht zu Ende führen, ich werde die, die ich geliebt habe, nicht mehr sehen, ich werde Schönheit oder Trauer nicht mehr empfinden. In meinen Sinnen wird nicht mehr die unwiederholbare Musik dieser Welt wiederklingen; ich werde niemals mehr, nirgendwohin, nach keiner Richtung über mich hinausschreiten. Mir bleibt nur dies letzte. Der Tod ist so schrecklich wegen dieses Verlusts an Beziehungen: unser Inneres hört auf, der Schnittpunkt zu sein, an dem Begegnungen stattfinden . . .« Ebd., 229.

[37] »Mein Tod ist für mich das Ende aller Hoffnungen, trotzdem aber eine Hoffnung für andere, für die Gesellschaft. Und umgekehrt: Das Leben der Gesellschaft ist eben deshalb die dauernde Überwindung von Enttäuschung und Hoffnungslosigkeit.« Ebd., 228.

[38] Ebd., 233.

[39] Ebd., 233 f.

[40] Ebd., 234.

meinen jene menschliche und zwischenmenschliche Beziehung, für die seit altersher die Bezeichnung ›Liebe‹ verwendet wird. Wir scheuen uns vor diesem Wort. Es ist zu feierlich. Zu oft mißbraucht. Wir ziehen es dennoch in Erwägung . . .« [41]. Liebe bedeutet ihm Über-sich-Hinausschreiten; sie ist »die existentielle Vorbedingung aller menschlichen Beziehungen« [42]; die Kraft, die das Ich auf das Du hin öffnet, dabei aber nicht stehenbleibt, sondern auch die Ich-Du-Beziehung transzendiert auf das gesellschaftliche Wir hin. »Das Du, das wir lieben, öffnet uns das Tor zu den menschlichen Beziehungen, weil es uns in anschaulicher Weise zum Maximum unserer Möglichkeiten hinführt.« [43] So kommt Gardavský durch die Reflexion über das Verhältnis des einzelnen zu seinem Tod, zur Gesellschaft und zur Geschichte auf die Liebe als »die schöpferische Aktivität des Menschen in der Geschichte par excellence« [44].
In dieselbe Richtung weist der mehr bekenntnishaft, streckenweise poetisch geschriebene »autobiographische Bericht« von Roger Garaudy, »Menschenwort«. Nur, daß Garaudy ohne Scheu von der Liebe spricht. Von ihr ist fast auf allen Seiten des Buches die Rede. Sie ist das fundamentale Gesetz des Seins.[45] »Ohne Liebe kann ein Mensch, kann eine Gesellschaft funktionieren; sie können aber nicht existieren.« [46] Das Kapitel über den Sinn des Lebens kann Garaudy zusammenziehen in den Satz »Die Liebe ist der Sinn des Lebens« [47], und das über das Glück: »Das Glück ist vor allem die Liebe.« [48] Ähnlich wie Gardavský bestimmt er die Liebe inhaltlich als »Hinausgehen über mich selbst« [49] und bringt sie in engen Zusammenhang mit dem Tod. »Mein eigener Tod ist ein ständiger Hinweis dafür, daß mein Unterfangen kein individuelles Unterfangen

[41] Ebd.
[42] Ebd.
[43] Ebd., 236.
[44] Ebd.
[45] Vgl. *R. Garaudy*, a.a.O., 223.
[46] Ebd., 30.
[47] Ebd., 60.
[48] Ebd., 62.
[49] Ebd., 223.

ist.« [50] »Nur die Liebe selbst rettet uns vor dem Tod. Weil der Tod nur eine größere Liebe ist: die Hingabe unserer Sonderheit an den anderen, und durch ihn, an die Schöpfung in ihrer Gesamtheit.« [51]

Gardavskýs »Gott ist nicht ganz tot« und Garaudys »Menschenwort« sprechen beide auf den letzten Seiten fast nur noch von der Liebe. Bei beiden läuft die Reflexion über die Liebe wie selbstverständlich in die persönliche Glaubensfrage aus. Allerdings sind die Antworten verschieden. Gardavskýs letzter Satz ist: »Deshalb glauben wir nicht an Gott, wiewohl das absurd ist.« [52] Garaudy schließt – nach einem Bekenntnis zum Kommunismus – mit dem kurzen Satz: »Ich bin Christ.« [53]

C. Theologische Gesichtspunkte

Wie stellt sich theologisch der Zusammenhang zwischen Liebe und Selbstverwirklichung dar? Liebe macht das Zentrum des christlichen Glaubens aus; das soll in einem ersten Abschnitt erläutert werden. Aber bedeutet Liebe, und gläubige Existenz überhaupt, Selbstverwirklichung – oder nicht vielmehr Selbstverleugnung, Kreuzigung des eigenen Ich? Diese Frage hat den Theologen im Laufe der Kirchengeschichte viel Kopfzerbrechen gemacht. Deshalb werden im zweiten Abschnitt einige diesbezügliche Kontroversen vorgestellt, bevor dann im dritten Abschnitt bibeltheologische Argumente für den Zusammenhang von Liebe und Selbstverwirklichung genannt werden.

1. Liebe als Zentrum christlichen Glaubens

Die sehr geläufige Aussage, die in dieser Überschrift gemacht wird [54], sei in vier Gedankenschritten kurz erläutert.

---

[50] Ebd., 39.

[51] Ebd., 49.

[52] *V. Gardavský,* a.a.O., 236. Fast gleichlautend ist der erste Satz dieses Buches: »Ich glaube nicht, wiewohl das absurd ist.« 17.

[53] *R. Garaudy,* a.a.O., 223.

[54] Über den »Primat der Agape« und über Versuche, andere neutesta-

Das entscheidende Verhalten

Liebe ist das entscheidende, vom Glaubenden geforderte Verhalten. Für diesen Satz brauchen wir uns fast nur zu erinnern an das, was im zweiten Kapitel über die Agape gesagt wurde. Die Liebesforderung ist bei den Synoptikern das »erste« [55], das »größte« [56] Gebot, an dem »das ganze Gesetz und die Propheten« hängen [57], das, was man tun muß, um das ewige Leben zu erben [58]; die praktizierte Nächstenliebe ist das entscheidende Kriterium im Gericht.[59] Bei Johannes ist die Liebe *das* Kennzeichen der Jüngerschaft [60], *die* Antwort auf Gottes Handeln in Jesus Christus [61], *das* neue Gebot.[62] Paulus bezeichnet die Liebe als die Erfüllung des Gesetzes [63], als Weg, der über alle anderen Wege hinausführt [64], als das einzig Bleibende.[65] Was Paulus im 13. Kapitel des 1. Korintherbriefes schreibt, drückt die scholastische Theologie in aristotelischer Begriffssprache aus, wenn sie die »caritas« als »forma virtutum« bezeichnet, als das, was jede Tugend überhaupt erst zur Tugend macht.[66]

Das Gebot der Gottes- und Nächstenliebe ist also nicht ein an-

---

mentliche Motive an die erste Stelle zu setzen, z. B. die Verherrlichung Gottes *(E. Stauffer)* oder die Königsherrschaft Gottes *(H. Preisker)*, vgl. *V. Warnach*, Agape, 472–478. Einen systematischen Ansatz von der Liebe als »Herz des Christentums« her entfaltete z. B. *M. Schmaus*, Vom Wesen des Christentums, Westheim bei Augsburg 1947, bes. 10–22. Vgl. auch *H. U. von Balthasar*, Glaubhaft ist nur Liebe, Einsiedeln 1963; *M. Albus*, Die Wahrheit ist Liebe. Zur Unterscheidung des Christlichen nach Hans Urs von Balthasar, Freiburg i. B. 1976.

55 Mk 12,28.

56 Mt 22,36.

57 Mt 22,40.

58 Vgl. Lk 10,25.

59 Vgl. Mt 25,31–46.

60 Vgl. Joh 13,35; 1 Joh 3,10.

61 Vgl. 1 Joh 4,11.

62 Vgl. Joh 13,34; 1 Joh 2,7 f.

63 Vgl. Röm 13,8–10; Gal 5,14.

64 Vgl. 1 Kor 12,31 b.

65 Vgl. 1 Kor 13,8–13.

66 Vgl. *V. Warnach*, Agape, 473 A.1; *A. Ilien*, Wesen und Funktion der Liebe im Denken des Thomas von Aquin, Freiburg i. B. 1974, 214–217.

spruchsvoller Zusatz zum Dekalog (sozusagen ein elftes Gebot); es meint vielmehr die ganze Herausforderung des christlichen Glaubens, das eigentlich Rettende in allem Verhalten, *die* Weise, wie man Gott nahekommt.[67]

Die fundamentale Gabe

Liebe ist die fundamentale von Gott geschenkte Gabe. Damit ist gemeint: Liebe wird nicht nur gefordert, sie wird zuvor schon geschenkt. Und zwar nicht nur in dem Sinne, daß erst geschenkt und dann gefordert wird, sondern die Erfüllung der Forderung selbst wird geschenkt.

Was der 1. Johannesbrief in die Formel zusammenfaßt »Geliebte, wenn Gott uns so sehr geliebt hat, dann müssen auch wir einander lieben« [68], das wird in den Evangelien erzählend entfaltet:[69] Die von Jesus zur Liebe Aufgerufenen haben zuvor die liebende Nähe Gottes erfahren. Sie sehen sich angenommen und aufgerichtet [70], sie lernen Gott kennen als einen, der sich freut über das Wiederfinden des Verlorenen [71] und dessen Herrschaft auf das Wohl der Menschen gerichtet ist.[72] Vor den Forderungen der Bergpredigt stehen die Seligpreisungen; [73] vor dem

[67] Vgl. *K. Rahner,* Das »Gebot« der Liebe unter den anderen Geboten, in: Schriften zur Theologie, Bd. V, Einsiedeln 1962, 494–517.

[68] 1 Joh 4,11. Vgl. auch 1 Joh 4,7. In der neuen Einheitsübersetzung wird »ἀγαπητοί« in V. 7 und V. 11 übersetzt mit »liebe Brüder«, – was die johanneische Logik (lieben, weil geliebt) etwas verwischt. Im übrigen formuliert der ganze Brief fortwährend diese Logik.

[69] Vgl. *R. Schnackenburg,* Die Forderung der Liebe, bes. 80–90.

[70] Besonders anschaulich: Mk 2,1–12 Par.; Lk 13,10–17.

[71] Vgl. Lk 15 (das ganze Kapitel).

[72] Vgl. *H. Küngs* konzentrierten Beitrag: Was ist die christliche Botschaft? in: Die Zukunft der Kirche. Berichtband des Concilium-Kongresses 1970, Zürich/Mainz 1971, 78–85, bes. 79: »Und was ist der Wille Gottes? Das ist für Jesus klar: das Wohl der Menschen.« Die Identifikation von »Heil« und »Wohl« ist allerdings auch in der gegenwärtigen Theologie nicht unumstritten. Vgl. dazu aus jüngster Zeit die Studie der Internationalen Theologenkommission »Zum Verhältnis zwischen menschlichem Wohl und christlichem Heil«, in: HK 32 (1978), 24–30, bes. 28 f.

[73] Vgl. Mt 5,3–12; Lk 6,20–23. Außerdem schicken sowohl Mattäus als auch Lukas Sammelberichte von Heilungen unmittelbar voraus: Mt 4,

Imperativ kommt der Indikativ. Aber der Zusammenhang zwischen Gabe und Forderung ist nicht nur wie der zwischen Geschenk und Verpflichtung (angesichts der daraus entstehenden Verpflichtungen überlegt man ja bei manchem Geschenk, ob man es überhaupt annehmen soll), er ist enger. Das kommt bei Paulus zum Ausdruck in dem besprochenen[74] subjekthaften Gebrauch des Wortes Agape in 1 Kor 13, besonders prägnant aber in einem Satz des Römerbriefes: »Die Liebe Gottes ist ausgegossen in unsere Herzen durch den Geist, der uns gegeben ist.«[75] Hier ist nicht nur die Bewegung der Liebe Gottes zum Menschen gemeint, sondern mehr: die Selbstmitteilung Gottes im Geist, die den Menschen selbst nun in der Mitte seiner Person (in seinem »Herzen«) zum Liebenden macht.[76] Das meint die theologische Tradition, wenn sie von der »virtus infusa« (»eingegossene Tugend«) spricht und wenn sie die Liebe eine »göttliche Tugend« nennt.[77]

23–25; Lk 6,17–19. Die Heilserfahrung geht der sittlichen Forderung voraus. Speziell zum Zusammenhang von Seligpreisung und Liebesforderung bei Lukas vgl. *W. Grundmann:* »In jüdischer Theologie wird in Armut, Hunger und Trauer Gericht und Strafe Gottes gesehen. Die nach dem Bericht des Lukas Seliggepriesenen haben sich deshalb als Ausgestoßene, Geschlagene, Gerichtete angesehen ... Die Seliggepriesenen, die die ihnen geltende Seligpreisung hören, verstehen sie als Ausdruck der Feindesliebe Gottes. Und es wird verständlich, warum sich sofort die in Gottes Handeln begründete Aufforderung zur Feindesliebe anschließt.« Die Geschichte Jesu Christi, Berlin ²1959, 98. Der indikativische Charakter der Seligpreisungen wird besonders in der lukanischen Fassung und in dem vermuteten ursprünglichen Jesuswort deutlich. Vgl. *K. Koch,* Was ist Formgeschichte? Methoden der Bibelexegese, Neukirchen-Vluyn ³1974, 50–55.

[74] Vgl. oben S. 29 f.

[75] Röm 5,5.

[76] »Sie ergreift den Menschen von der innersten Mitte seiner Person her, die nur Gott und dem Geist durchschaubar ist, in der aber die eigentlichen Gedanken und Entscheidungen der menschlichen Geschichte oft gegen ihre Vorstellungen fallen ... In dieses Zentrum der menschlichen Geschichte ist die Liebe Gottes durch den Heiligen Geist eingefallen, so daß sie es nun bestimmt.« *H. Schlier,* Der Römerbrief, Freiburg i. B. 1977, 150. Für die verschiedenen Interpretationen von ἀγάπη τοῦ θεοῦ an dieser Stelle vgl. außerdem *O. Michel,* Der Brief an die Römer, Göttingen ¹¹1957, 117.

[77] Vgl. *V. Warnach,* Agape, 203 (Quellen und Literatur).

Ich habe schon darauf hingewiesen[78], von welcher Bedeutung für die christliche Verkündigung der Geschenkcharakter der Liebe ist. Ließe man ihn aus, müßte das Evangelium als anspruchsvolles Ethos, aber eben deshalb auch als entmutigende Überanstrengung erscheinen. Es will aber in Wirklichkeit nicht nur den Aufruf vermitteln, sondern auch die Befähigung dazu, die Erfahrung, selbst geliebt zu sein – und deshalb die Liebe weitergeben zu können.

Die Existenz Jesu als Pro-Existenz

Schon Dietrich Bonhoeffer hatte das »Dasein-für-andere« als die Seinsweise Jesu bezeichnet, gleichzeitig als die christliche Weise von Transzendenz- und Freiheitserfahrung: Dasein für andere bedeutet Freiheit von sich selbst und Begegnung mit Gott.[79] Dieser Gedanke wird in der neueren Christologie aufgegriffen mit dem Stichwort Pro-Existenz.[80]

Der Erfurter Neutestamentler Heinz Schürmann vermutet hier die »Mitte des Glaubens von morgen«. Er geht davon aus, daß die eine »österliche Urerfahrung« sich in der Kirchengeschichte »je nach Situation und Stunde« unterschiedlich entfaltet.[81] Das gegenwärtige Bewußtsein sieht er vor allem durch zwei Momente bestimmt. Einerseits durch den Gedanken der Evolution: »Die heutige Menschheit fühlt sich getragen von der Welle der Evolution und hofft, an herrliche Ufer gespült zu wer-

---

[78] Vgl. oben S. 34.

[79] Vgl. *D. Bonhoeffer,* Widerstand und Ergebung, München/Hamburg [3]1966, 191 f.

[80] Vgl. *H. Schürmann,* Der proexistente Christus – die Mitte des Glaubens von morgen? in: Jesu ureigener Tod, Freiburg i. B. 1975, 121–155; *W. Breuning,* Aktive Proexistenz – Die Vermittlung Jesu durch Jesus selbst, in: TThZ 83 (1974) 193–213; *ders.,* in dem Gemeinschaftsartikel: Ist der Gedanke des Sühnetodes Jesu der einzige Zugang zum Verständnis unserer Erlösung durch Jesus Christus? in: *K. Kertelge* (Hrsg.), Der Tod Jesu. Deutungen im Neuen Testament, Freiburg i. B. 1976, 205–230, bes. 227; *R. Schnackenburg,* ebd., 218; ferner *A. Hoffmann,* Die Proexistenz Jesu Christi nach Thomas, in: *W. P. Eckert,* Thomas von Aquino. Interpretation und Rezeption, Mainz 1974, 158–169.

[81] *H. Schürmann,* a.a.O., 124.

den.« [82] Von daher entstand im Anschluß an Teilhard de Chardin [83] eine »Christologie innerhalb einer evolutiven Weltanschauung« [84]: Christus als Ziel und Konvergenzpunkt der Evolution, woraufhin die gesamte biologische, technische und gesellschaftliche Entwicklung der Welt unterwegs ist. Auf der anderen Seite stehe »die sich in unseren Tagen immer stärker aufdrängende Erkenntnis, daß der technische Fortschritt seine Gefahren und auch seine Grenzen hat« [85], die Angst vor der Zukunft. Besorgniserregend sei vor allem »die Erfahrung, daß der moralische Fortschritt mit dem epochalen technischen Fortschritt der Menschheit keineswegs Schritt hält« [86]. Deshalb bedürfe der Mensch der Zukunft »einer unvorstellbaren moralischen Kraft, einer Selbst-losigkeit größten Ausmaßes« [87], wenn er die heraufkommenden Gefahren meistern wolle. »Dazu bedürfte er einer übermenschlichen Einsicht, die mit Plan und System die Kräfte der Reaktion und der Aggression zu bändigen vermöchte, ohne dabei selbst aggressiv und gewalttätig zu werden.« [88] Schürmann denkt dabei an konkrete gesellschaftliche und politische Veränderungen, an Nächstenliebe, die »gesellschaftlich-weltweit plant und mit gesellschaftlichen Mitteln zielbewußt und tatkräftig arbeitet« [89]. Aber das könne »letztlich doch nur gelingen, wenn eine weltweite Bemühung getragen ist von einer unvorstellbar tiefen Selbstlosigkeit, die sich in dieses Chaos hineinopfert. Nur eine Revolution der Liebe, die ein liebendes Martyrium wäre, könnte die Entwicklung der Menschheit weiterbringen – und das wohl nur durch den Op-

---

[82] Ebd., 131.

[83] Vgl. bes. *P. Teilhard de Chardin,* Der Mensch im Kosmos, München 1959; *ders.,* Die Zukunft des Menschen, Olten 1963; zu Teilhards Christologie: *A. Schilson,* Christologie im Horizont der Kosmologie, in: *A. Schilson/W. Kasper,* Christologie im Präsens, Freiburg i. B. 1974, 72–80.

[84] So der Titel eines Aufsatzes von *K. Rahner,* in: Schriften zur Theologie, Bd. V, Einsiedeln 1962, 183–221.

[85] *H. Schürmann,* a.a.O., 134.

[86] Ebd.

[87] Ebd.

[88] Ebd.

[89] Ebd.

fertod hindurch«[90]. In dieser Not könnte der Mensch heute Ausschau halten nach dem, der gleichzeitig als die dynamische Kraft zur Vollendung der Welt und als das äußerste Engagement selbstloser Liebe geglaubt wird. Das letztere besonders will das Wort »Pro-Existenz« sagen. Jesus war der »Mensch für die anderen«[91], und zwar, »weil und indem er auf den ›ganz Anderen‹ hinlebte«[92]. Nächstenliebe und Gottesliebe sind zusammen gemeint in dem Wort Pro-Existenz.

Daß Jesu Sein ganz »Dasein für« ist, wird abgelesen an seinem konkreten geschichtlichen Lebensvollzug. »Die Evangelien zeigen uns Jesus als den, der sich engagiert hat für die Armen und für die Sünder, der dieses sein Heilsangebot durchgehalten hat bis in den Tod.«[93] Klassische Kurzformeln dafür sind die Abendmahlsworte. Im »für euch«[94] und »für die vielen«[95] hat Jesus »sich selbst transzendiert und aufgegeben«[96]. Von diesem Vollzug her wird aber für Schürmann Pro-Existenz zu einer christologischen *Wesens*-Aussage. In der Pro-Existenz Jesu sieht Schürmann – damit schließt sich der gedankliche Kreis – die Ermöglichung und die »Seele« des weltvollendenden Christus.[97]

Wenn nun »Dasein-für-andere« eine Grundaussage über Wesen und Existenz Jesu ist und wenn die kürzeste Kurzformel christlichen Glaubens »Jesus Christus« heißt, dann kann auch Christsein wiederum kurz als Pro-Existenz bezeichnet werden, genauer: als Teilnahme an und Getragenwerden von der Pro-Existenz Jesu, oder, nochmals anders gesagt: als Liebe. An dieser Stelle wird eine Komponente des von mir vorgeschlagenen Liebesbegriffs (Sein-für) stark herausgearbeitet, während die zweite Komponente (Mit-sein) nicht artikuliert wird. Das heißt aber keineswegs, daß diese für die Existenz Jesu bestrit-

---

[90] Ebd., 136.

[91] Ebd., 138. *Schürmann* übernimmt diese Wendung ausdrücklich von *D. Bonhoeffer*.

[92] Ebd., 138.

[93] Ebd.

[94] Lk 22,19 f.

[95] Mk 14,24.

[96] *H. Schürmann*, a.a.O., 139.

[97] Ebd., 143.

ten würde. Das eine betonen heißt nicht das andere ausklammern. Ich habe ja schon zu zeigen versucht, daß Sein-für grundsätzlich immer auch Mit-sein bedeutet. Daß dies auch für Christus und sogar für Gott selbst gilt, sagt das zentrale christliche Dogma von der Inkarnation. In Jesus läßt Gott sich radikal[98] auf die Menschheit und ihre konkrete Geschichte ein. Jesus realisiert dieses Sich-Einlassen bis zur letzten persönlichen Betroffenheit, »bis zum Tod am Kreuz«[99]. Darüber werden wir im Zusammenhang mit dem Thema »Liebe und Tod« (Kap IV) noch weiter nachzudenken haben.

Gott selbst ist Liebe

Die Pro-Existenz Jesu offenbart die Pro-Existenz Gottes.[100] Nach Johannes sieht den Vater, wer Jesus sieht.[101] Nach Lukas beruft sich Jesus für seine Tischgemeinschaft mit Sündern und Zöllnern auf Gott. So wie man Jesus handeln sieht, so handelt Gott.[102] Der erste Johannesbrief geht noch einen Schritt weiter: »Gott ist Liebe«[103]. Mit anderen Worten: Der in der Pro-Existenz Jesu zum Vorschein kommt, der, von dem alle menschliche Liebe als schon geschenkte herkommt, der gibt dies Geschenk nicht als irgendein kategoriales Etwas, sondern als etwas von dem, was er selbst ist. »Gott ist der Liebende par excellence«[104].

Der johanneische Satz »Gott ist Liebe« hat eine Entsprechung im Kern des alttestamentlichen Glaubens. In der Exodusgeschichte erfährt Israel den Namen seines Gottes: Jahwe.[105] Für

---

[98] Als Vorgeschichte dieses Einlassens kann man die Erwählung Israels durch Jahwe und seine Solidarisierung mit diesem Volk begreifen. Vgl. dazu unten S. 128 ff.

[99] Phil 2,8. Vgl. auch den Kontext: den ganzen Christushymnus (6–11), seine Einbettung in die apostolische Ermahnung und darin besonders die Stichworte »Gemeinschaft«, »Liebe«, »Mitempfinden« (1).

[100] Vgl. *H. Schürmann,* a.a.O., 154–149.

[101] Vgl. Joh 12,45; 14,9.

[102] Vgl. Lk 15,1 f.

[103] 1 Joh 4,8.16.

[104] *A. Ganoczy,* a.a.O., 41.

[105] Ex 3,14.

den biblischen Menschen sagt der Name einer Person ihr Wesen aus.[106] Nun ist jede Übersetzung des Jahwe-Namens schon eine Interpretation. Lange Zeit suchte man mit Augustinus[107] seine Bedeutung zu fassen im Sinne der griechischen Seinsphilosophie: »Ich bin der Seiende«[108], Gott als das absolute, über jeden Wandel erhabene Sein. Heute sieht man darin stärker eine Beziehungsaussage. Martin Buber übersetzt: »Ich bin da«, »Ich werde dasein«.[109] Gerhard von Rad unterstreicht die Beziehung: »Ich werde für euch dasein.«[110] Das bedeutet im Kontext der Exoduserzählung: Dem unsicher fragenden Volk, das wissen möchte, mit welchem Gott es zu tun hat, bevor es den gefährlichen Aufbruch aus der Sklaverei wagt, offenbart sich Gott als einer, der zur Stelle sein wird, der für sein Volk dasein wird. Man kann die ganze Exodusgeschichte als die Verifizierung dieses Namens lesen: Gott »bewährt« sich als der Pro-Existente.

Der Blick auf das Alte Testament ist hier besonders deshalb nützlich, weil er zeigt, daß es sich bei der Aussage von der Pro-Existenz Gottes um eine Kernaussage der Glaubenstradition handelt, und weil er gleichzeitig vor einem sentimentalistischen Mißverständnis des Johanneswortes »Gott ist Liebe« bewahren kann. Gottes »Dasein-für« realisiert sich sehr konkret: als Parteinahme für die Unterdrückten und als Führung in die Freiheit. Schließlich macht die Geschichte Gottes mit Israel auch deutlich, wie sehr Pro-Existenz immer auch Mit-sein bedeutet. Im Alten Testament ist nicht nur von Gottes Eintreten für sein Volk die Rede, sondern auch von seiner »Eifersucht«, seinem »Zorn« und seinem »Schmerz«.[111]

Aus unserer in vier Schritten – gleichsam stromaufwärts bis zur Quelle – unternommenen Betrachtung ergibt sich für den Stellenwert menschlichen Liebens: In der christlichen Botschaft

---

[106] Vgl. *M. Buber*, Moses, Heidelberg [3]1966, 47–67, bes. 62.

[107] Vgl. *Augustinus*, De civ. Dei, VIII, 11.

[108] So in der Septuaginta: »ἐγώ εἰμι ὁ ὤν«. Vgl. *G. von Rad*, Theologie des Alten Testaments. Bd. I, München 1958, 182.

[109] *M. Buber*, Die fünf Bücher der Weisung, Köln [3]1968, 159.

[110] *G. von Rad*, a.a.O.

[111] Vgl. dazu unten S. 128 ff.

geht es zentral um Aufruf und Ermutigung zur Liebe; diese Liebe aber ist selbst noch einmal geschenkt; wer liebt, läßt sich auf die Existenz Jesu ein – und damit auf eine Bewegung, welche die tiefste und wesentlichste Bewegung der Welt überhaupt ist, die Bewegung Gottes.

2. Kontroversen

Zweifellos: Liebe – als Gabe und als Forderung – steht im Zentrum des Evangeliums. Aber darf man sagen, daß Liebe im christlichen Verständnis zugleich Selbstverwirklichung bedeutet? Schließt nicht die »reine Liebe« jeden Gedanken an das eigene Glück und die eigene Verwirklichung aus? Umgekehrt aber: wenn es so ist, woher käme dann ein Motiv zu lieben? Was ist überhaupt »reine Liebe«? Seit dem 12. Jahrhundert ringen Theologen und Philosophen um diesen Begriff. Drei Kontroversen, in denen sich dieses Ringen niedergeschlagen hat, sollen nun vorgestellt werden.

Eros gegen Agape?

Ich beginne mit der jüngsten Auseinandersetzung im 20. Jahrhundert. Sie wird vor allem unter dem Stichwort »Eros und Agape« [112] geführt. Man fragt, ob die christliche Liebesidee nicht schon verraten wurde, als die Kirchenväter sie mit dem griechischen Eros-Denken verschmolzen. Konsequent versucht man dann, die Agape gerade dadurch rein zur Sprache zu bringen, daß man sie im Gegensatz zum Eros definiert. Für unsere Überlegungen ist die Kontroverse deshalb wichtig, weil in dieser Polarisierung die Idee der Selbstverwirklichung auf die Seite des Eros gehört, zur Agape aber nicht paßt.

---

[112] Vgl. außer den Kap. II, Anm. 18 gen. Arbeiten v. *H. Scholz, A. Nygren, L. Grünhut, E. Brunner, M. C. d'Arcy, W. J. Verdenius, H. U. von Balthasar, V. Lindström* noch: *V. Warnach,* Agape, 456–472; *J. Pieper,* a.a.O., 123–155; *A. Weyer,* Schwierigkeiten, eine Theologie der Zärtlichkeit mit theologischen Vätern zu begründen, in: Almanach 10 für Literatur und Theologie (Thema: Zärtlichkeit), hrsg. v. *A. Weyer,* Wuppertal 1976, 27–33; *ders.,* Ontologie, Psychologie und Theologie der Liebe, in: *G. Condrau* (Hrsg.), Transzendenz, Imagination und Kreativität, Zürich 1978 (Die Psychologie des 20. Jahrhunderts, XV), 414–419.

Max Scheler hatte zu Anfang des Jahrhunderts von der »Bewegungsumkehr der Liebe« gesprochen. Während im antiken Eros-Denken Liebe eine Bewegung von unten nach oben sei, »ein Streben ... des ›Niederen‹ zum ›Höheren‹, des ›Unvollkommeneren‹ zum ›Vollkommeneren‹, ... des ›Scheins‹ zum ›Wesen‹«, sei es in der christlichen Konzeption gerade umgekehrt. Liebe erweise sich nun gerade darin, »daß der Edle sich zum Unedlen herabneigt und hinabläßt, der Gesunde zum Kranken, der Schöne zum Häßlichen, der Gute und Heilige zum Schlechten und Gemeinen, der Messias zu den Zöllnern und Sündern ...«[113]. Infolgedessen stelle sich im Christentum auch die Grundtendenz menschlichen Verhaltens umgekehrt wie in der griechischen Antike dar: »nicht mehr eine Schar zur Gottheit emporrennender und dabei sich überflügelnder Dinge und Menschen«; sondern »eine Schar, deren jedes Glied auf das Gott Fernere zurückschaut, ihm hilft und dient – und eben darin der Gottheit gleich wird, die ja selbst dieses eine große Lieben und Dienen und Sichherablassen zum Wesen hat«.[114]
Besonders konsequent und radikal hat in den dreißiger Jahren der schwedische protestantische Theologe Anders Nygren diese Kontrastierung weitergeführt. Nach ihm sind Eros und Agape zwei völlig verschiedene Motive, die ursprünglich und deshalb auch inhaltlich »gar nichts miteinander zu tun haben« [115]. Nur eine tausendjährige Denktradition, in der Eros und Agape vermengt worden seien, und die Armut der Sprache, die für beide Motive nur ein Wort habe (»Liebe«), zwängen uns, die beiden Größen miteinander zu vergleichen. Wenn in der Begegnung zwischen Christentum und Antike aus Agape und Eros die Synthese in der Caritas hergestellt worden sei, so sei damit praktisch die Agape vom Eros absorbiert worden. Eine notwendige reformatorische Aufgabe sei deshalb, die Agape wieder aus der Caritas-Synthese herauszuschmelzen und sie als das genaue Gegenteil des Eros diesem gegenüberzustellen. So for-

[113] *M. Scheler,* Das Ressentiment im Aufbau der Moralen, in: Vom Umsturz der Werte (1915), hier zit. aus: *M. Scheler,* Gesammelte Werke, Bd. 3, Bern [5]1972, 33–147, Zitat 72.

[114] Ebd., 74 f.

[115] *A. Nygren,* a.a.O., 14.

muliert Nygren aus der historischen Unterscheidung einen systematischen Kontrast. Sehr stark in Alternativen denkend, kommt er zu einem »Schema des prinzipiellen Gegensatzes«:

»Eros ist Begehren, Sehnsucht.	Agape ist Opfer.
Eros ist der Zug nach oben.	Agape steigt herab.
Eros ist der Weg des Menschen zu Gott.	Agape ist der Weg Gottes zum Menschen.
Eros ist Leistung, er baut auf menschliche Selbsterlösung.	Agape ist Gnade, die Erlösung ist eine Tat der göttlichen Liebe.
Eros ist egozentrische Liebe, eine Art Selbstbehauptung, die höchste, edelste, sublimierte.	Agape ist selbstlose Liebe, »sie sucht nicht das Ihre«, sie ist Selbsthingabe.
Eros will sein Leben gewinnen, göttlich, unsterblich werden.	Agape lebt Gottes Leben, wagt darum, »ihr Leben zu verlieren.«
Eros ist in erster Linie die Liebe des Menschen: Gott ist Gegenstand des Eros. Auch wenn Eros auf Gott bezogen wird, ist er nach dem Ebenbild der menschlichen Liebe geschaffen.	Agape ist in erster Linie die Liebe Gottes: »Gott ist Agape.« Auch wenn Agape auf den Menschen bezogen wird, ist sie nach dem Ebenbild der göttlichen Liebe geschaffen.
Eros wird von der Qualität, der Schönheit und dem Wert seines Gegenstands bestimmt; er ist nicht spontan, sondern »abgewonnen«, »motiviert«.	Agape ist souverän ihrem Gegenstand gegenüber, gilt sowohl »Bösen wie Guten«, sie ist spontane, »quellende«, »unmotivierte« Liebe.
Eros *konstatiert* Wert bei seinem Gegenstand – und liebt ihn.	Agape *liebt* – und *schafft Wert* bei ihrem Gegenstand.« [116]

[116] Ebd., 142.

Als Fortsetzung der aus der konfessionellen Kontroverstheologie bekannten Gegenüberstellung von Leistung und Gnade stehen sich hier »egozentrische« und »selbstlose«, »motivierte« und »unmotivierte« Liebe gegenüber. Nygren macht den von ihm gemeinten Unterschied auch daran klar, daß er die vier möglichen »Formen« oder »Dimensionen« von Liebe (Liebe Gottes, Liebe zu Gott, Nächstenliebe, Selbstliebe) jeweils im System des Eros und in dem der Agape durchdekliniert:[117] Beim Eros steht die Selbstliebe an oberster Stelle; in der Agape ist sie ausgeschlossen. Im Agapedenken nimmt, »weil Agape herabsteigende Liebe ist«[118], die Liebe Gottes die oberste Stelle ein; das Eros-Denken hat für sie keinen Platz: denn »für Gott gibt es keinen Weg nach oben . . . keinen Mangel, deshalb auch kein Begehren und Streben«[119]. Die Nächstenliebe gibt es zwar in beiden Motiven, aber der Eros benutzt den Nächsten für den eigenen Aufstieg, während die Agape den Nächsten ohne Motiv liebt. Die Liebe zu Gott schließlich hat im Eros einen größeren Stellenwert; dem Eros geht es ja um seine eigene Glückseligkeit, deshalb verlangt er nach Gott als seinem höchsten Gut; für die Agape möchte Nygren auch in diesem Fall die Idee der »unmotivierten«, »spontanen« Liebe festhalten: der Mensch liebe in der Agape Gott nicht wegen der eigenen Befriedigung, sondern »weil ihn Gottes unmotivierte Liebe überwältigt und bezwingt, so daß er nichts anderes tun kann als ihn lieben«[120]. Zwischen dem eigenen Glücksverlangen und der christlichen Liebe gibt es nach Nygren keinen positiven Zusammenhang.

Nygren sieht in dieser Frage eine fundamentale konfessionstrennende Unterscheidung. Die Synthese ist für ihn das Merkmal des Katholischen, die reinliche Scheidung das der Reformation.[121] Entsprechend kontrastiert er auch im Menschenbild.[121a] Beim Christen ist alles anders als beim »natürlichen

---

[117] Vgl. ebd., 142–148.

[118] Ebd., 143.

[119] Ebd.

[120] Ebd., 144.

[121] Vgl. ebd., 581 f.

[121a] Den Zusammenhang zwischen Menschenbild und Liebesbegriff fand ich übersichtlich herausgearbeitet bei *U. Leiber*, Deutung und Wertung

Menschen«. Der letztere steht »ganz unter der Macht der Sünde« [122]; er ist charakterisiert durch die Selbstliebe; aber diese »ist so weit davon entfernt, eine von Gott in die Natur hineingelegte Ordnung zu sein, daß sie geradezu eine teuflische Verkehrung ist« [123]. Im Gegensatz zum natürlichen Menschen mit seinem unausrottbaren Willen zur Selbsterlösung ist der Christ durch den Glauben für Gott aufgeschlossen. Bei ihm »bekommt die Liebe von oben freien Lauf. Der Christ ist wie ein Rohr, das durch den Glauben alles aus Gottes Liebe empfängt und dann die göttliche Liebe weiter über die Welt strömen läßt« [124].

Nygrens Position hat, neben einer mehr differenzierenden Kritik von seiten evangelischer und vor allem katholischer Theologen [125], in der Gegenwart ihre schärfste Zurückweisung durch Josef Pieper erfahren. Pieper sieht in der Entgegensetzung von

---

der Selbstliebe bei A. Nygren, J. Pieper, R. Völkl und W. Heinen. Unveröffentlichte Staatsexamensarbeit, Duisburg 1976.

[122] *A. Nygren,* a.a.O., 569.

[123] Ebd., 581. Die ganze Schöpfung ist nach *Nygren* von der göttlichen Liebe geprägt, nur nicht der Mensch: »Es gibt keinen Baum, der für eigene Rechnung Frucht trägt; die Sonne scheint und leuchtet nicht für sich selbst. Nur die Menschen und der Teufel suchen in allem das Ihre.« Ebd.

[124] Ebd., 581 f. Vgl. auch 577: »Der Christ als Kanal für Gottes herabströmende Liebe«.

[125] *H. U. von Balthasar* hebt die Verdienste Nygrens hervor: »sie schärfen den Blick für die Unterscheidung des eigentlich Übernatürlichen im Christentum«, wirft ihm aber eine zu starke Vereinfachung vor: die ganze Patristik und Scholastik werde in ein vorgefaßtes Schema gebannt. Die einfache Linienführung ruhe »ganz und gar auf dem protestantischen Dogma, daß alle Selbstliebe Sünde (und umgekehrt) sei, ... daß ferner alle weltliche Liebe Selbst- und Lohnliebe sei«. A.a.O., 400. Ähnlich kritisiert *V. Warnach* (neben einer positiven Würdigung seiner »umsichtigen Sammlung des weitschichtigen Materials«) Nygrens »dogmatische Apriorismen«. Agape, 465, A 4. Beiden fällt auf, daß Nygren nicht nur Kirchenväter und Scholastik, sondern auch die biblischen Schriftsteller kritisch an seinem Agape-Begriff mißt. Angesichts dessen fragt *Warnach,* »ob es nicht angebrachter wäre, an dem eigenen Agapeverständnis Kritik zu üben, als solche Unstimmigkeiten in die Heilige Schrift selbst hineinzutragen«. A.a.O., 195 f., A. 3; vgl. auch 197, A. 1. Vgl. ferner *V. Lindström,* a.a.O

Eros und Agape eine »verhängnisvolle Diffamierung« [126] des Eros. Nygrens »Vorstellung von der dem Menschen zuzutrauenden und zuzumutenden Liebe« ist ihm »völlig unvollziehbar«. Und er fragt, »ob nicht vielleicht die mit solcher Schärfe als allein christlich deklarierte Diffamierung des Eros, die ja weit ins allgemeine Bewußtsein . . . gedrungen ist, die Diffamierung des Christentums mitverschuldet haben könnte, die sich gegenwärtig, gerade mit Berufung auf das dem Menschen im Felde des Eros . . . von Natur Zukommende, vor jedermanns Augen drastisch genug entlädt« [127].

Ganz anders als Nygren geht Pieper – auch hier ist die konfessionelle Herkunft des katholischen, vor allem an der Hochscholastik orientierten Philosophen unverkennbar – nicht von der Verderbtheit durch die Sünde, sondern von der »schöpfungsmäßigen Gutheit« [128] der Welt und des Menschen aus. Die Natur des Menschen ist für ihn nicht das dem Christlichen Fremde, sondern »im Gegenteil der Grund und Boden, ohne den das Christliche, . . . die ›Gnade‹ . . . gar nicht Wurzeln fassen und gedeihen kann« [129]. Das Verlangen nach eigener Vollendung und Erfüllung ist nicht Ausdruck der Sünde, sondern eine im göttlichen Schöpfungsakt dem Menschen eingeschaffene Dynamik.[130] So kann Pieper Selbstliebe, Glücksverlangen, Erfüllungsstreben »die Wurzel aller Liebe sonst« [131] nennen. Nicht in der Ausschaltung des Menschlichen, sondern gerade in seiner Aktivierung kommt die Agape zum Zuge: »Wenn irgendwo und irgendwann, dann ist der Mensch gerade im Akt der liebenden Zuwendung nicht ›Kanal‹ und ›Leitungsrohr‹, sondern wahrhaft Subjekt und Person. Und auch in der ›übernatürlichen‹ Liebe, heiße sie nun caritas oder agape, und mag ihre Kraft sich auch speisen aus der ›Gnade‹ – auch da sind die Liebenden wir selbst.« [132]

---

[126] *J. Pieper,* a.a.O., 96.
[127] Ebd., 100.
[128] Ebd., 86.
[129] Ebd., 103.
[130] Vgl. ebd., 125 f.
[131] Ebd., 131.
[132] Ebd., 107.

Die Kontroverse um die Zuordnung von Eros und Agape verschärft die Frage nach dem Zusammenhang von Selbstverwirklichung und Liebe und spiegelt darüber hinaus die Problematik einer anthropologisch orientierten Theologie wider. Ist Christentum grundsätzlich die »Umwertung aller Werte« [133], Sinngebung dessen, was dem Nichtchristen als sinnlos erscheint (und umgekehrt), oder ist es Erfüllung, Überbietung des »natürlich« vom Menschen Geahnten und Gewollten?

In bezug auf die Liebe heißt die Frage natürlich nicht: Darf legitimerweise die Agape durch den Eros ersetzt werden? Sondern: Darf und muß man überhaupt (mit Nygren) so alternativ denken: entweder Eros oder Agape? Oder darf und muß man (mit Augustinus, im Sinne Nygrens »katholisch«) »synthetisch« denken: Agape als »Vollendungsform« [134] des Eros? Ist Agape zu beschreiben als die allem Glücksverlangen zuwiderlaufende, ausschließlich absteigende Bewegung – oder als die Bewegung von oben, die immer schon allem menschlichen Streben vorausliegt, dieses aber aufnimmt, es trägt und ihm den Weg weist, zu den Menschen, aber so eben doch wieder »nach oben«, zum angezielten Glück? [135] Darf der im liebenden Engagement sein Glück Suchende sich getragen glauben von der göttlichen Agape, oder darf er das erst glauben, wenn er sein eigenes Glücksverlangen »gekreuzigt« und sich selbst vergessen hat?

---

[133] *Nygren* bestätigt ausdrücklich *Nietzsches* Formel, das Christentum sei »eine Umwertung aller antiken Werte«: »Diese Formel enthält viel mehr Wahrheit, als gemeinhin geglaubt wird.« A.a.O., 135.

[134] Diese Formel schlägt *H. U. von Balthasar* vor. A.a.O., 402. In ähnlichem Sinne spricht *V. Warnach* von einer »Erlösung« oder »Verwandlung« des Eros durch die Agape, wobei er eigens darauf hinweist, daß es sich »nicht um eine Verwandlung des Eros *in* die Agape, sondern *durch* sie handelt; die Agape erfaßt die natürliche Liebe in ihrem tiefsten Wesen und wandelt sie auf ihre Ursprünglichkeit hin um«. A.a.O., 470 f., Zitat: 471, A. 3.

[135] Für *V. Warnach* gehört zwar die »Katabasis«, die herabsteigende Linie, wesentlich zur Agape, aber ebenso wesentlich die »anabatische«, aufsteigende Linie als »Folge und Erfüllung« der Initiative Gottes. Agape, 199 f. Das unterscheidende Merkmal der Agape ist für ihn nicht die Bewegung von oben nach unten, sondern ihr »pneumatischer« Charakter, ihre göttliche Herkunft und Prägung. Vgl. ebd., 215–247.

Ekstatische oder physische Konzeption?

Jean de Joinville, Berater und Chronist des französischen Königs Ludwig IX. (1226–1270), erzählt in seiner »Histoire de Saint Louis«, der Dominikaner Yves, vom König zum Sultan von Damaskus geschickt, sei in jener Stadt auf der Straße einer alten Frau begegnet, die mit ihrer rechten Hand eine Schaufel mit Feuer trug und in ihrer linken ein Gefäß mit Wasser. Auf die Frage von Bruder Yves: »Was willst du damit tun?« habe sie geantwortet, sie wolle Feuer ans Paradies legen, und mit dem Wasser wolle sie die Hölle auslöschen, damit von beidem nichts mehr übrigbliebe. Und auf seine Frage: »Warum willst du das tun?« habe sie geantwortet: »Weil ich will, daß niemals mehr einer etwas Gutes tue, um als Belohnung das Paradies zu erhalten, und auch nicht aus Furcht vor der Hölle, sondern daß nur noch Gutes getan werde um der Liebe Gottes willen ...« [136]

»In dieser naiven Geste der alten Damaszenerin«, kommentiert Georges Didier, bei dem ich diese Erzählung fand, »kristallisiert sich der Traum, den so viele Heilige geträumt haben: Gott zu dienen aus reiner Liebe« [137].

»Rein« meint hier »eine Liebe zu Gott, die nicht durch Erwartung eines Lohnes motiviert ist« [138]. Die Frage, ob solche Liebe überhaupt möglich sei, beschäftigte seit dem 12. Jahrhundert die mittelalterliche Scholastik und Mystik und später, bis ins 18. Jahrhundert, besonders die französische Theologie. Im Mittelalter wurde sie verhandelt als Frage nach dem Verhältnis

---

[136] Vgl. *Joinville,* Histoire de Saint Louis, ch. LXXXVII, éd. *N. de Wailly,* Paris 1874, 242–244, hier zit. nach *G. Didier,* Désintéressement du Chrétien. La rétribution dans la morale de saint Paul, Paris 1955, 219.

[137] *G. Didier,* a.a.O.

[138] *H. Kuhn,* »Liebe«, 122. Vgl. für das folgende ebd., 122–130; *P. Rousselot,* Pour l'istoire du problême de l'amour au Moyen Age, Münster 1908; *R. Egenter,* Gottesfreundschaft. Die Lehre von der Gottesfreundschaft in der Scholastik und Mystik des 12. und 13. Jahrhunderts, Augsburg 1928, bes. 24–30; 92 f.; 105 ff.; 177–181; *Z. Alszeghy,* Grundformen der Liebe. Die Theorie der Gottesliebe bei dem hl. Bonaventura, Rom 1946, bes. 212–283; *L. B. Geiger,* Le problème de l'amour chez saint Thomas d'Aquin, Montreal/Paris 1952; *R. Spaemann,* Reflexion und Spontaneität. Studien über Fénelon, Stuttgart 1963, bes. 84–90.

von Gottesliebe und Selbstliebe: »Utrum homo naturaliter diligat Deum plus quam semetipsum?« [139] (Gehört es zur Natur des Menschen, Gott mehr zu lieben als sich selbst?)

Auf den ersten Blick könnte dies Problem heute sehr fernliegend erscheinen. Geht man aber, wie Pierre Rousselot [140], davon aus, daß für den mittelalterlichen Menschen nichts so real, so persönlich und lebendig ist wie Gott und daß für ihn Gott als letztes Ziel hinter allem natürlichen Streben zu irgendeinem Gut steht, dann kann es als Modell für die Möglichkeit einer total selbstvergessenen Liebe überhaupt gelten: Sind reine Liebe und Interesse am eigenen Glück vereinbar? Oder ist nur »interesselose« Liebe »rein«? [141]

Je nach der Antwort auf diese Frage unterscheidet man seit Pierre Rousselot in der mittelalterlichen Theologie zwei Konzeptionen von Liebe: die »ekstatische« und die »physische« Konzeption. Dabei geht es, wohlgemerkt, nicht um zwei Arten von Liebe, sondern um zwei verschiedene Anschauungen über die wahre Liebe.

»Ekstatisch« heißt die eine Konzeption, weil in ihr die wahre Liebe »Außer-sich-sein« [142] bedeutet. Liebe ist hier nicht Konsequenz natürlichen Glückstrebens. Im Gegenteil: Sie wendet sich gegen die Natur des Liebenden. Sie macht ihn blind, daß er gegen sein eigenes Glück handelt.[143] Sie kann ihn tyrannisieren, verwundet ihn, läßt ihn schmachten, ja, sie kann den Liebenden umbringen.[144] In diesem Sinne wird das bekannte Wort aus dem Hohenlied interpretiert: »Stark wie der Tod ist die Liebe« [145]. Sogar Gott selbst sieht man davon betroffen. »O unbesiegbare Kraft«, heißt es im Traktat »Über die Stufen der Liebe«, »sogar den Unbesiegbaren hast du besiegt . . . besiegt

---

[139] Vgl. *P. Rousselot,* a.a.O., 1.

[140] Ebd.

[141] Das »spekulative« Problem dieser Frage lautet für *Rousselot:* Sind die zwei Arten von Liebe (vom persönlichen Glücksinteresse geleitete Liebe und reine Liebe) auf ein gemeinsames Prinzip zurückführbar oder nicht? Vgl. ebd., 2 und 72.

[142] Vgl. ebd., 3 f.

[143] Vgl. *P. Rousselot,* a.a.O., 76–80.

[144] Vgl. ebd., 65–76.

[145] Hld 8,6. Vgl. *P. Rousselot,* 68 f.

von der Liebe hat Gott sich selbst erniedrigt und die Gestalt eines Knechtes angenommen, er ist nicht nur Mensch geworden, sondern zum Gespött der Menschen, verachtet von allem Volk« [146].

Ein entschiedener Vertreter dieser Richtung ist der ebenso durch seine eigene skandalöse und unglückliche Liebesgeschichte wie durch seine dialektische Begabung als Philosoph und Theologe berühmte Peter Abaelard (gest. 1142).[147] Er argumentiert von der Liebe Christi her: »So lauter war die Liebe Christi zu uns, daß er nicht nur für uns starb, sondern in allem, was er für uns tat, keinerlei eigenen Vorteil suchte, weder hier noch in der Ewigkeit, sondern nur unseren Vorteil. Und er handelte nicht in der Absicht, irgendeine Belohnung für sich zu erhalten, sondern nur in dem Verlangen, unser Heil zu wirken.« [148] Genauso müsse man als Christ handeln. Sich anders verhalten hieße, wie ein Krämer handeln, wenn auch in geistlichen Dingen; dann hätte man aber keine Liebe, man diene Gott nur aus Habsucht.[149] Gott sei zu lieben, ganz unabhängig davon, wie er mit uns verfahre. Sogar das Verlangen nach Gott selbst müsse ausgeschaltet werden. »Wir lieben Gott und dienen ihm«, so beschreibt Hugo von St. Victor Abaelards Position, »aber wir verlangen nach keiner Belohnung, damit wir nicht Krämer sind. Sogar nach ihm selbst verlangen wir nicht ... Wir lieben ihn selbst, aber wir verlangen nach nichts ...« [150]

---

[146] De gradibus caritatis, c. 1 (PL 196, 1196). Dieses und die folgenden Zitate aus der Frühscholastik nach *P. Rousselot,* a.a.O., hier: 67 f. Allerdings schreibt man den Traktat »De gradibus caritatis« heute nicht mehr, wie es *Rousselot* und *Migne* (PL) taten, Richard von St. Victor zu, sondern einem unbekannten Autor. Vgl. *G. Dumeige,* Richard de St. Victor et l'idée chrétienne de l'amour, Paris 1952; *J. Chatillon,* Art. Richard von St. Victor, in: LThK, Bd. 8, Freiburg i. B. ²1963, 1293 f.

[147] Vgl. *M. Grabmann,* Die Geschichte der scholastischen Methode, Bd. II, Darmstadt 1957, 168–229; *A. M. Landgraf,* Einführung in die Geschichte der theologischen Literatur der Frühscholastik, Regensburg 1948, 62–65.

[148] *Peter Abaelard,* Expositio in epistulam Pauli ad Romanos, l. 3, in cap. 7 (PL 178, 891/*Rousselot,* 73).

[149] Vgl. *P. Rousselot,* a.a.O., 73.

[150] *Hugo von St. Victor,* De sacramentis christianae fidei, II, 13 (PL 176, 534/*Rousselot,* 74).

Reine Liebe ist in dieser Denkrichtung frei von jedem Interesse an der eigenen Person, so frei, daß auch das Verlangen nach beseligender Einheit mit Gott selbst aufgegeben wird.
»Physische« Konzeption nennt man die andere Richtung, weil nach ihr alle Arten von Liebe sich aus dem natürlichen Glücksverlangen ergeben. »Physisch« meint hier nicht »körperlich«, sondern (der ursprünglichen griechischen Wortbedeutung entsprechend) »natürlich«. Nichts ist nach dieser Konzeption naturgemäßer, als Gott zu lieben, da er doch das höchste Gut für den Menschen ist. Zwischen Gottesliebe und Selbstliebe besteht im Grunde Identität, sie sind »der doppelte Ausdruck ein und desselben Strebens« [151]. Zu dieser Richtung zählt Rousselot u. a. bestimmte Schriften von Hugo von St. Victor, Bernhard von Clairveaux, Pseudo-Dionysius und vor allem Thomas von Aquin. Dieser habe, inspiriert von Aristoteles, den Zusammenhang der begehrlichen Liebe mit der Freundschaftsliebe wiederhergestellt. Rousselot nennt deshalb die physische Konzeption auch »la conception grécothomiste« [152].
Typisch ist die Argumentation Hugos von St. Victor, eines Zeitgenossen Abaelards (gest. 1141) [153], der die Formel »Gott um seiner selbst willen lieben« analysiert. Sie sage doch nichts anderes, als daß Gott selbst unser Wohl, unsere Freude, unsere Ruhe sei. »Was heißt: Gott um seiner selbst willen lieben? Ihn so lieben, daß du ihn selbst besitzest.« [154] Mit anderen Worten, für Hugo bedeutet das »um seiner selbst willen«, daß der Liebende sein Glück nicht bei irgendwelchen Dingen (die er vielleicht von Gott erhofft) sucht, sondern in der Begegnung mit Gott selbst; aber es bedeutet nicht, daß er dabei nicht sein Glück suche. Diejenigen, die glauben, man könne die Liebe zu

---

[151] P. Rousselot, a.a.O., 3.

[152] Ebd., 3. Die Zuordnung von Thomas von Aquin zu dieser Richtung fand allerdings Widerspruch. Vgl. *L. B. Geiger,* a.a.O.; *R. Spaemann,* a.a.O., 81–84 u. 88 ff. Für die Einschätzung der Selbstliebe bei Thomas von Aquin vgl. *R. Völkl,* Die Selbstliebe in der Heiligen Schrift und bei Thomas von Aquin, München 1956, 173–312.

[153] Zu Person und Werk Hugos von St. Victor vgl. *M. Grabmann,* a.a.O., 229–309; *A. M. Landgraf,* a.a.O., 73–79.

[154] *Hugo von St. Victor,* a.a.O., II, 13 (PL 176, 528 f. u. 534/*Rousselot,* 44, vgl. auch *R. Spaemann,* a.a.O., 87).

Gott loslösen von dem eigenen Verlangen, mit Gott vereint zu sein, nennt er »Dummköpfe, die sich selbst nicht begreifen« [155]. Im übrigen findet er es absurd, daß der Mensch Gott liebe, um ihm, nicht aber sich selbst wohlzutun: »Meinst du, dir sei geboten, deinen Gott zu lieben, um ihm Gutes zu tun oder zu wünschen, und nicht, daß du vielmehr ihn als dein Gut begehrst? Du liebst ihn nicht zu seinem Wohl, sondern du liebst ihn zu deinem Wohl, du liebst ihn als dein Gut.« [156] Die Liebe zu Gott liegt in der natürlichen Logik der Selbstliebe.

Die ekstatische und die physische Konzeption treten in der mittelalterlichen Theologie nicht so säuberlich getrennt auf, wie es hier der Kürze und Übersichtlichkeit halber dargestellt wurde. Gelegentlich findet man bei ein und demselben Theologen (z. B. bei Bernhard von Clairveaux) beide Konzeptionen nebeneinander.[157] Auch verteilen sie sich nicht, wie man vermuten könnte: die ekstatische auf die Mystiker, die physische auf die mehr rational argumentierenden Scholastiker. Das bezeugen schon die angeführten Textbeispiele. Ausgerechnet der Dialektiker Abaelard vertritt die ekstatische und der stark mystisch bestimmte Hugo von St. Victor die physische Konzeption.

Offenbar gibt es – das könnte die durch Jahrhunderte andauernde Kontroverse lehren – in der Liebe selbst Momente, die schwer auf einen Begriff zu bringen sind: auf der einen Seite die zu wahrer Liebe gehörende Selbstlosigkeit, auf der anderen Seite die Verwurzelung aller Liebe in der Natur des Menschen. Offenbar ist die Liebe ständig zwei Gefahren ausgesetzt: einmal der Gefahr, berechnend zu werden (»Krämerliebe«) und damit sich selbst aufzugeben, zum anderen der Gefahr, ihren Wurzelgrund im natürlichen Glücksverlangen des Menschen zu verlieren und so auszutrocknen.

Der Streit zwischen Fénelon und Bossuet

Das Ringen um den Begriff der reinen Liebe erfuhr seine schärfste Zuspitzung und größte Publizität durch die öffent-

---

[155] Ebd. (PL 176, 528/*Rousselot,* 44).
[156] Ebd. (PL 176, 533/*Rousselot,* 44).
[157] Vgl. *P. Rousselot,* a.a.O., 4.

liche Auseinandersetzung zwischen zwei berühmten französischen Bischöfen zur Zeit Ludwigs XIV.: Fénelon, Erzbischof von Cambrai, und Bossuet, Bischof von Meaux.[158]

Vorausgegangen waren im Frankreich des 17. und 18. Jahrhunderts die Diskussionen über die wahre Gottesliebe.[159] Franz von Sales hatte (1616) den »amour vrai« vom »amour d'espérance« abgesetzt; letzterer bejahe Gott als unser höchstes Gut; die wahre Liebe dagegen bejahe Gott in sich selbst, sie bewirke ein »Zergehen der Seele in Gott«, eine Ekstase und zugleich eine »heilige Indifferenz« gegenüber dem eigenen Heil. Der Pariser Oratorianer Charles de Condren (gest. 1641) forderte »das völlige Zunichtewerden des eigenen Ich in der anbetenden Gottesliebe«, sein Schüler Jean-Jacques Olier (gest. 1657) die Ertötung jeder Eigenliebe. Warnach spricht in der Charakterisierung dieser Epoche von einem »Drang zur Selbstaufgabe und Selbstverachtung, ja zur Selbstvernichtung« [160]. Auf der anderen Seite sah man in dieser Tendenz die Gefahr des Quietismus, d. h. einer Haltung, in welcher der fromme Gläubige sich, um nur noch Gott in seiner Seele wirken zu lassen, jeder eigenen Tätigkeit enthält und sich absoluter Passivität überläßt.[161]

Zum offenen Konflikt [162] kam es, als eine Konferenz von französischen Bischöfen sich 1694/95 in St. Sulpice mit den Schriften der in der französischen Spiritualität einflußreichen Madame Guyon befaßte, gegen sie den Vorwurf des Quietismus erhob und dagegen eine Erklärung über die wahre Liebe verfaßte. Als Bossuet, Teilnehmer an jener Konferenz, sich daranmachte, diese Erklärung mit seinem Kommentar öffentlich herauszugeben, schrieb Fénelon, der mit Madame Guyon befreun-

---

[158] Vgl. *R. Spaemann,* a.a.O.; *M. Huillet d'Istria,* Le Père de Caussade et la querelle du pur Amour, Paris 1964, 21–70; *P. Zovato,* La polemica Bousset – Fénelon. Introduzione critico-bibliografica, Padova 1968; ferner *V. Warnach,* Agape, 454, A. 1.

[159] Vgl. *V. Warnach,* Art. Liebe, in: HThG, Bd. II, 66 f.

[160] Alle Zitate ebd.

[161] Vgl. *L. Cognet,* Art. Quietismus, in: LThK, Bd. 8, Freiburg i. B. [2]1963, 939 ff.

[162] Für einen knappen Überblick über diese Ereignisse vgl. DS, zu 2351–2374 (S. 484).

det war, in aller Eile eine Gegenschrift und brachte sie unter dem Titel »Explication des Maximes des Saints sur la vie intérieure« noch vor Bossuets Veröffentlichung[163] auf den Markt. Der Streit, der nun in aller Öffentlichkeit geführt wurde, fand ein lebhaftes Echo unter den Gebildeten ganz Europas.[164] 1699 griff nach einigem Zögern Papst Innocenz XII. ein und verurteilte 23 Sätze aus Fénelons »Explication«.[165] Fénelon teilte wenige Wochen danach seiner Diözese mit, daß er sich der päpstlichen Korrektur unterwerfe, präzisierte aber später, er nehme nicht seine Ansichten zurück, er bedaure nur, sie in der »Explication« mißverständlich dargestellt zu haben.[166]

Worum ging es Fénelon? Er hatte ein vor allem pädagogisch-seelsorgliches Ziel:[167] die Hinführung zur reinen Gottesliebe, das heißt für ihn: zur Liebe ohne Reflexion auf das eigene Glück. Auf dem Weg dorthin unterscheidet er fünf Stufen:

1. die ausschließlich knechtische Liebe, die Gott nur wegen der von ihm verteilten Gaben bejaht;
2. die ausschließlich begehrende Liebe, mit der man zwar Gott selbst liebt, aber nur als Mittel oder Instrument zur eigenen Glückseligkeit;
3. die Hoffnungsliebe: diese hat zwei Motive, die Ehre Gottes und das eigene Glück, aber das zweite überwiegt;
4. die »gemischte« Liebe: auch hier sind die beiden Motive gemischt, aber das Eigeninteresse ist jetzt deutlich dem »Hauptmotiv«, der Ehre Gottes, untergeordnet;
5. die »reine Liebe« (»amour pur«), die sich auf Gott allein richtet, ohne jede Beimischung von Furcht oder Hoffnung für sich selbst.[168]

Entscheidend geht es um die letzte Stufe. Fénelon fordert eine Liebe, die frei ist von allem Eigeninteresse, nicht mehr »reflek-

---

[163] *Fénelons* »Explication« erschien im Februar 1697, *Boussets* Veröffentlichung im August 1697. Vgl. DS, a.a.O.

[164] *R. Spaemann* spricht von »dem letzten theologischen Streit, der im gebildeten Europa allgemeine Anteilnahme findet«. A.a.O., 9.

[165] DS 2351–2374.

[166] Vgl. *R. Spaemann,* a.a.O., 26 f.; 47.

[167] *R. Spaemann* spricht von einer »therapeutischen« Funktion der Fénelonschen Theorie. A.a.O., 23; vgl. auch 223–253.

[168] Vgl. *M. Huillet d'Istria,* a.a.O., 60.

tierend«, sondern »spontan«.[169] Aber es gibt für ihn keine reine Spontaneität außer der, die durch den geistlichen Tod, durch die völlige Selbstaufgabe, hindurchgegangen ist.[170] Das große biblische Beispiel für solche Selbstaufgabe ist das Wort Jesu am Kreuz: »Gott, mein Gott, warum hast du mich verlassen?«[171] Sogar die eigene Verlassenheit von Gott nimmt der wahrhaft Gott Liebende auf sich. Darum verlangt Fénelon eine heilige Indifferenz, in der wir nichts für uns, alles für Gott wollen[172], die Bereitschaft zum absoluten Opfer[173], das den Verzicht auf die eigene Glückseligkeit beinhalten kann. Gott könne, um die Liebe von allem Eigeninteresse zu reinigen, die Seele so in die äußerste Prüfung führen, daß sie der unüberwindbaren Überzeugung sei, von Gott verworfen zu sein.[174] In der von ihr ausgehaltenen Verzweiflung am eigenen ewigen Heil werde sie dem sterbenden Christus in seiner Gottverlassenheit ähnlich.[175] Der Seelenführer solle ihr gestatten, sich zufriedenzugeben mit der (vermeintlichen) gerechten Verdammung durch Gott und mit der Zerstörung ihres Eigeninteresses.[176]

Bossuet dagegen protestiert scharf gegen die Trennung von Glücksverlangen und Gottesliebe. »Nichts kann uns das Verlangen, glücklich zu sein, aus dem Herzen reißen. Und wenn wir es fertigbrächten, uns so zu überwinden, daß wir uns um uns selbst nicht mehr sorgen, dann würden wir aufhören, an Gott gebunden zu sein, der uns weder belohnen noch bestrafen könnte . . .«[177] Gott sei wesensnotwendig »unser Gut« und werde als solches geliebt.[178] Bossuet beruft sich auf ein in dieser

---

169 Zum Begriff der »Reflexion« in diesem Zusammenhang vgl. *R. Spaemann,* a.a.O., 38, zu dem der »Spontaneität« ebd., 40 f.

170 Vgl. ebd., 24.

171 Mk 15,34; Mt 27,46. Vgl. *R. Spaemann,* a.a.O., 19.

172 Vgl. DS 2355.

173 Vgl. *M. Huillet d'Istria,* a.a.O., 37 ff; DS 2358.

174 Vgl. DS 2357. 2359.

175 Vgl. DS 2360.

176 Vgl. DS 2362.

177 *J. B. Bossuet,* Œuvres complètes, Bd. V, Bar-le-Duc 1870, 68, zit. n. *R. Spaemann,* a.a.O., 36, A. 46.

178 Vgl. *V. Warnach,* Art. Liebe, in: HThG, Bd. II, 67.

Frage viel herangezogenes Wort des Thomas von Aquin: »Angenommen, Gott wäre nicht das Gut des Menschen, dann gäbe es für ihn keinen Grund zu lieben.«[179] In der Trennung von Gottesliebe und Glückseligkeit liegt für Bossuet die Quelle des Quietismus.[180]

Wieder stoßen das Ideal einer absolut selbstlosen Liebe und die Gefahr einer Entmenschlichung der Liebe aneinander. Historisch gesehen, kam es damals, obwohl Fénelon seine Position später differenzierte[181], zu keiner Verständigung.[182] Für eine systematische Betrachtung aber scheint mir an der ganzen Kontroverse noch einmal die Dialektik der Liebe aufzugehen. Einerseits – das ist bei Fénelon wie bei den Vertretern der ekstatischen Konzeption zu lernen –: wer ein Liebender werden will, muß die Reflexion auf das eigene Glück »vergessen«, muß die Aufmerksamkeit von sich selbst weg und auf den Geliebten hin richten, weil die Kalkulation des eigenen Glücks, die Versuchung, den anderen nur als Mittel zur eigenen Vollendung

---

[179] *Thomas von Aquin,* Sum, theol. II–II, qu. 26, art. 13, ad 3: »dato enim per impossibile, quod deus non esset hominis bonum, non esset ei ratio diligendi.« Dieser kurze Satz des Thomas ist immer wieder neu und anders übersetzt und interpretiert worden. Vgl. *P. Rousselot,* a.a.O., 14; *L.B. Geiger,* a.a.O., 120 ff.; den Kommentar von *H.M Christmann,* in: Die deutsche Thomas-Ausgabe, Bd 17 A, Heidelberg/Graz 1959, 497; *J. Pieper,* a.a.O., 108. Für die Interpretation durch Bossuet und Fénelon sowie durch Spaemann selbst vgl. *R. Spaemann,* a.a.O., 82 ff.

[180] Vgl. *M. Huillet d'Istria,* aa.O., 34.

[181] Fénelon unterscheidet in seiner »Dissertatio de amore puro« die konkret-psychologische von der abstrakt-ontologischen Redeweise. Ihm ging es als Seelsorger um die erstere. Daß ontologisch Sich-selbst-transzendieren zur Erfüllung der menschlichen Natur gehört, will er nicht bestreiten. Vgl. *R. Spaemann,* a.a.O., 47. Damit kommt er m. M. n. der Bossuetschen Kritik sachlich weitgehend entgegen.

[182] Fénelon glaubte zum Schluß nicht mehr an bloße Mißverständnisse. Wenn Bossuet und seine Anhängerschaft recht behielten, dann »sei es geschehen um jenes Feuer, von dem der Herr Jesus wollte, daß es gewaltig brenne und das der Bischof von Meaux ausgelöscht wissen möchte«. Vgl. *R. Spaemann,* a.a.O., 31. Andererseits wirkte sich die kirchenamtliche Verurteilung Fénelons lähmend auf die französische Mystik aus. Sie »führte besonders in Frankreich zum fast völligen Verschwinden aller mystischen Literatur bis zum 19. Jahrhundert«. *L. Cognet,* a.a.O., 941.

einzusetzen, die Liebe verwässert und zerstört. Andererseits – das wird man von den Vertretern der physischen Konzeption bis hin zu Bossuet festhalten müssen –: wer bestreitet, daß in der Liebe das Glück gefunden wird, wer Hoffnung und Liebe auseinanderreißt, der kann nicht mehr einsichtig machen, warum es sinnvoll sein soll zu lieben.

Will man aus den Kontroversen wirklich lernen und sich nicht vereinfachend auf eine Seite schlagen, dann wird man sowohl von der menschlichen Erfüllung, der Selbstverwirklichung sprechen müssen, welche durch die Liebe geschieht, wie auch von dem Opfer, das dieselbe Liebe fordert. Das letztere soll im IV. Kapitel geschehen; vorher sind noch einige biblische Gesichtspunkte zu bedenken, die für das erstere sprechen.

3. Bibeltheologische Argumente für den Zusammenhang von Liebe und Selbstverwirklichung

Darf christliches Verhalten vom Verlangen nach eigener Erfüllung motiviert sein? Verträgt sich wahre Liebe mit persönlicher Glückshoffnung? Darf die Liebe sich lohnen, darf der Liebende an Lohn denken? Diese Frage stellt sich nach der Beschäftigung mit den theologischen Auseinandersetzungen um den Begriff der reinen Liebe noch hartnäckiger. Die Antwort kann nur dialektisch gegeben werden. Die erste Teilantwort ist Zustimmung. Sie soll im folgenden durch drei bibeltheologische Beobachtungen begründet werden.

Der Lohngedanke

Die erste Beobachtung richtet sich allgemein auf das biblische Reden von Lohn und Vergeltung.[183]

»Die Liebe sucht nicht ihren Vorteil«, heißt es im 1. Korinther-

[183] Vgl. *W. Pesch,* Der Lohngedanke in der Lehre Jesu, verglichen mit der religiösen Lohnlehre des Spätjudentums, München 1955; *ders.,* Art. Vergeltung, in: Bauer, Bd. II, 1124–1132; *G. Didier,* a.a.O.; *A. Schulz,* Nachfolgen und Nachahmen. Studien über das Verhältnis der neutestamentlichen Jüngerschaft zur urchristlichen Vorbildethik, München 1962, 117–125; ferner *H. Preisker,* Art. μισθός, in: ThW, Bd. 4, Stuttgart 1940, 719–736; dazu die Kritik von *V. Warnach,* Agape, 196, A. 1.

brief.[184] Mehrfach wird in der Bergpredigt vor Lohnsucht gewarnt. Wer Almosen gibt, soll es nicht vor sich her posaunen, um von den Leuten gepriesen zu werden; vielmehr soll die linke Hand nicht wissen, was die rechte tut.[185] Ebenso soll, wer betet und fastet, nicht nach Beifall haschen.[186] An der Feindesliebe zeigt sich die besondere Mentalität der wahren Jünger: lieben, ohne wiedergeliebt zu werden. Denn »wenn ihr nur die liebt, die euch lieben, was habt ihr für einen Lohn? Tun nicht auch die Zöllner dasselbe?«[187] Aber die Bergpredigt nennt im selben Zusammenhang auch Motivationen. Dem, der diskret und unauffällig gibt, der im Verborgenen fastet und betet, wird »der Vater, der ins Verborgene sieht, vergelten« [188]. In der Feindesliebe liegt die Chance, »Söhne des Vaters im Himmel« zu werden, »der seine Sonne aufgehen läßt über Böse und Gute.« [189] Offenbar richtet sich die Bergpredigt nicht gegen den Lohngedanken an sich, sondern gegen ein Lohndenken, das zu kurz zielt, das auf den vordergründigen Erfolg setzt – und damit den Lohn schon »verbraucht« hat.[190]

Tatsächlich zieht sich der Gedanke an eine (positive oder negative) Vergeltung durch die ganze biblische Überlieferung hindurch. Er ist ein wichtiges Element der alttestamentlichen Bundestheologie. Der Bund mit Jahwe lohnt sich für Israel, seine Mißachtung rächt sich. Besonders anschaulich ist das ausgesprochen im Vermächtnis des Moses an sein Volk: »Hiermit lege ich dir heute das Leben und das Glück, den Tod und das Unglück vor.« [191] Wenn Israel sich auf den Bund einläßt, die Gebote Jahwes hält, auf seine »Gebote, Gesetze und Rechtsnormen achtet«, dann wird es »leben und zahlreich werden« [192], wenn es sich dagegen verführen läßt und sein Herz abwendet,

---

[184] 1 Kor 13,5.
[185] Vgl. Mt 6,1–4.
[186] Vgl. Mt. 6,5 f. 16–18.
[187] Mt 5,46. Vgl. Lk 6,32–36.
[188] Dreimal: Mt 6,4.6.18.
[189] Mt 5,45. Vgl. Lk 6,35: »Dann wird euer Lohn groß sein, und ihr werdet Söhne des Höchsten sein.«
[190] Vgl. das dreimalige »Sie haben ihren Lohn dahin«: Mt 6,2.5.16.
[191] Dt 30,15. Vgl. den Kontext: 15–20.
[192] Ebd., 16.

dann wird es keine Chance in dem Lande haben, das nun vor ihm liegt. »Leben und Tod lege ich dir vor, Segen und Fluch. Wähle also das Leben, damit du lebst, du und deine Nachkommen.« [193] Die Motivation für den Bund mit Jahwe liegt im vitalen Lebensinteresse Israels. Ja, der Verfasser verbindet dies Interesse ganz selbstverständlich mit dem Appell zur Gottesliebe: »Liebe den Herrn, deinen Gott, hör auf seine Stimme und halte dich an ihm fest; denn er ist dein Leben.« [194] Es lohnt sich, Gott zu lieben!

Der erwartete Lohn ist hier noch ganz innerweltlich: sicherer Besitz des Landes, langes Leben, zahlreiche Nachkommenschaft. Im Laufe der Zeit lehrte allerdings die praktische Lebenserfahrung, daß die Rechnung so einfach nicht aufging. Das führte zu Skepsis und Hilflosigkeit [195] und schließlich zu einer Vergeistigung der Hoffnung. Bedenkenswert scheint mir, daß aber trotz aller Schwierigkeiten der Vergeltungsgedanke nicht aufgegeben wurde. Da er nicht rein innerweltlich durchgehalten werden konnte, wurde er »gedehnt« über dies Leben hinaus: ohne Hoffnung kann Israel nicht leben; es muß sich doch lohnen! Außerdem wird die erhoffte Vergeltung niemals *total* aus der gegenwärtigen Erfahrungswelt hinausverlagert. Neben der Jenseitserwartung hält sich im Alten Testament und im Judentum zur Zeit Jesu auch die Hoffnung auf Lohn im Diesseits.

Dabei handelt es sich aber nicht um eine rein alttestamentlich-jüdische Haltung, die durch Jesus und das Neue Testament »überwunden« worden wäre. Wenn das Besondere der Vergeltungslehre Jesu darin besteht, daß er – im Gegensatz zu bestimmten Strömungen im zeitgenössischen Judentum – präzise Berechnungen und ausgedehnte Schilderungen von Lohn und Strafe vermeidet, wenn er statt dessen seine Zuhörer vor ein radikales Entweder–Oder stellt [196], dann spricht das dafür, daß

---

[193] Ebd., 19.

[194] Ebd., 20. Vgl. ähnliche Segens- und Fluchworte im Buch Deuteronomium: 4,40; 5,33; 6,3; 7,12–26; 15,4–10; 28 (das ganze Kapitel).

[195] Diese schlagen sich u. a. in den Büchern Ijob und Kohelet nieder. Vgl. *W. Pesch,* Art. Vergeltung, 1127 f.

[196] Vgl. *W. Pesch,* Der Lohngedanke, passim; *ders.,* Art Vergeltung, 1130 f.

das, was zu gewinnen ist, nicht so einfach beschreibbar und quantifizierbar ist, weil man nämlich auf einer anderen Ebene gewinnt, – und daß es Jesus nicht um Abwägen und Ausrechnen, sondern um Grundentscheidungen geht und damit um »Gewinnen« oder »Verlieren« des ganzen Lebens. Auf dem Spiel steht die Teilnahme an der Gottesherrschaft oder der Ausschluß von ihr. Da die Herrschaft Gottes aber nicht eine rein jenseitige Größe ist, sondern jetzt, im »Diesseits«, schon anfängt und erfahren werden kann, obwohl sie darin nicht aufgeht [197], darum muß auch vom Lohn diesseitig *und* jenseitig gesprochen werden.

Ein anschauliches Beispiel dafür ist die Perikope Mk 10,28–30. »Petrus fing an, ihm zu sagen: Siehe, wir haben alles verlassen und sind dir nachgefolgt. Jesus sprach: Wahrlich, ich sage euch, es ist niemand, der Haus oder Brüder oder Schwestern oder Mutter oder Vater oder Kinder oder Äcker um meinetwillen und um des Evangeliums willen verlassen hat, ohne hundertfach zu empfangen jetzt in dieser Zeit Häuser und Brüder und Schwestern und Mütter und Kinder und Äcker – unter Verfolgungen – und in der zukünftigen Welt das ewige Leben.« [198]

Jesus greift die stumme Frage, die in dem Wort des Petrus liegt, positiv auf. (In der Mattäus-Parallele fragt Petrus ausdrücklich: »was wird uns also zuteil werden?« [199]) Jesus läßt sich darauf ein und nennt den Lohn. Er verspricht ihn für »jetzt, in dieser Zeit«, und zwar einen Gewinn, der unvergleichlich größer ist als das, was der Jünger um Jesu willen aufgegeben hat. Natürlich liegt eine metaphorische Redeweise vor, wenn nun von hundertfach gewonnenen Häusern usw. gesprochen wird. Offenbar geht es um Erfahrungen, die kaum anders als in Bildern ausgesagt werden können. Aber das heißt nicht, daß es sich nur um jenseitigen Lohn handeln kann.[200]

---

[197] Vgl. *R. Schnackenburg,* Gottes Herrschaft und Reich, Freiburg i. B. 1963, bes. 49–56.

[198] Vgl. auch die Parallelen Mt 19,27–29; Lk 18,28–30.

[199] Mt 19,27.

[200] Gegen *J. Schmid*, Das Evangelium nach Markus, Regensburg [4]1958, 197. Daraus, daß mit dem hundertfachen Ersatz der geopferten irdischen

Es gibt auch in diesem Leben schwer beschreibbare Glückserfahrungen. Eine Reihe von Kommentatoren bezieht diesen Vers auf die neugewonnene Gemeinschaft in der christlichen Gemeinde, »wo jeder dem anderen Bruder ist« [201], oder – etwas allgemeiner – auf die Einladung Jesu, »das Geschenk des Lebens schon hier im Sichverschenken zu finden« [202]. Der Gewinn ist freilich nicht unangefochten; er geschieht »unter Verfolgungen«. Deshalb ist der letzte Vers wichtig. In der zukünftigen Welt wird das neu erfahrene Leben unzerstörbar sein. Der Verweis auf das Künftige ist aber keine Vertröstung; es gibt vielmehr eine Korrespondenz zwischen Diesseits- und Jenseitserfahrung. Die in diesem Leben gemachte Erfahrung kann trotz aller Anfechtungen gerade deshalb Grund zur Freude, lohnendes Motiv zur Nachfolge sein, weil sie Anfang eines Lebens ist, das »in der zukünftigen Welt«, »ewig«, unzerstörbar ist.[203] Damit ist der Lohngedanke in die Perspektive der Gottesherrschaft gestellt, die »schon« da ist, aber »noch nicht« vollendet.
Einige formgeschichtliche Beobachtungen zeigen, daß es sich in

---

Güter »nicht diese nämlichen Güter in hundertfacher Menge gemeint sein« können, »sondern nur etwas, das hundertmal so viel, d. h. unendlich mehr wert ist, nämlich die Gottesgemeinschaft«, folgert *Schmid:* »Der hundertfache Lohn ist demnach nicht irdisch, sondern himmlisch zu verstehen und die übliche Deutung auf den Trost und die Hilfe und Stärkung, die die Jünger auch inmitten der Verfolgungen ... in der ›Familie‹ der christlichen Gemeinschaft finden, befriedigt deshalb nicht.« Diese Folgerung wäre m. M. n. nur dann einleuchtend, wenn alle »irdischen« Erfahrungen quantifizierbar und ohne Metaphern aussagbar wären. Dem widerspricht aber nicht nur alle dichterische Sprache, sondern schon jede menschliche Erfahrung mit Liebe, Freude, Glück usf. – Ganz anders als *Schmid* interpretiert z. B. *J. Schniewind,* Das Evangelium nach Markus, Göttingen 1963, 141: »In der gegenwärtigen Zeit schon wird alles Verlieren ersetzt; die Hoffnung hat überall auch einen bewußt ›diesseitigen‹ Zug.« Einen Überblick über die verschiedenen Auslegungen findet man bei *W. Pesch,* der Lohngedanke, 70–73.

[201] *E. Lohmeyer,* Das Evangelium des Markus, Göttingen [15]1959, 216. Ähnlich *W. Grundmann,* Das Evangelium nach Markus, 214. Grundmann denkt auch an die Gütergemeinschaft in der Urgemeinde.

[202] *E. Schweizer,* Das Evangelium nach Markus, Göttingen 1973, 122.

[203] Vgl. *E. Schweizer,* ebd.: »Schon hier findet das Leben in der Hingabe reales Erfülltsein und ist nicht bloß auf Vertröstung auf ein Jenseits

den zitierten Versen um Formulierungen der nachösterlichen Gemeinde handelt.[204] Das erhöht noch die Überzeugungskraft dieser Perikope. Hier sprechen Menschen von einer Erfahrung, die sie offenbar schon selbst gemacht haben.

Zwar kann man sich nicht für eine innerweltlich geschlossene Vergeltungslehre auf das Neue Testament berufen. Auch verbietet sich von diesem her das Schielen nach Lohn. Aber das Verlangen nach einem lohnenden Motiv wird im Neuen ebensowenig wie im Alten Testament abgelehnt.

Diese Beobachtung legt die Unterscheidung zwischen zweierlei Lohn nahe. Es gibt Lohn, der in rein äußerem Zusammenhang mit der dafür erbrachten Leistung steht (das ist z. B. in vielen heutigen Arbeitsverhältnissen der Fall), und solchen, der sich innerlich aus einem Verhalten ergibt (so wie z. B. das Engagement in einer Freundschaft zu größerer Freude an eben dieser Freundschaft führt). Im ersten Fall bewirkt der Gedanke an den Lohn eine Distanz zu dem Verhalten, im zweiten führt er gerade zu seinem engagierten Vollzug. In diesem letzteren Sinn sind die biblisch verheißenen Belohnungen zu verstehen. Sie motivieren, das Reich Gottes jetzt schon zu leben: »Tu das, so wirst du leben!«[205] Fang an, und du wirst die Erfahrung machen, daß du dabei gewinnst. Es lohnt sich.

Die Argumentation im ersten Johannesbrief

In dem besprochenen synoptischen Text war vom Lohn der Nachfolge die Rede. Im ersten Johannesbrief wird – auf andere Weise – Ähnliches von der Liebe gesagt. Ich brauche nur zu erinnern an das, was ich im II. Kapitel über die Argumentationsweise dieses Briefes ausgeführt habe.[206] Bei aller polemischen Auseinandersetzung mit der Gnosis knüpft der Verfasser doch an das Glücksverlangen seiner gnostischen Gesprächspartner an.[207] Er zerstört nicht ihre Sehnsüchte und Hoffnun-

---

angewiesen, und doch ist alles hier Geschehende nur Hinweis und Zeichen auf eine noch weit reichere, volle Erfüllung ohne Anfechtung.«

[204] Vgl. *W. Grundmann,* a.a.O., 214; *E. Lohmeyer,* a.a.O., 216 f.

[205] Lk 10,28.

[206] Vgl. oben S. 34 ff.

[207] Vgl. *R. Schnackenburg,* Die Johannesbriefe, 97 f.: »Wenn es wahr ist,

gen nach Licht, Leben, Erkenntnis und Gemeinschaft mit Gott; er greift sie vielmehr auf und zeigt, worauf es im christlichen Verständnis ankommt: auf die Bruderliebe. Wer liebt, ist aus dem Todesbereich übergesiedelt in den Bereich des Lebens, wer nicht liebt, bleibt im Tod.[208] Bruderliebe ist Existenz im Licht; wer nicht liebt, tappt im Dunkeln und »weiß nicht, wohin er gelangt, denn die Finsternis hat seine Augen blind gemacht«[209].

Noch mehr als die Synoptiker betont Johannes die Gegenwärtigkeit des gewonnenen Lebens.[210] So drängt er zur konkret-praktischen Liebe zum nahen Bruder und kann versichern: In dieser Liebe findet der nach seiner Eigentlichkeit suchende Mensch seine Heimat, sein wahres Leben, sich selbst. Die Selbstverwirklichung geschieht in der Liebe.

»Sein Leben finden«

Schließlich sei noch auf ein besonders breit überliefertes Jesuswort hingewiesen. Es findet sich – in leicht unterschiedlichen Formulierungen – in allen vier Evangelien, insgesamt sechsmal.[211] Voraus geht an den meisten Stellen der Aufruf zur Leidensnachfolge: »Wenn einer mir nachfolgen will, so verleugne er sich selbst, nehme sein Kreuz auf sich und so folge er mir nach.«[212] Und dann folgt die Sentenz: »Denn wer sein Leben retten will, der wird es verlieren, wer aber sein Leben meinetwegen verliert, der wird es finden.«[213] Ich werde auf dieses

---

daß damals ›γνῶσις θεοῦ das Losungswort im Konkurrenzkampf der Religionen‹ war, dann hat sich der Verf. von 1 Joh in diesen Konkurrenzkampf eingeschaltet und mit seiner Antwort gewaltig die Werbetrommel für das Christentum gerührt.«

208 Vgl. 1 Joh 3,14.

209 1 Joh 2,11.

210 Vgl. *R. Schnackenburg,* Das Johannesevangelium, Bd. II, Freiburg i. B. 171, 530–544. Für die Frage der Identität der Verfasser von Joh und 1 Joh vgl. *ders.,* Die Johannesbriefe, 34–39.

211 Mk 8,35; Mt 10,39 u. 16,25; Lk 9,24 u. 17,33; Joh 12,25.

212 Mt 16,24. Vgl. Mt 10,38; Mk 8,34; Lk 9,23. Bei Johannes geht das Wort vom Weizenkorn voraus: Joh 12,24.

213 So Mt 16,25.

Wort noch einmal im Zusammenhang von Liebe und Tod zurückkommen müssen. Dann wird das »Verlieren«, das Abgeben des Lebens zu bedenken sein. Jetzt sei erst einmal auf die andere Seite verwiesen, auf das »Finden«, oder (wie Markus und Lukas sagen) das »Retten« des Lebens. Für das hier mit »Leben« wiedergegebene Wort steht im Griechischen Psyche, in der Regel übersetzt mit »Seele«. Doch diese Übersetzung verleitet leicht zu einem Irrtum. So ist oft der anschließende Vers »Was wird es einem Menschen nützen, wenn er die ganze Welt gewinnt, aber seine ›Seele‹ einbüßt« [214], zu wenig existentiell und zu sehr im Sinne des Diesseits-Jenseits-Dualismus verstanden worden: Wer hier gewinnt, leidet Schaden an dem Teil seiner Person, der für das Jenseits bestimmt ist, seiner »Seele«. Psyche meint hier aber nichts anderes als das Leben, die ganze Existenz.[215] Es geht also in der Nachfolge Jesu, und das wird sogar gerade im Zusammenhang mit Kreuz und Selbstaufgabe gesagt, um das Gewinnen der eigenen Existenz.

Daß dieses Gewinnen schon für jetzt gilt, macht wiederum die johanneische Parallele besonders deutlich: »Wer sein Leben liebt, der verliert es, und wer sein Leben in dieser Welt haßt, der wird es für das ewige Leben bewahren.« [216] Johannes spricht gern in Kontrasten (»lieben« – »hassen«; formal ähnlich: »diese Welt« – »ewiges Leben«); deshalb könnte es auf den ersten Blick scheinen, als gelte das »Bewahren« des Lebens nicht für jetzt, sondern erst für den künftigen Himmel. Aber erstens ist für Johannes »ewiges Leben« keine rein zukünftige Größe; es existiert schon jetzt.[217] Und zweitens weist ja gerade das Wort »bewahren« darauf hin, daß es um etwas geht, was man schon besitzt.

Obwohl diese Perikope die Nachfolge Jesu eindeutig als Leidensnachfolge in Aussicht stellt, wirbt sie doch gleichzeitig mit dem Versprechen, hier werde in Wahrheit das Leben gefunden,

---

[214] Mit 16,26; Mk 8,36.

[215] Lukas schreibt im Paralleltext statt »τὴν ψυχὴν ἀυτοῦ« »ἑαυτόν«. 9,25. Vgl. hierzu *G. Dautzenberg,* Sein Leben bewahren. ψυχή in den Herrenworten der Evangelien, München 1966.

[216] Joh 12,25.

[217] Vgl. *R. Schnackenburg,* Das Johannesevangelium, Bd. II, 434–445.

hier komme der Mensch zu sich selbst. »Das Wort besagt«, so kommentiert Eduard Schweizer, »daß man das wirkliche Leben, auch das irdisch-natürliche, erst im Sich-Verschenken findet. Gerade wer es krampfhaft für sich festhalten will, geht an den Möglichkeiten echten, beglückenden Lebens vorbei. Leben, wie es der Schöpfer gemeint hat, ist nur in der Hingabe zu finden. Nur so ist es gelöstes, befreites, offenes Leben, in das Gott und der Nächste eindringen können. Solches Leben wird mit dem Tode nicht abbrechen, weil es schon Gott gehört und weil er durch alles Sterben hindurch dazu stehen wird« [218].

Auch dieser Text ist also ein Zeugnis für den Zusammenhang von Selbstverwirklichung und Liebe. Allerdings kommt in ihm auch unübersehbar zum Ausdruck, daß das »Leben« nicht bruchlos gewonnen wird, sondern im Paradox der Selbsthingabe. Das Gewinnen ist geknüpft an die Loslösung vom eigenen Ich, an das Kreuz.

D. Zwischenergebnis

Deshalb werde ich meine eingangs formulierte These nun etwas differenzierter aussprechen müssen: In der Liebe verwirklicht der Mensch sich selbst. Aber nicht, indem er sich auf diese Verwirklichung konzentriert, sondern gerade dadurch, daß er, wie es die Liebe verlangt, sich loslassend dem geliebten Du zuwendet. Eine glückliche Formulierung für das Gemeinte fand ich bei Georg Scherer: »Unsere eigene Selbstverwirklichung können wir niemals direkt anzielen. Sie sitzt, gleichsam wie ein Reiter auf dem Pferd, auf dem Rücken der Akte, mit denen wir uns in der Liebe anderen zuwenden.« [219]

Die altruistische Zuspitzung: entweder ist alles Interesse am eigenen Glück ausgeschaltet, oder es liegt doch nur getarnter Egoismus vor – trifft also nicht die Wirklichkeit. Selbstliebe

---

[218] *E. Schweizer,* a.a.O., 100.

[219] *G. Scherer,* Art. Liebe, 201.

und Egoismus sind nicht dasselbe. Der Egoist kreist nur um sich selbst. Die Selbstliebe gebietet gerade die Auflösung dieses Zirkels, die Konzentration auf den anderen, die Liebe zum Du. Aber der Liebende darf und soll wissen, daß er so seinem eigenen Glück entgegengeht. »Das Glück der anderen ist die Garantie des eigenen Glücks.«[220] Selbstliebe und Nächstenliebe sind nicht konkurrierende Größen, so daß »deinen Nächsten lieben wie dich selbst« hieße, die Liebe verteilen, halb auf mich, halb auf den anderen; die Nächstenliebe ist vielmehr die Konsequenz christlich verstandener Selbstliebe.

Mit dem anderen zu Anfang dieses Kapitels vorgetragenen Einwand, dem Verdacht nämlich, der Appell zur Liebe schaffe doch mehr Unglück als Glück, ist nicht so einfach fertigzuwerden. Erstens müßte man – was hier aus Platzgründen nicht weiter geschieht – mehr praktisch nachfragen, welche Vorstellung von Liebe diesem Verdacht zugrunde liegt, möglicherweise eine Kümmerform von Sein-für, in dem die Momente der Unterwerfung und Aufopferung dominieren, Kritik, Ringen um Partnerschaft usw. aber ausfallen, also der Blick auf das, was der andere wirklich braucht, im Grunde gar nicht geleistet wird. Zweitens bleibt aber auch nach einer möglichen Verständigung über diese mehr praktische Frage ein grundsätzlich zu bedenkender, sehr wesentlicher Rest: Liebe wird nicht ohne Opfer realisierbar sein. Darauf wurden wir beiläufig schon in den bisherigen Überlegungen gestoßen: in der psychologischen Beobachtung, daß es so etwas wie Angst vor der Liebe gibt, in den theologischen Auseinandersetzungen um den Begriff der reinen Liebe, die dagegen sprechen, daß der Übergang von der Selbstliebe zur Gottes- und Nächstenliebe allzu selbstverständlich als bruchlos und harmonisch gedacht wird, und schließlich im Wort vom Kreuz, das im letzten Abschnitt anklang. Im nächsten Kapitel wird über diese Seite der Liebe gründlicher nachzudenken sein.

[220] *G. Bitter,* Art. Erlösung, in: *A. Exeler/G. Scherer* (Hrsg.), Glaubensinformation, Freiburg i. B. 1971, 76–80, Zitat: 78.

IV. Liebe und Tod

Das vorige Kapitel beschäftigte sich mit der ersten Behauptung meiner Grundthese: Liebe als Selbstverwirklichung. Nun ist die zweite Behauptung zu bedenken. Sie steht in Spannung zur ersten: *Liebe ist riskant, sie hat etwas Gefährliches, ja denkt man es zu Ende, Tödliches an sich.* Beide Aussagen zusammen wollen das Paradox der Liebe, das Dilemma menschlicher Existenz formulieren. Wieder soll zunächst eine Reihe von außertheologischen Gesichtspunkten gesammelt und anschließend mit theologischen Überlegungen konfrontiert werden.

A. Außertheologische Gesichtspunkte

Etwas ausführlicher als im vorhergehenden Kapitel möchte ich allgemein-menschliche Erfahrungen zur Sprache bringen, bevor ich literarische Beispiele nenne, in denen sich diese oder ähnliche Erfahrungen verdichten.

1. Allgemeine Erfahrungen

Angst vor dem Engagement

Öfters habe ich in Gesprächen mit Bekannten und Freunden vor ihrer Hochzeit bemerkt, wie ihrer Freude auf das Kommende auch so etwas wie Angst beigemischt war: Werden wir das halten können, was wir uns jetzt versprechen? Liefern wir uns nicht zu sehr aus? Riskieren wir damit nicht eine Katastrophe, die den nicht ereilen kann, der seine Ansprüche von vornherein reduziert und sich weniger intensiv bindet? Könnte es nicht sein, daß ich einmal bereue, was ich jetzt alles aufgebe, an freier Zeit, an eigenem Lebensstil, an persönlichem Profil? Ähnlich geht es oft mit der Entscheidung zu einer radikalen beruflichen Bindung, z. B. mit dem Entschluß zum Priesterberuf:

auf der einen Seite das Verlangen, aus dem eigenen Leben etwas zu machen, Freude am Engagement und Lust zum Aufbruch, Ahnung eines personalen Du, auf das man in diesem Dienst zugeht, andererseits die Angst vor der Frustration, vor der Erfahrung, zuviel vertraut und zuviel gewagt zu haben, mißbraucht zu werden oder selbst zu versagen, Angst, den Glauben an das Du und damit den Boden unter den Füßen zu verlieren.

Man könnte unzählige andere, auch weniger gewichtige Entscheidungssituationen nennen – Entscheidung zum Entwicklungsdienst, zu einer Aufgabe in der Jugendarbeit, Einlassen auf eine Freundschaft usf. –, in denen das Wissen um die Selbstverwirklichung in einem Engagement und die Angst vor dem Selbstverlust in eben diesem Engagement gegeneinanderlaufen. Diese Angst scheint mir – grundsätzlich betrachtet – nicht eine lästige und möglichst zu unterdrückende Krankheit zu sein, sondern ein durchaus gesundes Signal, das auf ein reales Risiko aufmerksam macht.

Wovor muß der liebend sich Engagierende Angst haben? Was riskiert er? Ich versuche, das Risiko der Liebe mit einigen typischen Grunderfahrungen zu umschreiben.

Aufgabe von Freiheit

Liebe bedeutet konkret immer irgendeine Form von Bindung. Wer sich bindet, gibt Freiheit auf: die Verfügung über einen Teil seiner Zeit, oft ganze Lebensgewohnheiten, manchmal die Möglichkeit zu bestimmten persönlichen Kontakten usf. Das erfährt, wer eine verbindliche Zweierbeziehung eingeht; das erfahren Mann und Frau, wenn sie sich zum Kind entschließen, aber auch jeder, der irgendeine anspruchsvolle soziale Aufgabe übernimmt.

Natürlich kann man mit mindestens ebensoviel Recht wie von der »Aufgabe« der Freiheit von der »Realisierung« und »Erfüllung« der Freiheit sprechen. Wer immer alle Möglichkeiten offenhalten will, darf sich zu keiner entschließen und kommt zu nichts. Unter Umständen muß, wer sich ein Haus bauen will, auf seine kostspieligen Ferienpläne verzichten – oder umgekehrt. Insofern bedeutet jede Selbstverwirklichung immer die »Opferung« bestimmter Freiheiten. Während aber im eben genannten Beispiel jemand nur zugunsten einer ebenfalls für ihn vorteilhaften Möglichkeit auf eine andere verzichtet und beide einigermaßen kühl gegeneinander abwägen kann, vermag, wer um des geliebten anderen willen ein Stück Freiheit abgibt, nicht so einfach zu rechnen. Die Liebe, so «lohnend« sie letzten Endes ist, verlangt den Einsatz ohne Kalkül. Insofern ist sie immer riskant. Wenn dies auch für den Liebenden längst nicht immer beängstigend oder ihm auch nur bewußt zu sein braucht, weil einfach die Sinnerfahrung so stark ist, daß die Rückfrage nach dem »Lohn« für das Aufgegebene gar nicht aktuell ist, wenn, anders gesagt, oft auch der »Preis« der Liebe gern gezahlt wird, weil die Freude über den dafür erhaltenen Wert alles andere beherrscht, so bleibt doch wahr, daß die Liebe ihren »Preis« hat. In unserem Fall: daß sie Freiheit kostet.

Veränderung des eigenen Profils

Wer sich auf einen anderen einläßt, verändert sich. Darin liegt zweifellos eine Chance zu eigener Bereicherung. Aber es gibt auch so etwas wie Erschrecken über die Veränderung, die man durch liebendes Mitgehen mit anderen erfahren hat.

Eltern zum Beispiel, die sich offen auf das Gespräch mit ihren im Glauben zweifelnden, politisch und ethisch weitgehend anders denkenden Kindern einlassen, werden mitunter selbst unsicher und sehen sich zur Nuancierung oder sogar zur Aufgabe bisher selbstverständlicher Positionen veranlaßt. Manche registrieren das als glücklichen Zwang zur Elastizität, andere bekommen – zumal, wenn sie eine Befremdung darüber in ihrem Bekanntenkreise bemerken – Angst, und nicht wenige ziehen es deshalb vor, die gefährliche Kommunikation mit den Jüngeren zu vermeiden und sich in ihre eigene Welt zu verschließen.

Vergleichbare Erfahrungen machen Pädagogen und Jugendseelsorger. Wer ernsthaft (nicht nur taktisch oder in modischem Anpassungstrend) versucht, Jugendliche in ihrer Gedankenwelt und in ihrem Lebensstil aufzusuchen, um sie darin begleiten zu können, riskiert nicht nur Konflikte mit Kollegen und Vorgesetzten, sondern auch Veränderungen der eigenen Person. Er muß damit rechnen, daß er mit einer veränderten Theologie, Pädagogik oder Weltanschauung aus dem Engagement hervorgeht.

Eine besonders starke Parallele dazu scheint mir die Geschichte der französischen Arbeiterpriester zu sein. In der Solidarisierung mit den Arbeitern, deren Arbeits- und Lebensbedingungen sie übernahmen, veränderten sich ihre Blickrichtung, ihre Spiritualität, ihre theologischen und politischen Positionen, – was ihnen wiederum Konflikte mit ihren kirchlichen Vorgesetzten und Entfremdung von vielen ihrer Amtskollegen einbrachte.

Weil Liebe wesentlich Mit-sein bedeutet, ist sie riskant. Wer liebt, riskiert sein Profil. Wer froh ist, einen gesicherten geistigen Besitz zu haben, muß solches Engagement als gefährlich empfinden.

Betroffenheit durch das Versagen anderer

Die sprichwörtliche Redewendung »mitgegangen – mitgefangen – mitgehangen« trifft auch auf den Liebenden zu. Wenn auch keineswegs zur Liebe gehört, alle Fehltritte des anderen mitzugehen, wenn diese auch – im Gegenteil! – Kritik einschließt, so bedeutet sie doch Solidarisierung mit dem Geliebten und damit das Risiko, von seinem Versagen immer mitbetroffen zu sein.

Ein Bekannter sagte mir, erst jetzt, da seine eigenen Kinder größer würden, gehe ihm auf, was in der Bezeichnung Gottes als »Vater« stecke. Ein Vater werde immer mithineingezogen, wenn die Kinder etwas ausfräßen, von der eingeworfenen Fensterscheibe und dem schlechten Betragen in der Schule bis zum Konflikt mit der Polizei. Noch deutlicher kann man, was hier gemeint ist, oft bei einer Sozialarbeit in schwierigem Milieu beobachten. Wer sich darauf einläßt, sieht und beurteilt viele Handlungen anders, versteht, entschuldigt, nimmt Partei, identifiziert sich streckenweise auch mit kriminell Gewordenen – und wird leicht selbst pauschal mit ihnen identifiziert.

Mit-sein macht innerlich enttäuschbar und schafft außen zusätzliche Angriffsflächen.

Betroffenheit durch das Leid anderer

Auch dem Leid des anderen setzt sich der Liebende aus, psychisch und physisch.

Wessen Kind ins Krankenhaus eingeliefert wurde, der wird kaum ruhig schlafen oder skatspielen können. Auch die physischen Lebens- und Entfaltungsmöglichkeiten des Liebenden werden durch das Leid des Geliebten getroffen. Ich denke an einen jungen Mann, dessen Frau querschnittgelähmt wurde. Er stand plötzlich vor der Wahl, entweder seine sportlichen Ambitionen, seine großen Reisepläne, fast seinen ganzen Lebensentwurf aufzugeben – oder die Liebe zu seiner Frau.

Dies gilt aber nicht nur für Beziehungen, die von spontaner emotionaler Verbundenheit geprägt sind. In dem Maße, in dem uns gegenwärtig die Solidarität mit den Hungernden in der Dritten und Vierten Welt als Forderung der Nächstenliebe bewußt wird, werden wir zunehmend »unfähiger« zu ungehemmtem Luxus. Der radikalste Fall von Betroffenheit durch das Leid anderer ist gegeben, wo die Solidarität mit den Leidenden den eigenen Tod bedeutet. Zwei bekannte Beispiele dafür sind der jüdische Arzt und Pädagoge Janusz Korczak und der katholische Ordensmann Maximilian Kolbe. Janusz Korczak[1] gab seine gutgehende Praxis als Kinderarzt in Warschau auf, um für jüdische Kinder in einem Waisenhaus dazusein. Weil er »seine« Kinder nicht verlassen wollte, verzichtete er später auf seinen Wunsch, nach Palästina auszuwandern. Unter der nationalsozialistischen Herrschaft hielt er bei den Kindern im Warschauer Ghetto aus. Im August 1942 wurde das Waisenhaus liquidiert. Die SS bot Korczak die Freiheit an; er lehnte ab und ging mit den Kindern in das Vernichtungslager Treblinka. Maximilian Kolbe[2] ging in Auschwitz freiwillig, stellvertretend für einen Vater von zwei Kindern, in den Tod. Beide

---

[1] Vgl. *H. Mortkowicz-Olczakowa,* Janusz Korczak, München/Salzburg 1961.

[2] Vgl. *S. Lorit,* Maximilian Kolbe. Chronik der letzten Tage, Aschaffenburg 1974; *L. Bertsch,* Maximilian Kolbe, in: *L. Bertsch/O. Semmelroth* (Hrsg.), Sie lebten den Glauben, Mainz 1976, 64-76; *J. Dobraczynski,* Maximilian Kolbe, Freiburg i. B. 1977.

Gestalten bezeugen, daß die Liebe stärker sein kann als der Tod, aber auch – das ist ja nur die Kehrseite desselben Satzes – daß Liebe da, wo sie zur Grundhaltung, zu selbstverständlicher Pro-Existenz geworden ist, tödlich werden kann.

Verwundbarkeit durch Verlust und Abschied

Wer niemanden liebt, hat niemanden zu verlieren. Den Liebenden dagegen wird jeder Abschied verwunden. Weil und insofern Liebe Mit-sein ist, wehrt sie sich gegen die Trennung. Sie kann sie aber nicht grundsätzlich verhindern; irgendwann wird sie davon ereilt.

Ich will nicht sofort vom physischen Tod sprechen, – obwohl er am eindeutigsten die Unausweichlichkeit der Trennung besagt; Liebe riskiert auch den Schmerz durch vielerlei Abschiede vorher. Die Trennung kann schon in der Konsequenz der Liebe selbst liegen, weil diese nicht nur Mit-sein, sondern auch Sein-für ist. Das klassische Beispiel dafür ist das Verhältnis von Eltern zu ihren heranwachsenden Kindern. Eine wichtige Aufgabe gegenüber den Jüngeren besteht ja gerade darin, ihnen zur Selbständigkeit und zum Gebrauch der Freiheit, und das heißt praktisch auch: zur Loslösung von den Eltern, zu verhelfen. Diese Hilfe kann mehr oder weniger gekonnt geleistet werden (oft wird sie auch verweigert); ich kenne aber kein Elternpaar, dem, nachdem die Sorge für die Kinder und das Leben mit ihnen einen wesentlichen Teil ihrer Existenz ausgemacht hat, die Lösung von den Herangewachsenen ganz ohne Schmerz gelänge. Ähnliches gilt von allen engagiert realisierten pädagogischen Verhältnissen.

Partnerschaftliche Liebe riskiert besonders die Enttäuschung durch die Abwendung des anderen. Je mehr einer geliebt wird, desto mehr kann seine Wortlosigkeit, Kühle, Unaufmerksamkeit, erst recht sein Weggang verletzen.[3] Gerade bei sehr jungen Liebenden scheint die Angst vor dieser Enttäuschung so

[3] Knapp und anschaulich gestaltet in Jaques Préverts Gedicht »Frühstück« (Déjeuner du matin): *J. Prévert,* Gedichte und Chansons. Französisch und Deutsch. Nachdichtungen von *K. Kusenberg,* Reinbek 1971, 100 f.

stark eine Liebesbeziehung beherrschen zu können, daß sie deren Aufbau praktisch verunmöglicht. In dieser Hinsicht aufschlußreich ist der Bericht von Heiko Gebhardt: »Die Leiden des jungen K.«[4]. Der siebzehnjährige Wolfgang K. beging Selbstmord, »weil er an der Liebe zu seiner Freundin verzweifelte«[5]. Die Erzählung enthält eine Reihe von typischen Zügen: das totale Absinken der übrigen Welt im Bewußtsein der beiden jungen Leute: »Wir haben uns nur mit uns selber beschäftigt und über uns und unsere Liebe geredet«[6]; die Angst des Mädchens, die eigene Freiheit zu verlieren, und die die ganze Geschichte durchziehende Angst des Jungen, seine Freundin zu verlieren; schließlich die aus dieser Angst resultierende enorme, selbstzerstörerische Empfindlichkeit Wolfgangs. Nach dem »Ausrutscher« seiner Freundin (sie gesteht ihm, einen anderen Jungen geküßt zu haben) schreibt er in sein Tagebuch: »Es ist nichts mehr mit mir anzufangen . . .«[7] Einen Tag später: »Nie habe ich mir sehnlicher meinen natürlichen Tod gewünscht als heute.«[8]

Wenn diese Geschichte auch Elemente enthält, die für das jugendliche Alter der Beteiligten charakteristisch sein dürften, so ist die Grunderfahrung – die tödliche Verwundbarkeit durch das Nichtgelingen oder durch späteres Zerbrechen von Liebesbeziehungen – keineswegs auf diese Altersstufe beschränkt.[9] Der Salzburger Psychologe Igor Caruso[10] reflektiert anhand von 46 Fallschilderungen die Situation von Männern und

---

[4] *H. Gebhardt,* Die Leiden des jungen K., zuerst im »ZEIT-Magazin« 1974, Nr. 39; jetzt veröffentlicht in: *I. Brender/H.-J. Gelberg* (Hrsg.), Leseladen, Weinheim 1977, 59–69.

[5] Ebd., 60.

[6] Ebd., 65.

[7] Ebd., 66.

[8] Ebd.

[9] Vgl. auch *Erich Kästners* Gedicht »Sachliche Romanze« (z. B. in: *Th. Echtermeyer/B. von Wiese* [Hrsg.], Deutsche Gedichte, Düsseldorf 1973, 638 f.). Kästner gestaltet eine heute oft anzutreffende Situation: Das Aufhören spontaner Zuneigung wird als Aufhören der Liebe erlebt und versetzt beide Liebende in ratlose Traurigkeit.

[10] *I. Caruso,* Die Trennung der Liebenden. Eine Phänomenologie des Todes, Bern/Stuttgart 1968. Auch als Kindler-Taschenbuch: Regensburg 1974. Inhalt und Seitenzählung sind in beiden Ausgaben gleich.

Frauen, die bewußt die Trennung voneinander vollzogen haben, obwohl sie noch stark aneinander hängen. Daß manche Liebende die Trennung mit dem Tod quittieren, möchte er nicht als Sonderfall von psychopathischen oder neurotischen Individuen abtun; er sieht darin vielmehr ein Indiz für die grundsätzliche Verwandtschaft von Liebestrennung und Tod.[11] »Das Problem der Trennung ist das Problem des Todes zwischen Lebenden«[12], – das ist die Grundthese seiner Untersuchung. Die Trennung ist für ihn »Vorbote und Symbol«[13] des Todes, die Analyse der Trennungsgeschichte »eine Phänomenologie des Todes«[14]. Carusos Untersuchung, zunächst für eine bestimmte Gruppe von »Fällen« angestellt, zeigt darüber hinaus, was jeder riskiert, der eine liebende Beziehung eingeht. Er riskiert den Abschied und damit den teilweisen oder gänzlichen Verlust seiner selbst. Abschied ist mehr als die Trennung x-beliebiger Personen; erst unter Liebenden wird Trennung zum Abschied. Dieser kann nie die Rückkehr zum Zustand vor dem Kennenlernen sein (dann wäre die liebende Einlassung ein ungefährliches Experiment); er ist immer ein Stück Sterben, wie der von Caruso wiederholt zitierte[15] französische Spruch sagt: »Partir, c'est mourir un peu«.

Natürlich muß in diesem Zusammenhang auch die Verwundung bedacht werden, welche der physische Tod eines geliebten Menschen verursacht. Sie wird unterschiedlich schwer sein, je nach Lebensalter, Reichtum des gemeinsam Erlebten, Plötzlichkeit des Todes usf. Sie kann tödlich sein. Ich hatte einen Freund, der den Tod seiner jungen Frau nicht zu überleben vermochte und sich schließlich das Leben nahm.

Wiederum gilt aber die Verwundbarkeit durch den Tod des anderen für alle Formen von liebender Verbundenheit. In dem von Elisabeth Kübler-Ross herausgegebenen Sammelband »Reif werden zum Tode« schildert eine Betreuerin den Lebensweg eines jungen Menschen (Louie), der mit fünf Jahren seine El-

[11] Vgl. ebd., 14.
[12] Ebd., 20.
[13] Ebd., 14.
[14] Ebd., 25.
[15] Vgl. ebd., 20; 40.

tern verlor, durch mehrere Heime ging und bald nach seiner Heirat von einer unheilbaren, entstellenden Krankheit befallen wurde.[16] Beiläufig erfährt der Leser auch etwas über die Verfasserin. Sie hat sich mit Louie von dessen 17. Lebensjahr an befaßt, seinen Weg verfolgt, versucht, ihm in seinem Leid ihre Solidarität auszudrücken – und wird auf diese Weise persönlich mit dem Leidenden verbunden und durch seinen Tod betroffen. In einem Gedicht drückt sie diese Betroffenheit aus: »Hätte ich nicht so sehr geliebt, wäre mein Schmerz nicht so groß.«[17] Das Maß des Schmerzes ergibt sich aus dem Maß der Liebe. Die Verse bezeugen allerdings auch das Bewußtsein der Verfasserin, daß diese (obwohl verwundbar machende!) Liebe etwas ist, für das sie selbst dankbar ist: »Aber, weiß der Himmel, ich würde diese wertvolle Liebe nicht verringern wollen um den Bruchteil eines Gramms.«[18]

Eine ähnliche Erfahrung spricht Augustinus in der eindrucksvollen Betrachtung über den Tod seines Freundes aus.[19] Allerdings zieht er dann eine andere Konsequenz. Augustinus hatte einen Freund verloren, der ihm »überaus teuer«[20] war. »Vom Schmerz darüber«, schreibt er, »ward es finster in meinem Herzen, und was ich ansah, war alles nur Tod. Die Heimat war mir Qual, wunders unselig das Vaterhaus, und alles, was ich gemeinsam mit ihm erlebt hatte, war ohne ihn verwandelt zu grenzenloser Pein. Überall suchten ihn meine Augen, und er zeigte sich nicht. Und ich haßte alles, weil es ihn nicht barg und nichts von allem mir noch sagen konnte: ›Sieh, bald kommt er‹, so wie es ehemals gewesen, wenn er eine Weile nicht zugegen war. Ich war mir selbst zur großen Frage geworden . . .

---

[16] *S. H. Jeffrey,* Louie, in: *E. Kübler-Ross* (Hrsg.), Reif werden zum Tode, Stuttgart 1976, 192–202. Die Geschichte ist auch in anderer Hinsicht für unsere Überlegungen aufschlußreich: Louies Angst, sich seiner Frau anzuvertrauen, begründet wiederum in der Angst, dann von ihr fallengelassen und so erneut verletzt zu werden; Dianes Betroffenheit vom Leid ihres Mannes.

[17] Ebd., 202.

[18] Ebd.

[19] *Augustinus,* Confessiones, IV, 4–9. Hier zit. nach der oben (Kap. II, Anm. 77) gen. Ausgabe.

[20] Ebd., IV, 4.

Ich glaube, je tiefer ich den Freund geliebt hatte, um so tiefer haßte und fürchtete ich als den wütendsten Feind den Tod, der ihn mir entrissen hatte, und ich meinte schon, er werde jählings alle Menschen verschlingen, da er ihn hatte verschlingen können ... Und mehr noch wunderte ich mich, daß ich selbst, da ich doch ein zweiter Er gewesen, noch lebte, nun, da er tot war. Trefflich hat jemand von seinem Freund gesagt: die Hälfte meiner Seele. Wahrhaftig, ich hatte das Gefühl, als wären seine Seele und meine Seele nur eine Seele gewesen in zwei Leibern. Und es war mir das Leben deshalb so gänzlich verleidet, weil ich nicht hälftig leben wollte.« [21] In seiner späteren Reflexion über diesen Schmerz urteilt Augustinus, es sei nicht die richtige Liebe, mit der er den Freund geliebt habe. Er habe seine »Seele in den Sand gegossen«, indem er »einem Sterblichen eine Liebe zuwandte, als ob er niemals sterben müßte« [22]. So sei jeder elend dran, der sich in die »Fessel« einer »Freundschaft mit dem Vergänglichen« begebe: »zerrissen wird er, wenn er's verliert« [23]. Dagegen richtet Augustinus das Ideal einer Freundschaft auf, in welcher die Liebe zum Freund so mit der Liebe zu Gott verschmolzen ist, daß den Liebenden kein Verlust mehr schmerzlich treffen kann. »Denn der allein verliert keinen Teuren, dem alle teuer sind in dem, den man nicht verliert.« [24]

Gegen diese Konsequenz, genauer: gegen dieses Ideal einer unverwundbaren Liebe, erhebt der englische Philosoph Clive Staples Lewis, obwohl er sich sonst dem heiligen Augustinus sehr verbunden weiß, lebhaften Einspruch.[25] Hier spreche aus Augustin weniger sein Christentum als vielmehr ein Überbleibsel heidnischer Philosophien, in denen er aufgewachsen sei. Christliche Liebe nehme ihr Maß nicht an stoischer Unerschütterlichkeit, sondern an Jesus, der über Jerusalem und am Grabe des Lazarus geweint habe. Selbst wenn man »Versicherungen gegen ein gebrochenes Herz« für die »höchste Weisheit« halte

[21] Ebd., IV, 4–6.
[22] Ebd., IV, 8.
[23] Ebd., IV, 6.
[24] Ebd., IV, 9.
[25] Vgl. *C. S. Lewis,* The Four Loves, 167 ff.; Vier Arten, 180 ff.

(was Lewis nicht tut), – Gott selbst biete sie nicht. Sonst brauchte Christus nicht mit dem Aufschrei zu enden: »Warum hast du mich verlassen?« Liebe ohne Schmerz ist für Lewis unmöglich. »Lieben heißt auch schon verletzlich sein. Liebe irgend etwas, und dein Herz wird ganz gewiß gequält und möglicherweise gebrochen. Willst du dein Herz ganz zuverlässig unversehrt bewahren, darfst du es nie verschenken, nicht einmal einem Tier. Umgib es sorgfältig mit Steckenpferden und kleinen Verwöhnereien; meide alle Verwicklungen; verschließe es sicher in den Schrein oder Sarg deiner Selbstsucht.« [26] Dann formuliert Lewis scharf das Dilemma: Nicht-Lieben ist unmenschlich, ist »Hölle«; Lieben aber bedeutet Schmerz und Tragik riskieren: »Du hast nur die Wahl zwischen Tragik – oder wenigstens dem Wagnis einer Tragödie – und Verdammung. Der einzige Ort außerhalb des Himmels, wo du vor all den Gefahren und Trübungen der Liebe vollkommen sicher sein kannst, ist die Hölle.« [27]
So spitzt sich am Schluß unserer Sammlung von Erfahrungen die Frage zu: Gehören Liebe und Schmerz, ja Liebe und Tod, auch im christlichen Glauben wesentlich zusammen, oder liegt in diesem Glauben ein Ausweg aus dem Dilemma?

2. Beispiele aus Mythos, Religionsphänomenologie und Dichtung

Das Motiv von Liebe und Tod ist ein altes, immer wiederkehrendes Thema in Mythos, Religion und Dichtung. Dafür nun einige Beispiele.

Orpheus und Eurydike

Die alte griechische, in verschiedenen Traditionen uns überlieferte Sage von Orpheus und Eurydike [28] ist eine einzige Illu-

---

[26] Ebd., 169, bzw. 181.

[27] Ebd., 169, bzw. 182.

[28] Nach *H. J. Rose,* a.a.O., 246, eine »sehr alte, anscheinend von Thrakien bis Nordamerika verbreitete Sage«. Kurze Information über Quellen und über die verschiedenen Überlieferungen: ebd., 245 ff.; 391;

stration dieses Motivs. Der Sänger Orpheus geht in das Reich des Todes, um seine geliebte Frau Eurydike wiederzuholen. Mehrmals wiederholt sich das Thema Liebe und Tod innerhalb der Erzählung: Nach kurzem Eheglück mit Orpheus stirbt Eurydike, weil sie vor den Nachstellungen des Aristaios flüchtet und im Laufen auf eine Schlange tritt, deren Biß ihr den Tod bringt. Orpheus faßt, nachdem er seinen ganzen Schmerz in seine Lieder gelegt hat, ohne Eurydike wiederzuerhalten, den unerhörten Entschluß, selbst in das grausige Schattenreich hinunterzusteigen. »Tragen wollt ich's und will nicht leugnen, daß ich's versucht, doch siegte die Liebe« [29], so versucht er vor den Göttern der Unterwelt sein Eindringen in das Todesreich zu rechtfertigen. Er bittet sie, Eurydike noch einmal ins Leben zurückzugeben, sonst wolle auch er selbst im Tode bleiben. Auf seinen unvergleichlich bezaubernden und traurigen Gesang hin wird ihm seine Bitte gewährt; aber die Sehnsucht nach Eurydike und die Angst um sie machen es ihm unmöglich, die ihm auferlegte Bedingung einzuhalten, nämlich sich nicht nach ihr umzuschauen. Als er sich ihr zuwendet, verliert er sie ein zweites Mal, diesmal endgültig. Orpheus kehrt auf die Erde zurück, aber er ist ein gebrochener Mann, der keinen Menschen mehr ansprechen mag. Das macht ihn seiner Umwelt so fremd, daß ihn schließlich die thrakischen Frauen, die sich von ihm verschmäht sehen, haßerfüllt umbringen. Siegte die Liebe über den Tod? Ganz gewiß führte sie in den Tod.

Daß die Orpheus-Sage in Opern, Ballett und zahlreichen Filmen bis in unsere Tage immer wieder neu gestaltet wurde [30],

---

K. Kerényi, a.a.O., 194. Leicht lesbare und vorlesbare Nacherzählungen: *I. Trenscényi-Waldapfel*, a.a.O., 86 f.; *G. Schwab*, Sagen des klassischen Altertums, Wien 1974, 96 f.

[29] Hier zit. nach *Ovid*, Metamorphosen, X, 25., a.a.O., 361.

[30] Opern: *Gluck*, Orpheus und Eurydike (1762); *Offenbach*, Orpheus in der Unterwelt (1858); *Krenek*, Orpheus und Eurydike (1926); *Milhaud*, Leiden des Orpheus (1931). Ballett: *Strawinsky* (1947). Die berühmtesten Verfilmungen sind »Orphée« von *Jean Cocteau* (1950) und »Orpheo negro« von *Marcel Camus* (1959). Bei *Cocteau* scheint mir allerdings das Verhältnis von Liebe und Tod gegenüber dem Mythos umgedreht zu sein: Orpheus ist verliebt in seine Dichtung und in seinen eigenen Tod und verliert dadurch seine Frau.

spricht dafür, daß hier eine überzeitliche menschliche Grunderfahrung angesprochen wird.

Religionsgeschichtliche Beobachtungen

Der Religionswissenschaftler Gerardus van der Leeuw hat eine Reihe von religionsgeschichtlichen Beobachtungen zusammengetragen, die um die Thematik »Heirat als Sterben und Auferstehen« kreisen:[31] Das griechische Hochzeitsritual ähnelt stark dem Mysterienritual; in der Mysterienweihe aber geht es um Sterben und Wiedergeburt. Bei vielen primitiven Völkern gibt es die Vorstellung, »der Tod habe als Folge des Geschlechtsverkehrs Eingang in diese Welt gefunden« [32]; dementsprechend sollen die Initiationsriten am Ende der Pubertätszeit [33] davor bewahren, in der Hochzeitsnacht zu sterben. Bräuche in verschiedenen deutschen Gegenden erinnern in der Brautzeit an den Tod. Am Tag vor oder nach der Hochzeit wird eine Seelenmesse gelesen; das Brautpaar geht auf den Friedhof, um eigenhändig die Gräber zu schmücken; in der Brautzeit näht man das eigene Totenhemd; mancherorts fertigt man auch die Bretter seines Sarges an. Nach einem friesischen Brauch läßt die Frau sich im Gewand der Witwe trauen.

Van der Leeuw hält es für eine zu rationalistische Interpretation, wenn man meint, mit diesen Bräuchen werde den Brautleuten nur eingeschärft, daß nur der Tod sie scheiden könne. Er sieht vielmehr darin das Bewußtsein von der »Todesnähe des Lebens« [34], insbesondere in seinem intensivsten Augenblick: »Heirat ist Übergang, ist Krisis. Und jede Krisis ist im heiligen Leben eine Krisis zum Tode.« [35] Von daher der »Schrecken, der die völlige Vereinigung zweier Menschen zu einem neuen

---

[31] Vgl. *G. van der Leeuw,* Phänomenologie der Religion, Tübingen [3]1970, 218–221.

[32] Ebd., 219.

[33] Anschauliche Beispiele für diese Riten: *E. Pax,* Art Initiation, in: LThK, Bd. 5, Freiburg i. B. [2]1960, 673–676; dort etwas allgemeiner gedeutet als Symbole des Absterbens und Neugeborenwerdens.

[34] *G. van der Leeuw,* 219.

[35] Ebd., 218 f.

Leben von jeher begleitet hat«[36], und die Versuche, den beängstigenden Mächten zu steuern, die sich im Geschlechtsverkehr offenbaren. Hierzu rechnet van der Leeuw die Defloration der Braut vor der Hochzeitsnacht durch einen Fremden oder einen Priester, »die Macht genug besitzen, um etwas riskieren zu können«[37], und die Beobachtung der sogenannten Tobiasnächte, in denen sich die Brautleute, einen Stab oder ein Schwert zwischen sich, des Geschlechtsverkehrs enthalten. In diesen Bräuchen und Anschauungen geht es nach van der Leeuw nicht etwa um eine grundsätzlich negative Bewertung des Sexuellen, sondern um die Ahnung davon, daß in der zwischenmenschlichen Vereinigung die – freilich oft als unheimlich empfundene – göttliche Welt berührt wird: »Im Übergang zur neuen Gemeinschaft berührt der Mensch die Macht, die er schließlich als letzte erkennt.«[38]
Wenn diese Deutung zutrifft, dann können die hier referierten Beobachtungen als ein religionsphänomenologischer Beitrag nicht nur zum Thema Sexualität, sondern auch, allgemeiner, zum Thema Liebe und Tod gelesen werden.

Vier Beispiele aus der Dichtung

Schließlich seien vier Beispiele aus der Dichtung genannt, an denen man das Motiv von Liebe und Tod bewußt machen und mit denen man gleichzeitig zu weiterer Nachfrage danach, was Liebe eigentlich sei, anregen kann: zwei klassische Beispiele aus der Literaturgeschichte und zwei leicht erreichbare und für unsere Thematik ergiebige Schriften aus der Gegenwartsliteratur.

Romeo und Julia

Die wohl bekannteste Geschichte ist die von Romeo und Julia, längst vor Shakespeare dichterisch gestaltet, durch diesen dann klassisch und zum Topos einer unglücklichen Liebesgeschichte

---

[36] Ebd., 218.
[37] Ebd., 219.
[38] Ebd., 221.

geworden: Liebe zwischen Kindern aus verfeindeten Häusern, welche für die Liebenden tödlich enden muß.

Bei Shakespeare[39] wird gleich im Vorspruch »dieser todgeweihten Liebe Lauf«[40] als Inhalt des ganzen Stückes angekündigt. Eine Ahnung vom tödlichen Ende, ja vom Tod als Folge der liebenden Verbindung, zieht sich durch die ganze Tragödie. »Füg unsere Hände nur durch deinen Segensspruch in eins, dann tue sein Äußerstes der Liebeswürger Tod.«[41] Um ihrer Liebe willen trinken beide das tödliche Gift. Aber der Tod erscheint nicht nur als »Liebeswürger«, sondern auch als letzte Möglichkeit einer Vereinigung: »*Ein* Sarg umfange Romeo und mich«[42]. »Ich komme, Romeo: dies trink ich dir«[43], ruft Julia, bevor sie das Gift nimmt, das sie, lebendig tot, ins Grab bringen soll. Und Romeo, später neben der totgeglaubten Julia – wie ein Trinkspruch zum Gift –: »Das meiner Lieben! ... Und so im Kusse sterb ich«[44]. Sprechend ist auch die Szenerie. Die lange letzte Szene der Tragödie spielt in der Familiengruft. Hier finden Romeo und Julia zueinander, um zu sterben; hier kommen zuletzt auch die verfeindeten Väter zueinander und schließen Frieden.[45]

Will man Shakespeares Drama in unserem Zusammenhang besprechen, so müßte man fragen, ob hier nur etwas über den besonderen Fall einer Liebe unter unglücklichem Stern ausgesagt wird oder über Macht und Gefährlichkeit von Liebe überhaupt.

---

[39] *W. Shakespeare,* Romeo und Julia, hier zit. nach der Übersetzung von *A. W. Schlegel* und *L. Tieck,* Hamburg o. J. (Standard-Verlag), Bd. VI. Nach den Angaben von Akt und Szene in Klammern die Seitenzahlen.

[40] Vorspruch (10).

[41] II, 6 (46).

[42] III, 2 (54).

[43] IV, 3 (74).

[44] V, 3 (86).

[45] Vgl. auch die Novelle von *Gottfried Keller,* Romeo und Julia auf dem Dorfe (leicht erreichbare Ausgabe: Stuttgart 1973, Reclam Nr. 6172). Ein vergleichbarer Schluß (Versöhnung der Väter nach dem Liebestod der Kinder) findet sich hier nicht.

Romantische Todessehnsucht

Lohnend wäre – was hier freilich nicht geleistet werden kann – eine gründlichere Beschäftigung mit dem Komplex Liebe – Tod – Religion in der Romantik, insbesondere bei Novalis. Einige Anzeichen, von der Popmusik [46] bis zu Roger Garaudy [47], sprechen dafür, daß mit der Wiederentdeckung des Gefühls, des Geheimnisvollen und der Transzendenz, das die Tendenzwende der letzten Jahre begleitete, eine Art Novalis-Renaissance verbunden sein könnte. Ich möchte deshalb, wenn auch nur andeutungsweise, auf einige Motive bei Novalis [48] hinweisen, die der Germanist Walter Rehm herausgearbeitet hat.[49]

Rehm sieht »das Eigentlichste der Romantik« in ihrem »Sinn für das Jenseits« [50]. Bei Novalis verschmilzt die Jenseitshoffnung mit seinem Liebesverlangen. Für ihn, dem zwei Jahre nach der Verlobung die junge Geliebte starb, bedeutet der Tod die Vereinigung der Getrennten. So wird ihm Todessehnsucht »zur Pflicht und zum Gebot der Liebe« [51]. Das Sterben wird

---

[46] Vgl. die um 1970 entstandene LP von *Witthüser und Westrup:* Lieder von Vampiren, Nonnen und Toten (OHR 556 002 Metr), darauf u. a. den Gesang »Hinüber wall ich« aus Novalis' Hymnen an die Nacht (4); mehrere in den letzten Jahren erschienene Schallplatten einer Gruppe, die sich den Namen *»Novalis«* gibt, z. B. die LP Sommerabend (1976, Brain 1087 [0649] Metr), darauf »Wer einsam sitzt in seiner Kammer« aus Novalis' Geistlichen Liedern (III).

[47] *R. Garaudy,* Menschenwort, 31 f., zitiert das VII. der Geistlichen Lieder, die »Abendmahlshymne«, im Zusammenhang seiner Betrachtungen über Liebe und Opfer.

[48] Leicht zugängliche *Novalis*-Ausgaben: Rowohlts Klassiker 130, Reinbek 1963 (enthält u. a. die Hymnen an die Nacht und die Geistlichen Lieder); Goldmann Klassiker 273, München o. J. (enthält u. a. beide Fassungen der Hymnen an die Nacht).

[49] Vgl. *W. Rehm,* Der Todesgedanke in der deutschen Dichtung vom Mittelalter bis zur Romantik, Darmstadt ²1967, 368–456, bes. 372–383; *ders.,* Orpheus. Der Dichter und die Toten. Selbstdeutung und Totenkult bei Novalis – Hölderlin – Rilke, Düsseldorf 1950, 13–148; ferner: *P. Kluckhohn,* Die Auffassung der Liebe in der Literatur des 18. Jahrhunderts und in der deutschen Romantik, Halle 1922; *H. A. Korff,* Geist der Goethezeit, Bd. III, Leipzig ³1957, 525–596, bes. 534–542.

[50] *W. Rehm,* Der Todesgedanke, 369.

[51] Ebd., 373.

ersehnt als »eine Verlobung im höheren Sinne«[52]. Symbol für den Tod gleichermaßen wie für die Liebe ist die Nacht, von Novalis besungen in den »Hymnen an die Nacht«. In zweifacher Gestalt formt Novalis den Gedanken des »Liebestodes«: einmal als »Tod in der höchsten Lust«, zum anderen insofern »der Tod dem Liebenden zur Brautnacht wird, weil er ihn mit dem entrissenen Geliebten vereinigt«.[53] Beide Male ist der Tod die höchste und schönste Liebesvereinigung: »Im Tode«, sagt Novalis, »ist die Liebe am süßesten; für den Liebenden ist der Tod eine Brautnacht, ein Geheimnis süßer Mysterien«.[54] Dabei fließen die Vereinigung mit dem Geliebten und das Hineinsterben in Gott seltsam ineinander. Christus wird als Braut geliebt; das »Wesen . . ., das innig liebte, litt und starb«, möchte Novalis »zärtlich in die Arme ziehn«.[55] Umarmung ist »etwas dem Abendmahl Ähnliches«: Christus wird »als Brot und Wein verzehrt, als Geliebter umarmt, als Luft geatmet, als Wort im Gesang vernommen und mit himmlischer Wollust unter den höchsten Schmerzen der Liebe in das Innere des verbrausenden Leibes aufgenommen«[56].

Gerade diese Motive – das Ineinander von Liebe, Tod und Religion, von Liebesopfer Jesu und Vereinigung im Abendmahl – scheinen, wenn auch nur ansatzweise und verschwommen, in der gegenwärtigen Novalis-Rezeption aufgegriffen zu werden.[57]

Wieweit berührt sich diese romantische Mystik um Liebe und Tod mit der christlichen Botschaft? Wieweit ist sie deren authentische Ausprägung oder ihre Perversion? In den theologischen Überlegungen dieses Kapitels wird nicht nur zu bedenken sein, wieweit in christlichem Verständnis Liebe und Tod zusammengehören, sondern auch, wie des näheren dieser Zusammenhang zu bestimmen sei: wird der Tod gesucht, weil er die Liebe garantiert, oder wird die Liebe gesucht und dabei der Tod riskiert?

---

[52] Ebd.

[53] Ebd., 377.

[54] Vgl. ebd., 378.

[55] *Novalis,* Geistliche Lieder, III.

[56] Vgl. *W. Rehm,* a.a.O., 377.

[57] Vgl. dafür die oben (Anm. 46 f.) gen. Beispiele.

Der gute Gott von Manhattan (I. Bachmann)

Als sehr anregend erwies sich in mehreren Gesprächskreisen Ingeborg Bachmanns Hörspiel »Der gute Gott von Manhattan«[58]. Hier erscheint der Tod, ganz anders als in der Romantik, als unausweichliche Folge, ständige Bedrohung und Infragestellung der Liebe.

Jan und Jennifer möchten nur noch miteinander dasein, sich immer mehr gegenseitig offenbaren, die Landkarten des eigenen Ich offenlegen und in den anderen hineinschauen dürfen. Gleichzeitig aber wissen sie ihre Liebe – und sich selbst durch ihre Liebe – bedroht. Ständig begleitet sie die Angst vor dem Abschied (im Hafen liegt das Schiff, das Jan wegtragen wird) und die Angst davor, an ein Ende der Kommunikation zu kommen, an dem man sich nichts mehr zu geben weiß. Alles ist »nur ein Aufschub . . ., immer wieder ein Aufschub«[59]. »Du kannst es nicht mit dir nehmen«, wiederholen stereotyp die Stimmen im Hintergrund. Die Liebenden versuchen »eine Revolte gegen das Ende der Liebe«: »Ich will, was noch niemals war: kein Ende«[60]. Sie versuchen eine Steigerung ihrer Liebe in immer größere Höhen, sie ziehen bis ins 57. Stockwerk des Hotels hinauf, immer weiter weg von der übrigen Welt; aber sie steigern sich gerade so in ihre eigene Zerstörung hinein.

Die Liebe scheint, so wird im Hörspiel reflektiert, »auf der Nachtseite der Welt«[61] zu sein; aber »Nacht« meint hier nicht das geheimnisvoll Verlockende, sondern das zerstörerisch Feindliche, »verderblicher als jedes Verbrechen«.[62] Für den »guten Gott von Manhattan« beweisen diejenigen Instinkt für das Mögliche und Vernünftige, »die das bißchen anfängliche Glut zähmten, in die Hand nahmen und ein Heilmittelunternehmen gegen die Einsamkeit draus machten, eine Kameradschaft und wirtschaftliche Interessengemeinschaft«[63]. Hat er

[58] *I. Bachmann,* Der gute Gott von Manhattan, München (dtv sr 14) ²1972. Vgl. dazu *H. Pausch,* Ingeborg Bachmann, Berlin 1975, 40–56.

[59] *I. Bachmann,* a.a.O., 55.

[60] Ebd., 66 f.

[61] Ebd., 69.

[62] Ebd.

[63] Ebd., 70.

recht? Ist radikale Liebe unvernünftig? Liegt das Glück in der Reduzierung? Ingeborg Bachmann läßt die Frage offen. Des Richters letztes Wort ist »Schweigen« [64].

Das Hörspiel bietet Stoff zu Reflexionen über die Möglichkeit, Gefährlichkeit oder Unmöglichkeit radikaler Liebe, aber auch über die Frage, ob der Rückzug auf die Insel [65] absoluter Zweisamkeit und die Verabsolutierung der Kommunikation überhaupt Liebe genannt werden können.

Der Kleine Prinz (A. de Saint-Exupéry)

Bei aller Einfachheit und Kürze enthält dies kleine Buch [66] eine Fülle von Themen. Führend ist das der Beziehung. Im Zentrum steht die Beziehung des kleinen Prinzen zu seiner Blume; das gern zitierte XXI. Kapitel erzählt Vertrautwerden und Abschied zwischen kleinem Prinzen und Fuchs; aber auch die dritte Beziehung, die des Erzählers zum kleinen Prinzen ist von Bedeutung. Gegenbilder sind der Geschäftsmann, der die Sterne »besitzt«, aber nur, um sie immer wieder zu zählen und zu verwalten;[67] der Geograph, der Meere, Ströme, Berge und Städte registriert, aber niemals hingeht, sie anzusehen;[68] die fünftausend Rosen, die »schön, aber leer« sind, weil sich noch niemand mit ihnen vertraut gemacht hat;[69] die Kaufhäuser, in denen man alles fertig kaufen kann, aber eben darum keine Freunde kennenlernen[70]: Bilder von Beziehungslosigkeit.

---

[64] Ebd., 82.

[65] Das »Insel«-Motiv spielt bei Ingeborg Bachmann eine große Rolle. Vgl. dafür bes. das Hörspiel »Die Zikaden« (im selben Band). *H. Pausch* sieht auch in »Der gute Gott von Manhattan« als das tragende Thema »Flucht aus grundlegenden Verhältnissen der menschlichen Ordnung wegen der Bedrohung der Liebe in der modernen Welt auf eine Insel, hier symbolisch das 57. Stockwerk des Atlantic-Hotels in New York«. A.a.O., 49.

[66] *A. de Saint-Exupéry,* Le Petit Prince, Paris 1946; deutsch: Der Kleine Prinz, Düsseldorf 1956, Neuauflage 1977. Schallplatten: Le Petit Prince, interprété par *Gérard Philipe* et *Georges Poujouly* (Festival FLD 22); Der Kleine Prinz, gesprochen von *Will Quadflieg* (Poly Stereo 2 961 002).

[67] Vgl. ebd., Kap. XIII.

[68] Vgl. ebd., Kap. XV.

[69] Vgl. ebd., Kap. XX u. XXI.

[70] Vgl. ebd., Kap. XXI.

Anders als in Ingeborg Bachmanns Hörspiel bedeutet hier die Zweierbeziehung nicht Isolierung, sondern gerade Stiftung von weiteren Beziehungen. Dem Fuchs beginnt das Gold der Weizenfelder etwas zu bedeuten, nachdem er dem kleinen Prinzen mit dem weizenblonden Haar vertraut geworden ist;[71] den Erzähler »rührt« die Treue des kleinen Prinzen zu seiner Blume;[72] er wird die Sterne mit anderen Augen sehen, nachdem sein kleiner Freund auf seinen Planeten zurückgekehrt ist, und für diesen, der mit dem Erzähler durstig zu einem Brunnen gewandert war, werden »alle Sterne . . . Brunnen sein« [73].

Das Wort »Liebe« fällt nicht; aber das ganze Buch handelt davon. Es handelt auch von der Nähe der Liebe zum Schmerz und zum Tod. Als der kleine Prinz auf seiner Reise zu den vielen Planeten auf dem vorletzten vom Geographen erfährt, daß seine Rose »von baldigem Entschwinden bedroht« ist, da faßt ihn die »erste Regung von Reue«, sie verlassen zu haben. »Und der kleine Prinz machte sich auf und dachte an seine Blume.« [74] Seine nächste Begegnung ist die mit der Schlange. Sie geschieht in der Nacht. Damit klingt das Todesmotiv an, das nun alle folgenden Begegnungen überschattet: »Ich kann dir eines Tages helfen, wenn du dich zu sehr nach deinem Planeten sehnst.« [75] Die Treue zu seiner Rose macht den kleinen Prinzen »rührend«, aber auch »zerbrechlich«.[76] Zum Schluß, wieder in der Nacht, sucht er, nicht ohne Angst, die Schlange auf, damit sie ihm den Tod bringe. »Er sagte noch: ›Du weißt . . . meine Blume . . . ich bin für sie verantwortlich . . .‹.« [77]

Auch aus der Freundschaft des Fuchses zum kleinen Prinzen erwächst Schmerz, hier der Schmerz des Abschieds. Saint-Exupéry setzt Vertrautwerden und Abschied in unmittelbare Nähe zueinander. Ohne Übergang erzählt er: »So machte denn der kleine Prinz den Fuchs mit sich vertraut. Und als die Stunde

[71] Vgl. ebd.
[72] Vgl. ebd., Kap. XXIV.
[73] Ebd., Kap. XXVI.
[74] Ebd., Kap. XV.
[75] Ebd., Kap. XVII.
[76] Ebd., Kap. XXIV.
[77] Ebd., Kap. XXVI.

des Abschieds nahe war: ›Ach!‹ sagte der Fuchs, ›ich werde weinen.‹« Wer Freundschaft schließt, riskiert den Abschied. Diese Logik prägen die nächsten Sätze ein: »›Das ist deine Schuld‹, sagte der kleine Prinz, ›. . . du hast gewollt, daß ich dich zähme . . .‹ – ›Gewiß‹, sagte der Fuchs. – ›Aber nun wirst du weinen!‹ sagte der kleine Prinz. – ›Bestimmt‹, sagte der Fuchs.« [78]
Ähnliches wiederholt sich auf der dritten Beziehungsebene, der zwischen dem kleinen Prinzen und dem Erzähler. »Man läuft Gefahr, ein bißchen zu weinen, wenn man sich hat zähmen lassen«, sagt er von sich selbst.[79] – »Das Herz preßt sich« ihm »zusammen«, als er den kleinen Prinzen mit der todbringenden Schlange reden hört.[80] Die Landschaft, in der er dem kleinen Prinzen begegnete, wurde für ihn zugleich »die schönste und die traurigste Landschaft der Welt« [81].

B. Theologische Gesichtspunkte

Die aufgezählten Erfahrungen und Beispiele ergeben ein breites Zeugnis für den Zusammenhang von Liebe einerseits und Schmerz, Verzicht, Tod andererseits. Diese erscheinen durchweg als Konsequenz der Liebe, allerdings in vielen, weit auseinandergehenden Schattierungen: vom Tod als Infragestellung der Liebe bis zur Sehnsucht nach dem Tode um der Liebe willen.[82] Wo berühren sich diese Erfahrungen mit Aussagen der

---

[78] Ebd., Kap. XXI.
[79] Ebd., Kap. XXV.
[80] Ebd., Kap. XXVI.
[81] Ebd., Kap. XXVII.
[82] Vgl. auch die im III. Kapitel schon erwähnten Gedanken von *V. Gardavský* und *R. Garaudy*. Beide stimmen überein in der Überzeugung, daß die Unausweichlichkeit des Todes zur Transzendenz in der Liebe nötigt. *Gardavský*, a.a.O., 230 f.: »Wenn wir den Tod . . . auf uns nehmen, dann erhält jede Wahl und jede Entscheidung, die wir treffen, eine neue radikale Zielbestimmung, nämlich über uns selbst hinauszuschreiten zu den anderen, zur Gemeinschaft.« Und umgekehrt, von der Liebe her gedacht: »Der Begriff, den Jesus von der Liebe hat, ist, wenn man ihn radikal zu Ende denkt, immer eine Konfrontation des Menschen mit

christlichen Botschaft? Ergeben sich von hierher Orientierungen zur genaueren Bestimmung des Zusammenhangs? Zeigen sie einen Weg aus dem Dilemma, entweder nur »wenig ... leben« zu dürfen, »um nicht viel zu sterben« [83], oder intensiv – nämlich liebend – zu leben und dafür die Selbstaufgabe, letztlich den Tod, zu riskieren? Außerdem: alle angeführten Beispiele aus Mythos, Religionsphänomenologie und Dichtung betrafen Beziehungen zwischen Mann und Frau oder eine von Sympathie getragene Freundschaft. Gibt es theologische Argumente dafür, daß das Gesetz von Liebe und Tod nicht nur auf diesem Gebiet, sondern auch auf dem viel weiteren Feld christlicher Agape überhaupt gilt?

Ich will versuchen, den theologischen Zusammenhang von Liebe und Tod mit dem Stichwort »Hingabe« aufzuzeigen: Liebe ist wesentlich Hingabe; Sterben kann als Hingabe vollzogen werden. Damit sind zwei Teilthesen ausgesprochen. Sie sollen nun nacheinander entfaltet und theologisch begründet werden.

1. Liebe als Hingabe

Erste Teilthese

Liebe ist wesentlich Hingabe. Weil und insofern sie Dasein-für und Mit-sein bedeutet, Sich-Einlassen auf das Schicksal

---

dem Tode.« A.a.O., 61. Ganz ähnliche Logik bei *Garaudy:* »Mein eigener Tod ist ein ständiger Hinweis dafür, daß mein Unterfangen kein individuelles Unterfangen ist. Ich bin Mensch nur, wenn ich an einem Projekt teilhabe, das über mich hinausgeht.« A.a.O., 39. Tod ist »nur eine größere Liebe: die Hingabe unserer Sonderheit, an den anderen«. Ebd., 49. Deshalb ist für *Garaudy* der eigene Tod »in keiner Weise absurd, empörend oder verabscheuungswürdig«. Ebd. In diesem Punkt geht *Garaudy* weiter als *Gardavský,* der den Tod als harte Notwendigkeit, als »schrecklichen« Beziehungsverlust und als »Niederlage« (229 f.) empfindet, die es bewußt anzunehmen gilt.

[83] Vgl. *E. Morin:* »Schließlich ist in den bürokratisierten und verbürgerlichten Gesellschaften jener erwachsen, der sich damit abfindet, wenig zu leben, um nicht viel zu sterben. Das Geheimnis der Jugendlichkeit ist jedoch dies: Leben heißt, den Tod riskieren; und Lebenswut heißt – die Schwierigkeit zu leben.« Les Stars, Paris o. J. (1957), 127, hier zit. nach *I. Caruso,* a.a.O., 31.

anderer und Einsatz für sie, bedeutet sie Loslassen von sich selbst, Sich-Ausliefern.

Mit dieser These wird einerseits der Begriff Liebe abgegrenzt von dem einer bloßen Interessengemeinschaft. Andererseits soll mit ihr einer Verabsolutierung von Selbstaufgabe und Opfer gewehrt werden. Diese sind nicht in sich, sondern nur relativ wertvoll: insofern sie für ein geliebtes Du geleistet werden. Nicht die Weg-gabe – gleichgültig wohin – ist das Entscheidende, sondern die Hin-gabe an ein Du. Die theologische Begründung dieser These möchte ich vor allem mit Blick auf die Existenz Jesu geben. Daraus ergeben sich dann entsprechende Gesichtspunkte für das Christsein in der Nachfolge Jesu. Schließlich soll auf einige in anderen theologischen Traktaten verstreute Anklänge an das Motiv von Liebe und Tod hingewiesen werden.

Die Existenz Jesu als Hingabe

Wie ist der Zusammenhang von Liebe und Tod in Leben und Schicksal Jesu zu sehen? Daß er besteht, das ist eine ebenso zentrale wie kontinuierlich durchgehaltene christliche Überzeugung, im Großen Glaubensbekenntnis z. B. ausgedrückt in der Formel »Crucifixus etiam pro nobis«: Sein Kreuzestod geschah für uns; Jesus hat aus Liebe zu uns gelitten und den Tod auf sich genommen; wir sind erlöst durch Jesu Tod. Aber diese Aussagen können mit sehr verschiedenen Vorstellungsmustern gefüllt werden.

Zu geläufigen Erlösungsvorstellungen

Eine geläufige Vorstellung geht von der Notwendigkeit des Todes aus: Einer mußte sterben, damit Gott versöhnt würde. Jesus hat dieses Opfer auf sich genommen. Er allein konnte so viel in die Waagschale werfen, daß die menschliche Schuld aufgewogen werden und die Versöhnung gelingen konnte. Er hat es freiwillig getan; darin zeigt sich seine Liebe. Diese Vorstellung, in der es entscheidend auf den Tod ankommt, auf die Liebe aber nur, insofern sie das Motiv dazu ist, ist so verbreitet, daß sie von vielen mit dem christlichen Erlösungsglauben selbst identifiziert wird. Sie ist aber nur *ein* Versuch, Jesu Tod und die Erlösung der Menschheit in einen für eine bestimmte Epoche verständlichen Zusammenhang zu bringen.[84] Im Hintergrund steht die am Ende des 11. Jahrhunderts von Anselm von Canterbury entwickelte Satisfaktionstheorie, so genannt, weil in ihr der Gedanke der Genugtuung (Satisfaktion) dominiert: der Gerechtigkeit mußte Genüge getan werden durch den Sühnetod.[85] Diese Theorie selbst löste andere Vorstellungsmodelle ab, weil sie zu Anselms Zeit nicht mehr genügend überzeugend erschienen: das Modell vom Opfer, das den wegen der menschlichen Sünden erzürnten Gott gnädig stimmen soll (diese Denk- und Sprechweise hatte sich den Kirchenvätern nahegelegt, damit sie sich den heidnischen Theologen im antiken Rom verständlich machen konnten), und das wegen seiner Anschaulichkeit besonders in Predigt und Katechese beliebt gewordene Modell vom Loskauf: der Teufel habe sich für den Tod Jesu die ihm verfallene sündige Menschheit abkaufen lassen. All diesen Vorstellungen ist gemeinsam, daß sie die Erlösung auf den Tod Jesu, auf das Kreuz konzentrieren. Sie haben eine biblische Stütze in der paulinischen Theologie

---

[84] Vgl. für die Geschichte der Soteriologie und für neuere Denkmodelle *H. Kessler,* Die theologische Bedeutung des Todes Jesu. Eine traditionsgeschichtliche Untersuchung, Düsseldorf 1970; *ders.,* Erlösung als Befreiung, Düsseldorf 1972; *L. Scheffczyk* (Hrsg.), Erlösung und Emanzipation, Freiburg i. B. 1973 (darin bes.: *G. Greshake,* Der Wandel der Erlösungsvorstellungen in der Theologiegeschichte, 69–101); *H. Schürmann,* Jesu ureigener Tod. Exegetische Besinnungen und Ausblick, Freiburg i. B. 1975; *D. Wiederkehr,* Glaube an Erlösung. Konzepte der Soteriologie vom Neuen Testament bis heute, Freiburg i. B. 1976; *G. Bitter,* Erlösung. Die religionspädagogische Realisierung eines zentralen theologischen Themas, München 1976; *ders.,* Neuere Erlösungstheorien. Ergebnisse und offene Fragen, in: *G. Bitter/G. Miller* (Hrsg.), Konturen heutiger Theologie, München 1976, 176–191; *K. Kertelge* (Hrsg.), Der Tod Jesu. Deutungen im Neuen Testament, Freiburg i. B. 1976.

[85] Allerdings darf man Anselms Theorie und ihre ursprünglichen Intentionen nicht mit ihrer späteren, vergröbernden Überlieferung identifizieren. Insbesondere ist zu bedenken, daß sich die Denkvoraussetzungen geändert haben. Vgl. *G. Greshake,* a.a.O., 83–94; *D. Wiederkehr,* a.a.O., 68 ff. Für das direkte Studium Anselms liegt eine handliche zweisprachige Ausgabe vor: *Anselm von Canterbury,* Cur deus homo, lateinisch und deutsch, München ^{3}1970.

mit ihrer Konzentration auf Tod und Auferstehung und auf den Stellvertretungsgedanken.[86]

Heutigem Denken bereiten sie aber erhebliche Schwierigkeiten.[87] Sie scheinen das Wesentliche der Existenz Jesu auf seinen Tod zu reduzieren und die befreiende, Menschen aufrichtende und verwandelnde Lebenspraxis Jesu auszulassen; sie machen gerade dadurch die christliche Erlösungsbotschaft für viele unverständlich oder irrelevant, weil diesen Begriffe wie Sünde, Teufel, Verfallenheit an das göttliche Gericht u. ä. fernliegen, solange sie ihnen nicht in konkret erfahrbaren Lebenssituationen vermittelt werden; sie begünstigen – weil sie das Leiden Jesu betonen, seinen Kampf gegen menschliches Leid in seiner Umgebung aber nicht thematisieren – die Vorstellung, das Leid habe einen immanenten Sinn; vor allem aber legen sie ein Gottesbild nahe – ein auf Rache bedachter oder ein unter dem Gesetz der Gerechtigkeit stehender Gott –, das sich schwer mit den biblischen Aussagen von Gottes bedingungsloser Vergebung und mit der Theologie der Pro-Existenz Gottes vereinbaren läßt.[88]

Bedenkt man die geschichtliche Bedingtheit dieser Erlösungsvorstellungen und außerdem die Tatsache, daß sich neben ihnen in der östlichen Theologie ein wesentlich anderes Modell, nämlich eine nicht beim Tod, sondern bei der Menschwerdung ansetzende Soteriologie herausgebildet hat – auch dieses als Antwort auf bestimmte geschichtliche Fragestellungen[89] und

---

[86] Vgl. *R. Schnackenburg,* Ist der Gedanke des Sühnetodes der einzige Zugang zum Verständnis unserer Erlösung durch Jesus Christus? in: *K. Kertelge,* a.a.O., 205–225, bes. 206–211.

[87] Vgl. *O. Knoch,* Schwierigkeiten des heutigen Menschen (Einschub in den Anm. 86 gen. Beitrag von *R. Schnackenburg*), ebd., 211–214; *C. Bussmann,* »Christus starb für unsere Sünden«. Eine Anfrage an die Exegese angesichts des Unverständnisses, auf das dieser Satz heute trifft, in: *H. Merklein/J. Lange,* Biblische Randbemerkungen, Würzburg 1974, 337–345.

[88] Vgl. die Auseinandersetzung mit *T. Moser,* Gottesvergiftung, Frankfurt/M. 1976: *W. Böhme* (Hrsg.), Ist Gott grausam? Eine Stellungnahme zu Tilmans Mosers »Gottesvergiftung«, Stuttgart 1977; darin bes. *G. Bornkamm,* Ist Gott grausam? – Über den Sühnetod Christi, 38–54.

[89] Im Hintergrund steht das dualistisch geprägte griechische Weltbild

mit guter biblischer Begründung [90] –, dann wird man sich auf neuere Interpretationen von Erlösung einlassen, die den heutigen Fragestellungen und den Möglichkeiten eines heutigen Glaubenszugangs gerecht werden wollen, vorausgesetzt, daß auch sie als Auslegungen des biblischen Befunds zu verstehen sind. Dies scheint mir nun zuzutreffen bei dem gegenwärtigen Versuch, weder bei der Geburt noch beim Tod, sondern bei der Existenz zwischen diesen beiden Polen, bei der Lebenspraxis Jesu anzusetzen. Ich skizziere im folgenden ein solches Konzept und versuche dann, aufzuzeigen, welche Bedeutung darin Jesu Tod hat.

Erlösung durch Jesu Leben

In dieser Konzeption ist das irdische Leben Jesu nicht bloße Vorbereitung oder Anlaufzeit für die eigentliche Erlösungstat, den Tod; sondern das Leben Jesu selbst hat erlösende Kraft; der Tod aber ist ein wesentliches Moment an diesem Leben:

In einer Welt vielfacher Entfremdung – zur politischen Fremdherrschaft kommt die soziale Zerrissenheit Israels; viele Menschen sind dazu verurteilt, sich als sozial »Aussätzige« und gleichzeitig als von Gott Verworfene zu betrachten; Rollenfixierungen lähmen sowohl den offiziellen Sünder (Beispiel: der Zöllner) als auch den offiziell Gerechten (Beispiel: der Pharisäer); Fixierungen auf das Gesetz machen ängstlich und unmenschlich; ein theologisch begründetes Freund-Feind-Denken verunmöglicht die konsequente Nächstenliebe und verbaut vielen den Zugang zu Gott [91] – in einer solchen Welt verkündet und lebt Jesus eine befreiende Botschaft, das Evangelium von

---

und damit das Problem der Zerrissenheit des Menschen zwischen Welt und Gott. Vgl. *H. Kessler*, Erlösung, 44–49.

[90] Vgl. z. B. den Prolog des Johannesevangeliums, bes. Joh 1,14.16.18.

[91] Es wäre natürlich eine willkürliche Vereinfachung, wenn man diese Entfremdungserscheinungen für spezifische Probleme der Zeitgeschichte Jesu oder gar für typisch jüdisch und für faktisch durch das Christentum überholt ansähe. Damit täte man einerseits dem Judentum unrecht, täuschte andererseits darüber hinweg, daß ähnliche Entfremdungssituationen, nicht ohne Einfluß der christlichen Kirchen, immer wieder entstanden sind und entstehen, und nähme drittens dem Erlösungshandeln Jesu seine Aktualität.

Gottes radikaler und uneingeschränkter Liebe. Diese Botschaft lehrt er nicht nur, sondern er lebt sie mit dem Einsatz seiner ganzen Person und bringt damit Gott nahe: Er wendet sich grundsätzlich jedem zu; befaßt sich mit allem, was den einzelnen spürbar belastet, physischer Krankheit [92], Angst [93], sozialer Ächtung [94], Schuld [95], Tod [96]; löst durch seinen vorbehaltlosen Umgang mit allen Menschen Rollenfixierungen auf [97]; stellt den Menschen über das Gesetz [98]; führt Leute extrem gegensätzlicher Gruppen zusammen [99]; hält Tischgemeinschaft mit allen; lädt jeden ein, sich ihm anzuschließen und sich an dieser Bewegung zu beteiligen; vertritt dieses ganze Verhalten nachdrücklich mit Berufung auf Gott [100] – und bringt so diesen Gott nahe, nicht als richtenden, sondern als annehmenden, aufrichtenden, versöhnenden und zum Risiko der Liebe ermutigenden.

Diese von Jesus verkörperte und gelebte Botschaft wirkt befreiend, vermenschlichend, erlösend. Sie schafft eine neue Möglichkeit, zu vertrauen, aufrecht zu gehen und zu lieben, und führt damit den Menschen zu sich selbst. Auch die ethischen Appelle haben darin nicht den Charakter belastender Aufla-

---

[92] Vgl. die vielen Heilungserzählungen in den Evangelien. Daß es dabei um mehr geht als nur darum, auf die besondere Macht Jesu aufmerksam zu machen, nämlich um ein zum Kern der Reich-Gottes-Verkündigung selbst gehörendes Interesse am Menschen und an seinem physischen und psychischen Wohl, das wird z. B. aus der programmatischen Formulierung der Sendung Jesu Lk 4,18 f., aus Sammelberichten wie Mt 9,35 und aus inhaltlich entsprechenden Sendungsaufträgen Jesu an seine Jünger (z. B. Mt 10,7 f.) deutlich.

[93] Vgl. z. B. Mt 9,2; ferner die Geschichten von Besessenenheilungen.

[94] Vgl. z. B. Lk 19,1–10; Mk 1,41 Par.

[95] Vgl. z. B. Mk 2,1–2 Par.

[96] Vgl. Mk 5,21–43 Par; Lk 7,1–17; Joh 11,1–44.

[97] Vgl. Lk 19,1–10, bes. 8 f.

[98] Vgl. die Sabbatgeschichten, bes. Mk 3,3 Par: Jesus stellt den Menschen in die Mitte des Gottesdienstes; Mk 2,27: »Der Sabbat ist um des Menschen willen geschaffen worden und nicht der Mensch um des Sabbats willen«. Ferner, bes. anschaulich: Lk 13,10–17.

[99] Zum Jüngerkreis gehören sowohl der mit der Besatzungsmacht kollaborierende Zöllner Levi (vgl. Mk 2,13–17 Par) als auch der nationale Eiferer Simon (vgl. Lk 6,15; Apg 1,13).

[100] Vgl. z. B. das ganze Kapitel Lk 15.

gen, sondern sind Teil der befreienden Bewegung. Der Aufruf zur Liebe »Tu das, und so wirst du leben!« [101] gleicht dem ermutigenden Aufruf an den Gelähmten: »Steh auf, nimm dein Bett und geh ...« [102]. Es geht um Befreiung und Ermutigung zum Menschsein.

Dieser soteriologische Ansatz bei der Lebenspraxis Jesu entspricht nicht nur dem gegenwärtigen Verlangen nach Diesseits- und Praxis-Relevanz; er kann sich auch auf das Neue Testament stützen, vor allem auf die lukanische Theologie, das sogenannte »Weg-Schema«, in welchem nicht der Tod Jesu im Mittelpunkt steht, sondern der Weg, den er gegangen ist: Jesus wurde so zum »messianischen Anführer«, der die ihm Nachfolgenden »in das Verheißungsland des Lebens« hineinführt.[103]

Aber auch von diesem Ansatz her kann aufgezeigt werden, daß Jesu Tod mehr ist als ein unglücklicher Zufall, daß er vielmehr eine wesentliche – zwar nicht von Jesus intendierte, aber bewußt akzeptierte – Konsequenz seiner Lebenspraxis ist.

Zunächst deshalb, weil diese Praxis auf Widerstand stößt und so für Jesus gefährlich wird. Seine Tischgemeinschaft mit den Sündern wird ihm als Solidarisierung mit Gottes Feinden ausgelegt [104], seine Sündenvergebung als Gotteslästerung [105], sein Einsatz für den Menschen als Mißachtung des Gesetzes [106]. So kommt es zur Gegnerschaft der Theologen, zu Überlegungen, wie man ihn aus dem Weg schaffen könne [107], zu wiederholten Versuchen, ihn umzubringen [108], schließlich zum Prozeß und zur Hinrichtung. Gegenüber diesem Widerstand und der damit für ihn heraufziehenden Gefahr weicht Jesus nicht aus.[109] Er

---

[101] Lk 10,28.

[102] Mk 2,11 Par.

[103] Vgl. *R. Schnackenburg,* Ist der Gedanke des Sühnetodes, bes. 214–219. Zitate 215.

[104] Vgl. Mk 2,16 Par; Mt 11,19; Lk 15,2; Lk 19,7.

[105] Vgl. Mk 2,7 Par.

[106] Vgl. Mk 2,24 Par; Mk 3,2 Par; 9,16.

[107] Vgl. Mk 3,6 Par.

[108] Vgl. Lk 4,29; Joh 10,31.33; 11,8.

[109] Vgl. *H. Schürmann,* Wie hat Jesus seinen Tod bestanden und verstanden? in: Jesu ureigener Tod, 16–65; *J. Gnilka,* Wie urteilte Jesus

nimmt nichts zurück. Er meidet nicht die Metropole Jerusalem, wo die Auseinandersetzung am heftigsten werden muß; im Gegenteil: er geht darauf zu, seine Botschaft soll an die Öffentlichkeit kommen. Er hält, sicher nicht zufällig [110], am Abend vor seiner Verhaftung noch einmal Tischgemeinschaft mit Sündern (diese gehören ja zu seinem Jüngerkreis!) und liefert sich faktisch so denen aus, für die er gelebt hat. Einer aus der Tischgemeinschaft verrät ihn. Insofern kann man sagen: der Tod kommt auf Jesus zu als Folge seines konsequent durchgehaltenen Engagements. Er wird von Jesus bewußt riskiert und, wenn auch keineswegs ohne Zurückschrecken, Angst und Tränen [111], angenommen. Seine Botschaft ist ihm so wichtig, daß er für sie sterben, in ihr aufgehen kann.

Aber der Zusammenhang zwischen der Pro-Existenz Jesu und seinem Sterben kann noch enger gesehen werden. Sein-für ist, wie wir sahen [112], notwendig auch Mit-sein, und das heißt immer auch: Mitbetroffensein vom Leid und vom Versagen anderer. Das lassen die Evangelien, obwohl sie sehr sparsam mit Berichten von Gefühlsäußerungen Jesu sind, doch von ihm erkennen. In synoptischen Heilungserzählungen wird gelegentlich erwähnt, wie das Leid von Menschen, denen Jesus begegnet, ihn innerlich betroffen macht und empört. Er »stöhnt auf«, als er vor dem Gehörlosen steht [113]; »voller Zorn« [114] streckt er seine Hand zu dem Aussätzigen aus. Ähnlich schreibt Johannes von der Erschütterung Jesu beim Tod des Lazarus: »Als Jesus sah,

---

über seinen Tod? in: *K. Kertelge,* Der Tod Jesu, 13–50; *A. Vögtle,* Todesankündigungen und Todesverständnis Jesu, ebd., 51–113.

110 Vgl. *H. Schürmann,* a.a.O., bes. 56–63; *R. Pesch,* Das Abendmahl und Jesu Todesverständnis, in: *K. Kertelge,* a.a.O., 137–187.

111 Vgl. Mk 14,32–42 Par; Hebr 5,7.

112 Vgl. oben S. 40 f.

113 Vgl. Mk 7,34.

114 Mk 1,41. Manche Übersetzungen folgen einer anderen, vermutlich späteren Lesart: »Jesus hatte Mitleid mit ihm.« Vgl. dazu *E. Lohmeyer,* Das Evangelium des Markus, 44 f.; *R. Pesch,* Das Markusevangelium, I. Teil, Freiburg i. B. 1976, 141, A.c. Pesch spricht von einer »pneumatischen Erregung« Jesu. Vgl. auch *E. Schweizer,* Das Evangelium nach Markus, 31: »Jesu Zorn – das wird die alte Lesart sein – gilt der Schrecklichkeit der Krankheitsnot ...«

daß sie weinte und daß auch die Juden weinten, die mit ihr gekommen waren, packte ihn in seinem Inneren der Zorn, und er erregte sich.« [115] Zwei Verse weiter: »Da weinte Jesus. Die Juden sagten: Seht, wie sehr er ihn geliebt hat!« [116] Und dann nochmals: »Da wurde Jesus wieder im Innern vom Zorn gepackt, und er ging zum Grab . . .« [117] Hier ist offensichtlich von einem Zorn die Rede, der aus der Sympathie mit leidenden Menschen erwächst und sich gegen die leidschaffenden Mächte richtet. Aber auch der Zorn über das Verhalten anderer kann Ausdruck einer Solidarität mit ihnen sein. So ist die Klage Jesu über das verstockte Jerusalem [118], erst recht aber die zornige Auseinandersetzung mit den Schriftgelehrten und Pharisäern [119] zu verstehen. So redet, wer sich persönlich engagiert und ein Interesse am anderen hat. Ja, in der äußersten Solidarisierung mit der todverfallenen, gottfernen Menschheit scheint Jesus auch von dem Bewußtsein eigener Gottferne und -verlassenheit nicht verschont geblieben zu sein. Markus berichtet als letztes Wort Jesu vor seinem Tod den lauten Ausruf: »Mein Gott, mein Gott, warum hast du mich verlassen?« [120] Paulus schreibt im Galaterbrief [121], Christus habe uns dadurch vom Fluch losgekauft, »daß er für uns ein Fluch (= ein Verfluchter [122]) wurde«. Das sieht Paulus in Verbindung mit dem Kreuzestod: »Es steht ja geschrieben: Verflucht ist jeder, der am Holze hängt.«

So wird auch ein innerer Zusammenhang zwischen Liebe und Tod sichtbar. Jesus ist an seiner Liebe zu uns gestorben. Dies Sterben lag in der Konsequenz der Liebe; aber nicht, weil der Tod an sich wertvoll oder gar gottgewollt wäre, sondern weil Liebe als Pro-Existenz wesentlich Einsatz der eigenen Person, Hingabe bis zum Äußersten besagt; weil Liebe als Mit-sein

---

115 Joh 11,33.
116 Joh 11,35 f.
117 Joh 11,38.
118 Vgl. Mt 23,37; Lk 13,34.
119 Vgl. Mt 23,1–36.
120 Mk 15,34; vgl. Mt 27,46.
121 Gal 3,13.
122 Vgl. *A. Oepke,* Der Brief des Paulus an die Galater, Berlin [2]1960, 74.

verwundbar macht, identifiziert mit dem Leid, dem Versagen und dem Tod anderer; weil in dieser faktisch so unerlösten, wenig zur Liebe fähigen Welt solche Hingabe nicht einfach und harmonisch als beglückendes Sich-Verströmen gelingt, weil vielmehr der Liebende in die Verkrampfungen, Leiden und Feindschaften der geliebten Menschen hineingezogen wird – mit dem Risiko, darin aufgerieben zu werden.

Zwei neutestamentliche Kurzformeln

Was eben an der Lebensgeschichte Jesu aufgewiesen wurde – Liebe als gefährliche Hingabe – findet sich komprimiert wieder im neutestamentlichen Gebrauch des Wortes paradidonai (hingeben) und im Bild vom Weizenkorn.
Die Vokabel paradidonai kommt im Neuen Testament in vielerlei Zusammenhängen vor.[123] Für uns ist von Bedeutung, daß dieses Wort sowohl in der Leidensgeschichte gebraucht wird (zur Bezeichnung dessen, was mit Jesus geschieht, was er erleidet) als auch in Wendungen, in denen Jesu bzw. Gottes aktives Handeln ausgesagt wird.[124] In der Leidensgeschichte bezeichnet es den Verrat des Judas[125], die Auslieferung an Pilatus[126], die Preisgabe Jesu durch Pilatus an die Soldaten zur Hinrichtung[127]. Paradidonai, ein in Prozeßberichten geläufiges Wort, bedeutet hier soviel wie preisgeben, verraten, ausliefern, aufgeben, töten. Dasselbe Wort wird von Paulus gebraucht, um das Handeln Jesu bzw. Gottes als konkrete Realisierung von Liebe auszudrücken. Im Galaterbrief spricht Paulus von der radikalen Lebenswende, die ihm möglich geworden ist durch den Glauben an den »Sohn Gottes, der mich geliebt und sich für mich hingegeben hat«[128], und im Römerbrief vom Vertrauen auf

---

[123] Vgl. *Büchsel,* Art. παραδίδωμι, in: ThW, Bd. 2, Stuttgart 1935, 171 bis 175; *W. Popkes,* Christus traditus. Eine Untersuchung zum Begriff der Dahingabe im Neuen Testament, Zürich 1967.

[124] Vgl. hierzu auch *J. Moltmann,* Der »gekreuzigte Gott«, in: Concilium 8 (1972) 407–413, bes. 410 f.; *ders.,* Der gekreuzigte Gott, München [2]1973, 228–231.

[125] Mk 14,10 Par.

[126] Mk 15,1 Par.

[127] Mk 15,15 Par.

[128] Gal 2,20.

Gott, »der seinen einzigen Sohn nicht geschont, sondern für uns alle hingegeben hat« [129]. Beide Male wird von aktiver Hingabe gesprochen, in Verbindung mit dem Wort »für«: vom Tod Jesu als Tat für uns.[130] Der paulinische Abendmahlsbericht, der das »für euch« und die Verbundenheit im »neuen Bund« betont [131], wird eingeleitet mit der Wendung »in der Nacht, in der er hingegeben (verraten, ausgeliefert) wurde« [132]. Johannes, der unter den Evangelisten am stärksten den Tod Jesu als dessen Tat interpretiert, gibt diesen Tod mit den Worten wieder: »Er gab seinen Geist hin« [133]. In diesem Wortgebrauch ist »Hingabe« die logische Brücke zwischen Liebe und Tod. Liebe ist Hingabe bis zur Selbstpreisgabe. Tod wird sinnvoll, insofern er Hingabe, Handeln »für«, bedeutet.

Im Johannesevangelium steht das Bildwort vom Weizenkorn: »Amen, Amen, ich sage euch: Wenn das Weizenkorn nicht in die Erde fällt und stirbt, bleibt es allein; wenn es aber stirbt, bringt es reiche Frucht.« [134] Voraus gehen das Verlangen der Fremden (der »Griechen«), Zugang zu Jesus zu finden, und die Antwort Jesu: »Die Stunde ist gekommen, daß der Menschensohn verherrlicht werde.« »Verherrlichung« meint im Johannesevangelium (ähnlich wie »Erhöhung«) gleichzeitig den Tod Jesu und »das Fruchtbarwerden seines Todes für viele Menschen«, »die Mitteilung des Lebens an alle Glaubenden« [135]. Der Gedanke an das Dasein für die vielen und der Gedanke an den Tod gehen ineinander über. Das Wort vom Weizenkorn ist mehr als ein tröstender Ausblick auf die künftige Auferstehung; es betont die Notwendigkeit und den Sinn des Todes. Es sagt nicht: es ist nicht so schlimm für das Weizenkorn, wenn es stirbt, nachher ist auch noch etwas; sondern es sagt: das Weizenkorn muß in die Erde und sterben, sonst

---

[129] Röm 8,32.

[130] Vgl. auch Joh 3,16. Hier steht allerdings der einfache Wortstamm: »ἔδωκεν«.

[131] 1 Kor 11,24.

[132] 1 Kor 11,23.

[133] Joh. 19,30: »παρέδωκεν τὸ πνεῦμα«.

[134] Joh 12,24.

[135] Vgl. *R. Schnackenburg,* Das Johannesevangelium, II. Teil, 479 f., Zitate 480.

bleibt es für sich allein, ohne Nutzen. Es stellt vor die Wahl, entweder liebend den Tod zu riskieren oder in sinnlos steriler Existenz allein zu bleiben. Dies Wort, zunächst auf Jesus bezogen, wird, was die anschließende Übersetzung des Bildes in den Spruch vom »Verlieren« oder »Bewahren« des Lebens[136] zeigt, gleichzeitig als allgemeines Lebensgesetz verstanden und auf die Nachfolge Jesu angewandt[137]: Wer sich selbst festhalten, bewahren will, verliert sich; wer sich einsetzt, sich dreingibt, der findet sich.[138]

Hingabe in der Nachfolge Jesu

Das an Leben und Schicksal Jesu sowie dessen biblischer Interpretation gewonnene Gesetz von Liebe und Tod gilt für alle menschliche Existenz, die sich an Jesus ausrichtet. Das braucht nun nicht mehr breit ausgeführt zu werden.

Auf den eben zitierten, sechsfach überlieferten Spruch vom »Verlieren« und »Bewahren« bzw. »Finden« oder »Retten« der eigenen Existenz[139] bin ich schon im III. Kapitel eingegangen. Dort habe ich auf die »werbende«, Sinnerfahrung und Lohn verheißende Seite dieses Wortes hingewiesen. Jetzt ist daran zu erinnern, daß diese Verheißung an die Bedingung geknüpft ist, daß man sein Leben einsetzt. Man muß sich selbst loslassen, um zu sich selbst zu kommen. Nachfolge Jesu bedeu-

---

[136] Joh 12,25.

[137] Vgl. Joh 12,26. Vgl. dazu *R. Bultmann,* Das Evangelium des Johannes, Göttingen [17]1962, 326: »Es kann nur zugleich von ihm und den Seinen gehandelt werden.«

[138] Das Bild vom Weizenkorn taucht auch verschiedentlich in neueren Kirchenliedern auf und steht dort für die Dialektik von Tod und Leben, Liebe und Tod, mit Anklängen an das eucharistische Motiv: sich verschenken – sich verzehren lassen. Vgl. z. B. *H. Oosterhuis,* Wer leben will wie Gott auf dieser Erde, in: Gotteslob. Katholisches Gebet- und Gesangbuch, Nr. 183; *ders.,* Bedenken wir dankbar die Taten des Herren, in: Gib mir ein Lied. Gesänge aus unserer Zeit, hrsg. von *P. Nordhues* und *A. Wagner* (egb 10), Berlin/Wien 1974, Nr. 72; vor allem *L. Zenetti,* Das Weizenkorn muß sterben, in: Gotteslob, Nr. 620.

[139] Mk 8,35; Mt 10,39 und 16,25; Lk 9,24 und 17,33; Joh 12,25.

tet – das sagt der vorhergehende Vers [140] –, daß man sein eigenes Kreuz annimmt.

Hier ist aber noch eine exegetische Beobachtung wichtig. Sie kann vor einer isolierten Verherrlichung von Opfer und Kreuz schützen. Der synoptische Vergleich legt die Annahme nahe, daß das Jesuswort ursprünglich in der knapperen Form, etwa wie Lk 17,33, überliefert wurde: »Wer sein Leben zu erhalten sucht, der wird es verlieren; und wer es verliert, der wird es retten« [141]. Damit konnte eine ziemlich allgemeine, auch in der rabbinischen und hellenistischen Literatur ausgesprochene Lebensweisheit formuliert werden.[142] Markus fügte dem aber die Wendung hinzu: »um meinetwillen und um des Evangeliums willen«. Diese Präzisierung sollte man nicht übersehen. Die Preisgabe des Lebens wird erst dadurch sinnvoll, daß sie »um Jesu und des Evangeliums willen« (was wohl dasselbe meint [143]) geschieht; »die Sinnhaftigkeit der Hingabe wird durch Inhalt und Sinn des Evangeliums bestimmt« [144]. Das eigentlich Sinngebende ist also nicht das Opfer an sich, sondern die Richtung, in welche die Hingabe geleistet wird. Mit anderen Worten, Christsein heißt nicht: das Kreuz, die Selbstpreisgabe suchen, sondern: sich im Sinn des Evangeliums, also liebend, engagieren und dabei das Kreuz, den Tod riskieren.

Diese Unterscheidung ist von aktueller Bedeutung. Sie weist nicht nur eine pseudo-christliche Opferaszetik, in welcher Leid und Selbstverleugnung verabsolutiert werden, in die Schranken; sie liefert auch ein Kriterium zur Unterscheidung zwischen sinnvollem und sinnwidrigem Martyrium. Nicht jeder Lebenseinsatz in irgendeinem Selbstmordkommando ist sinnvoll, son-

---

[140] Mk 8,34; Mt 16,24; Lk 9,23. Vgl. *A. Schulz,* a.a.O., 82–90; *A. Kassing,* Wollte Jesus leben oder sterben? in: KBl 102 (1977) 862–866.

[141] Vgl. *W. Grundmann,* Das Evangelium nach Markus, 176; *E. Schweizer,* Das Evangelium nach Markus, 99 f.; *R. Schnackenburg,* Das Johannesevangelium, II. Teil, 482.

[142] Vgl. *W. Grundmann,* a.a.O.

[143] Vgl. *W. Grundmann,* ebd., 176. *Grundmann* interpretiert mit *W. Marxsen* das »καί« epexegetisch: »so daß, wer um des Evangeliums willen leidet, das um des Herren willen tut«. Vgl. *W. Marxsen,* Der Evangelist Markus, Göttingen 1956, 84 f.

[144] *I. Hermann,* Das Markusevangelium, II, Düsseldorf 1967, 16.

dern der, der im Dienst der Liebe geleistet wird. Außerdem läßt sich von hier aus auch Stellung nehmen zum Phänomen der romantischen Todessehnsucht. Der Tod als solcher garantiert nicht die Liebe; vielmehr kann der einzelne konkrete Tod von der Liebe her wertvoll werden.

Weitere Anklänge in der Theologie

Kurz hingewiesen sei noch auf Anklänge an das Motiv von Liebe und Tod in anderen theologischen Zusammenhängen.
Im vorigen Kapitel wurde schon der in der »ekstatischen« Konzeption der scholastischen Liebestheologie ausgesprochene Gedanke erwähnt, daß die Liebe den Liebenden tyrannisieren, verwunden, ja töten kann. »Ins Feuer hat mich die Liebe geworfen«, singt Franz von Assisi.[145] »Sie verwundet nicht nur«, sagt Gilbert von Hoyland, »sie tötet sogar; stark wie der Tod ist ja die Liebe.«[146] Dieser Gedanke wird sogar auf die Liebe Gottes übertragen: »Groß ist die Gewalt und Kraft der Liebe, das Herz Gottes selbst trifft und durchdringt sie, wie ein Pfeil sein Inneres durchbohrend.«[147]
Ähnliche Gedanken tauchen in neueren Versuchen einer Theologie des Leids und, damit zusammenhängend, in der »Theologie des Schmerzes Gottes« auf.
Dorothee Sölle, die sich energisch gegen eine Verherrlichung des Leids wehrt und diese polemisch als »christlichen Masochismus« und »christlichen Sadismus« apostrophiert, tritt doch ebenso nachdrücklich für den Gedanken der »Annahme des Leids« ein. Denn das Leid ausklammern wollen, hieße, das Leben verweigern.[148] Ohne Leid sei Liebe nicht zu haben; der »Reichtum des Menschen« sei aber gerade »sein Reichtum an

---

[145] Vgl. *P. Rousselot,* a.a.O., 68.
[146] *Gilbert von Hoyland,* Tractatus ascetici, VI, 2 (PL 184, 267).
[147] *Ders.,* Sermones in Canticum Salomonis, 30, 2 (PL 184, 155). Vgl. auch *Bernhard von Clairveaux,* Sermones in Cantica, 64, 10: »Triumphat de Deo amor« (PL 183, 1088), ferner die mystische Erzählung des *Ramon Lull* (Raimundus Lullus, gest. 1315) vom Liebestod des Gottesfreundes: *R. Egenter,* a.a.O., 246–255 (Text und Kommentar).
[148] Vgl. *D. Sölle,* Leiden, Stuttgart 1973, 11–148.

menschlicher Beziehung«[149]. »Je mehr wir lieben, an je mehr Menschen wir Anteil nehmen, je enger wir verbunden sind, desto wahrscheinlicher ist es, daß wir in Schwierigkeiten geraten und Schmerzen erfahren.«[150] »Wir könnten viele Leiden und die Bitterkeit der Leiden vermeiden. Aber nur um einen Preis, der zu hoch ist: wenn wir aufhören zu lieben.«[151] So ist ihr das Kreuz ein »Symbol der Realität: Die Liebe bedarf des Kreuzes nicht, aber de facto kommt sie ans Kreuz.«[152]
Für den japanischen lutherischen Theologen Kazoh Kitamori[153] sind Liebe und Schmerz so sehr miteinander verbunden, daß für ihn die frohe Botschaft vor allem »Botschaft vom Schmerz Gottes«[154] ist. »Der Schmerz gehört zum innersten Wesen Gottes.«[155] Kitamori radikalisiert Luthers theologia

---

[149] Ebd., 201.

[150] Ebd.

[151] Ebd., 207.

[152] Ebd., 200. *D. Sölle* wiederholt diesen Gedanken auch in anderen Zusammenhängen. Vgl. z. B. das Kapitel »Nachfolge« in: Atheistisch an Gott glauben, Olten 1968, 37–51: »Jede Beziehung zu einem anderen Menschen macht uns verwundbar, je größer die Liebe, desto verwundbarer der Liebende... Die Nachfolge Christi sensibilisiert Menschen, sie macht sie aufmerksamer, nachdenklicher, empfindlicher und verwundbarer.« 51. Vgl. auch *J. Moltmann,* Der gekreuzigte Gott, 240: »Je mehr aber einer liebt, um so mehr öffnet er sich, wird empfänglich für Glück und Schmerz. Darum wird der, der liebt, verwundbar, kann verletzt und enttäuscht werden. Das kann man die Dialektik des menschlichen Lebens nennen: wir leben, weil und insofern wir lieben – und wir leiden und sterben, weil und insofern wir lieben. So erfahren wir das Leben und den Tod an der Liebe.« Vgl. auch ebd., 64; 217.
Auch der Philosoph *Max Scheler* sieht eine »innere Wesensverknüpfung von Leiden und Liebe in der christlichen Leidenslehre... Die Aufforderung, in der Kreuzesgemeinschaft mit Christus und in Christus zu *leiden,* ist verwurzelt in der zentraleren Aufforderung, gleich Christus und in Christus zu *lieben.* Nicht in der Kreuzesgemeinschaft wurzelt also die Liebesgemeinschaft, sondern in der *Liebesgemeinschaft* die *Kreuzesgemeinschaft.*« *M. Scheler,* Vom Sinn des Leides, in: Liebe und Erkenntnis, München ²1970, 29–68, Zitat 66 (Hervorhebungen im Original).

[153] *K. Kitamori,* Theologie des Schmerzes Gottes, Göttingen 1972.

[154] Ebd., 17.

[155] Ebd., 42.

crucis. Er geht von »unserer gebrochenen Wirklichkeit« [156], der radikalen Sündigkeit der Menschheit aus. Wenn Gott nicht am Menschen desinteressiert, sondern ein lebendiger Gott sei, dann müsse seine Reaktion auf die menschliche Sünde »Zorn« sein. Daß er den Menschen trotzdem liebe, das mache seinen Schmerz aus. »Der Gott, der den Sünder dem Tod überantworten muß, streitet mit dem Gott, der den Sünder liebt.« [157] Das »Dritte«, das aus Zorn und Liebe entstehe, sei der Schmerz Gottes.[158] Die »wichtigste Stelle der ganzen Bibel« [159] ist ihm Jer 31,20: »Ist nicht Ephraim mein teurer Sohn und mein liebes Kind? Denn sooft ich ihm auch drohe, muß ich doch seiner gedenken; darum bricht mir mein Herz (schmerzt mich mein Herz), daß ich mich seiner erbarmen muß, spricht der Herr.« [160]

Jürgen Moltmann und Erich Zenger plädieren dafür, das zu stark am griechischen Ideal der Apatheia ausgerichtete Gottesbild – Gott als der für kein Leid erreichbare Souveräne – zu korrigieren und sich mehr auf die jüdische Leidenstheologie einzulassen, in der das »Pathos« Gottes, sein Betroffensein durch menschliches Leid und menschliche Schuld ihren Platz haben. »Gott nimmt den Menschen so ernst, daß er unter den Aktionen der Menschen leidet und durch sie verletzt werden kann. Im Herzen der prophetischen Verkündigung steht die Gewißheit, daß Gott bis zum Punkt des Leidens an der Welt interessiert ist.« [161] »Deshalb spricht die jüdische Tradition immer wieder davon, daß die Schechina, die offenbar gewordene

---

[156] Ebd., 16.

[157] Ebd., 17.

[158] Ebd., 17; 56.

[159] Ebd., 161.

[160] Ebd., 152. *Kitamori* kommt immer wieder auf diesen Jeremia-Text zurück, z. B. 15; 41; 56; 152–169. Zu *Kitamoris* Theologie vgl. *H. S. Takayanagi,* Christologie in der japanischen Theologie der Gegenwart, in: *J. Pfammater/F. Furger* (Hrsg.), Theologische Berichte, Bd. II, Einsiedeln 1973, 121–133, bes. 128 ff.; *D. Sölle,* Gott und das Leiden. Ein Buchbericht zu neuerer theologischer Literatur, in: WPKG 62 (1973), 358–372, bes. 358–362; *R. Weth,* Über den Schmerz Gottes. Zur Theologie des Schmerzes Gottes von Kazoh Kitamori, in: EvTh 33 (1973), 431–436.

[161] Vgl. *J. Moltmann,* Der gekreuzigte Gott, 255–267. Zitat 259 f.

Seite Gottes, selbst mit in die Verbannung Israels gezogen ist, daß Gott selbst über den Brand seines Tempels weint, daß Gott mit den Leidenden leidet.« [162] Zenger zitiert ein anschauliches Wort aus einem jüdischen Midrasch: »R. Yannai sagte: Es verhält sich dabei so wie mit Zwillingen. Wenn der eine Kopfschmerzen hat, so fühlt sie der andere ebenfalls. So spricht auch der Heilige, gelobt sei er: ›Mit ihm bin ich in der Bedrängnis‹ (Ps 91,15) . . . Die Schrift sagt: ›In all ihrer Bedrängnis war Er (Gott) bedrängt (Jes 63,9). Der Heilige, gelobt sei er, sprach zu Moses: »Fühlst du nicht, daß ich leide, sooft Israel leidet?‹« [163]

Hier soll und kann nicht zu allen Konsequenzen dieses Ansatzes [164] Stellung genommen werden. Bei den im engeren Sinne theo-logischen Aussagen müßte sicher der prinzipiell analoge Charakter aller Rede von Gott mitbedacht werden.[165] Für unsere Überlegungen ist jedoch von Bedeutung, daß sich sogar hier noch die menschliche Grunderfahrung widerspiegelt, die wir in diesem Kapitel bedenken: die Verbindung von Liebe und Schmerz.

2. Sterben als Hingabe

Zweite Teilthese

Wir sahen: weil sie wesentlich Hingabe ist, hat Liebe etwas Gefährliches, ja Tödliches an sich. Der Liebende gibt sich selbst aus der Hand. Von daher scheint die Angst vor der Liebe

[162] *E. Zenger,* Die Botschaft des Buches Hiob, in: *E. Zenger/ R. Böswald,* Durchkreuztes Leben. Besinnung auf Hiob, Freiburg i. B. 1976, 13–57, Zitat 50 f.

[163] Ebd., 51. Nach *Zenger* handelt es sich um »Interpretationen des Leidens . . ., die dem Judentum und dem Christentum gemeinsam sind«. Ebd.

[164] Vgl. für diesen Ansatz ferner *E. Jüngel,* Tod, Stuttgart ^{2}1972, 138–144; *H. Schürmann,* Der proexistente Christus, 143–149; aber auch schon *V. Warnach,* Agape, 380 f.

[165] Vgl. *W. Kasper,* Revolution im Gottesverständnis? Zur Situation des ökumenischen Dialogs nach Jürgen Moltmanns »Der gekreuzigte Gott«, in: ThQ 153 (1973) 8–14.

berechtigt, ähnlich wie die Angst vor dem Tod. Nun kann man aber auch umgekehrt fragen: Hat der Tod nur eine dunkle Seite? Ist Sterben etwas eindeutig Negatives? Wenn der Begriff der Hingabe die Liebe in die Nähe des Todes rückt – und damit die Liebe unheimlich macht –, erlaubt er dann nicht auch, den Tod von der Liebe her zu verstehen – und damit Sterben als möglichen Akt menschlicher Verwirklichung und Vollendung zu begreifen? Diesem Gedanken soll nun nachgegangen werden. Ich formuliere ihn zunächst in einer These:
Sterben ist nicht eindeutig negativ zu bestimmen, als passiv erfahrener sinnwidriger Abbruch des Lebens; es kann auch aktiv geleistete Tat sein, in welcher die eigentliche Selbstverwirklichung des Menschen geschieht: liebendes Sich-Ausliefern, Hingabe. Diese Tat ist freilich nicht auf den Augenblick des physischen »Ablebens« beschränkt, sie vollzieht sich vielmehr während des ganzen Lebens; Sterben ist ein wesentliches Moment des Lebensvollzugs.
Das ist nun zu entfalten und theologisch zu begründen.

Die Mehrdeutigkeit des Todes

Schon rein phänomenologisch kann der Tod sehr unterschiedlich erfahren und aufgenommen werden. Der Tod des alten Menschen am Ende eines erfüllten Lebens ist etwas anderes als der Tod eines jungen Menschen, dessen Lebenskurve gerade erst ansteigen sollte, oder der Tod einer Mutter, die mitten aus ihren Verpflichtungen herausgerissen wird. Der plötzliche Unfalltod ist schwer zu vergleichen mit dem lange erwarteten Tod am Ende einer quälenden Krankheit. Der Tod als Folge eines aufreibenden oder gefährlichen Dienstes am Menschen weckt nicht dieselbe Ohnmachtserfahrung wie der erzwungene Hungertod in der Dritten Welt oder der Tod infolge sinnloser Zufälle.
Entsprechend unterschiedliche Grundeinstellungen zum Tod sind bekannt. Der Tod kann als Katastrophe betrachtet werden, als Vernichtung der Person, Zerstörung aller Beziehungen, als Desavouierung jeder auf Unendlichkeit bedachten Lie-

be, als negative Antwort auf die Sinnfrage.[166] Er kann als Freund erwartet werden, der von einem langen Leiden erlöst. Er kann als notwendige Grenze gewertet werden, die erst das Leben dicht und jeden Augenblick wertvoll macht.[167] Er kann als Erinnerung daran wirken, daß das Ich nicht bei sich selbst bleiben kann, und so »den tiefsten Sinn der Liebe« [168] enthüllen.[168a]

Auch in der Bibel hat der Tod verschiedene Gesichter. Einmal erscheint er als böse, bedrohende Macht, als Folge der Sünde. In der jahwistischen Geschichte von Schöpfung, Paradies und Sündenfall gehört zum Verlust des Paradieses das Wissen, »zum Staube zurückkehren« zu müssen.[169] Für Paulus ist der Tod Inbegriff von Verderben und Untergang, eine »kosmische Macht«, der alle aufgrund der Sünde unterworfen sind.[170] Es bezeugt dasselbe Verständnis des Todes, wenn umgekehrt »Heil« als Befreiung vom Tod geschildert wird. So werden von den großen Propheten Elias und Elisäus je eine Totenerweckung erzählt [171], von Jesus berichten die Synoptiker die Auferwekkung der Tochter des Jairus, Lukas zusätzlich die Erweckung des Jünglings von Nain und Johannes die des Lazarus.[172] Ähnlich illustriert die Apostelgeschichte die Wirksamkeit ihrer beiden Hauptgestalten: Petrus erweckt in Joppe eine durch ihre Wohltätigkeit bekannte Frau [173]; Paulus ruft den jungen Euty-

---

[166] Vgl. als literarische Zeugnisse dafür das oben (Anm. 58) gen. Hörspiel von *I. Bachmann,* Der gute Gott von Manhattan; *A. Camus,* Die Pest, Hamburg [5]1976; *ders.,* Der Mythos vom Sisyphos, in dem gleichnamigen Taschenbuch (rde 9), Hamburg [15]1971, 98–101.

[167] Vgl. *M. Frisch,* Tagebuch 1946–1949, Frankufrt/M. 1958, 349; *V. Gardavský,* Gott ist nicht ganz tot, 229 f.

[168] Vgl. *R. Garaudy,* Menschenwort, 39–53, Zitat 52.

[168a] Für den geschichtlichen Wandel in der Einstellung zum Tod seit dem Mittelalter vgl. *Ph. Ariès,* Studien zur Geschichte des Todes im Abendland, München 1976, bes. 19–70.

[169] Gen 3,19.

[170] Vgl. v. a. Röm 5,12–21. Dazu *H. Schlier,* Der Römerbrief, Freiburg i. B. 1977, 158–178, Zitat 160.

[171] Vgl. 1 Kö 17,17–24; 2 Kö 4,32–37.

[172] Vgl. Mk 5,21–43 Par; Lk 7,1–17; Joh 11,1–44.

[173] Vgl. Apg 9,36–42.

ches, der in Troas tödlich aus dem Fenster gestürzt war, ins Leben zurück.[174] Diese Erzählungen verdeutlichen: Wo Gott wirksam wird, wird der Tod besiegt. Der Tod gehört demnach zum Bereich des Widergöttlichen. Er ist Feind des Menschen, Feind Gottes, der unter seiner Herrschaft entmachtet werden soll.

Andererseits finden wir aber auch ausgesprochen positive Aussagen über den Tod. Im Philipperbrief äußert Paulus den Wunsch, »aufgelöst zu werden und mit Christus zu sein; denn das ist bei weitem das Bessere«, und er erklärt Sterben für einen »Gewinn«[175]. Im Römerbrief[176] wird christliche Existenz als »Sterben mit Christus« beschrieben: der Glaubende wächst in den Tod Christi hinein; er wird gerade so frei von der Sünde und fähig, nun auch mit Christus zu leben. Dies ist, wohlgemerkt, nicht als Erbauung für die letzte Stunde gemeint, sondern als Wort für den christlichen Vollzug des Lebens.

In manchen Texten schließlich scheint der Tod stark relativiert, als ob er etwas sei, mit dem man schon *im* Leben fertig werden könne. Paulus preist die bereits erfolgte Entmachtung des Todes: »Verschlungen wurde der Tod vom Sieg. Tod, wo ist dein Sieg? Tod, wo ist dein Stachel?«[177] In der johanneischen Lazarusgeschichte sagt Jesus: »Jeder Lebende, der an mich glaubt, wird in Ewigkeit nicht sterben.«[178] Das soll nicht erst für den Jüngsten Tag gelten, sondern schon für jetzt: im Glauben erlangt das gegenwärtige Leben eine neue Dimension, so daß die Grenze des leiblichen Todes bereits überschritten ist.[179] Im ersten Johannesbrief ist von dem »Wissen« die Rede, »daß wir aus dem Tod in das Leben hinübergeschritten sind«, und dies Wissen kommt aus der Liebe: »weil wir die Brüder lieben«.[180] Auch nach dem Verständnis der Schrift ist also Tod nicht gleich Tod. In Glaube und Liebe liegt die Möglichkeit, das Feindliche

[174] Vgl. Apg 20,7–10.
[175] Phil 1,23.21.
[176] Vgl. das ganze Kap. Röm 6.
[177] 1 Kor 15,54 f.
[178] Joh 11,26.
[179] Vgl. *R. Schnackenburg,* Das Johannesevangelium, II. Teil, 415 f.
[180] 1 Joh 3,14.

und Beängstigende des Todes hinter sich zu bringen, ja, christliche Existenz wesentlich als Sterben zu begreifen.

Zum Thema »Sterben« in der geläufigen Theologie

Im Vergleich mit dem vielfältigen Schriftbefund zum Thema Tod und Sterben machte die herkömmliche Theologie bis in die fünfziger Jahre [181] nur spärliche Aussagen. Die Eschatologie interessierte sich vor allem für das, was *nach* dem Tod kommt. Vom Tod selbst brachte sie – außer dem, was man auch ohne Theologie wußte: daß jeder Mensch sterben muß und daß mit dem Tod die Zeit des irdischen Wirkens aufhört – nur den einen Aspekt zur Sprache: der Tod ist Folge der Sünde. Das Thema Sterben hatte wohl in der christlichen Erbauungsliteratur, nicht aber in der Theologie Platz.[182]

Diese Verengung und außerdem die ungenügende Beschäftigung mit der Frage, wie denn der Satz vom Tod als Sündenfolge zu verstehen sei, verursachte denkerische Schwierigkeiten und eine gewisse Schlagseite in der kirchlichen Verkündigung. Wäre eine (sündenlose) Schöpfung ohne Tod denkbar? Lebt nicht biologisch alles Leben vom Tod anderer Lebewesen? Ist psychologisch der Gedanke an ein Leben ohne Ende überhaupt aushaltbar? Schwerwiegender als diese Fragen scheint mir die rein negative Bewertung des Todes. Sie setzte faktisch ein negatives Vorzeichen vor das ganze, todgeweihte, irdische Leben und stufte es herab zur Vorbereitungszeit auf das, was nach dem Tode kommt. Beide Mängel ließen sich beheben, wenn man die positiven Schriftaussagen miteinbezöge und den Tod

---

[181] So äußerte sich *Karl Rahner* 1954 noch »erschreckt ... über die Dürftigkeit oder den gänzlichen Mangel eigentlicher dogmatischer Untersuchungen über die Theologie des Todes. Dichter und Philosophen denken darüber nach. In der Theologie von heute wird einmal irgendwo frostig gelehrt, daß der Tod eine Straffolge der Erbsünde sei. Das ist so ungefähr alles.« *K. Rahner,* Über den Versuch eines Aufrisses einer Dogmatik, in: Schriften zur Theologie, Bd. I, Einsiedeln 1954, 9–47, Zitat 20 f. Vgl. auch *P. Müller-Goldkuhle,* Die Eschatologie in der Dogmatik des 19. Jahrhunderts, Essen 1966.

[182] Vgl. *G. Greshake,* Bemühungen um eine Theologie des Sterbens, in: Concilium 10 (1974) 270–278.

nicht nur als Widerfahrnis, sondern auch als mögliche Tat des Menschen interpretierte.

In diese Richtung würde auch eine Orientierung am Tod Jesu führen.[183] So sehr die biblischen Zeugnisse betonen, daß dieser Tod wahrhaft erlitten wurde – dafür sprechen die Todesangst am Ölberg, die wachsende Einsamkeit und Verlassenheit Jesu: erst von den Volksmassen, dann von seinen Jüngern, schließlich von der letzten menschlichen Hilfe, die vielleicht noch von Pilatus hätte kommen können, bis hin zum Schrei der Gottverlassenheit – so deutlich interpretieren die biblischen Schriftsteller eben diesen erlittenen Tod als Jesu Tat. Die Synoptiker bauen das ganze Evangelium als Gang nach Jerusalem auf; Lukas formuliert den letzten Ruf des sterbenden Jesus in ein Wort des Vertrauens um: »Vater, in deine Hände . . .« [184]; bei Johannes lautet das letzte Wort Jesu: »Es ist vollbracht«, der Sterbevorgang wird von ihm als Hingabe-Akt formuliert: »er gab seinen Geist hin« [185], und in den johanneischen Abschiedsreden deutet Jesus seinen bevorstehenden Tod als Gang zum Vater und als »Kommen« in die größere Nähe zu seinen Jüngern [186].

Ansätze in der neueren Theologie

Einen entscheidenden Neuansatz für die dogmatische Theologie brachte 1957/58 Karl Rahner [187]. Er betonte die »realontologische Dialektik« des Todes. Dieser sei nicht nur »Abbruch von außen, Zerstörung, Parzenschnitt, Widerfahrnis, das den Menschen unberechenbar von außen trifft . . . radikalste Entmächtigung«, sondern auch »tätige Vollendung von innen, ein aktives Sich-zur-Vollendung-Bringen, aufwachsende, das

---

[183] Vgl. *K. Kertelge,* Der allgemeine Tod und der Tod Jesu, in: TThZ 83 (1974) 146–156.

[184] Lk 23,46.

[185] Joh 19,30.

[186] Vgl. Joh 14 und 16, bes. 14,3.12.18.23.28; 16,5.7.

[187] *K. Rahner,* Zur Theologie des Todes, Freiburg i. B. 1958; vorher schon unter demselben Titel in: ZkTh 79 (1957) 1–44. Im folg. zitiert nach der Monographie.

Ergebnis des Lebens bewährende Auszeugung und totales Sich-in-Besitz-Nehmen der Person«[188]. Rahner differenzierte die Aussage vom Tod als Sündenstrafe – »nicht alles an unserem Tod« könne »einfach nicht-sein-sollende Folge der Schuld sein«[189] – und eröffnete eine Theologie des Sterbens dadurch, daß er den Tod des Glaubenden als »Erscheinung des Mitsterbens mit Christus«[190] bedachte.

Eine grandiose, in weiten Kreisen bekanntgewordene Interpretation des Todes als Tat brachte dann die vor allem von Ladislaus Boros[191] vorgetragene Endentscheidungshypothese. Nach Boros eröffnet sich »im Tod die Möglichkeit zum ersten vollpersonalen Akt des Menschen«[192]. Im Tode begegne der Mensch endlich in voller Freiheit Gott und entscheide in dieser Begegnung über sein ewiges Schicksal. Unter den verschiedenen philosophischen und theologischen Argumenten, mit denen Boros seine Hypothese stützt, ist für unsere Überlegungen besonders das Argument von der »Liebe als Hineinragen des Daseins in den Tod«[193] interessant. Im Anschluß an Gabriel Marcel[194] vollzieht Boros folgende gedankliche Schritte: Sein ist wesentlich Mit-sein, Beziehung. Reiner Selbstvollzug »richtet sich auf Liebe aus, Liebe aber vollzieht sich »in einer großen selbstentleerenden Bewegung«. »Um zu sein, muß man sich aufgeben.«[195] Nun besteht aber der »Zwiespalt der Liebe« darin, daß der Mensch »nie das Gute an sich«, sondern immer nur das Gute in »Beziehung zum Selbst«[196] erstrebt. Nie oder höchst selten gelingt die vollkommene Hingabe. Dies macht die menschliche »Seinsschwäche« aus. Der Grund für diese Schwä-

---

[188] Alle Zitate ebd., 30.

[189] Ebd., 33.

[190] Ebd., 52–72.

[191] *L. Boros,* Mysterium mortis. Der Mensch in der letzten Entscheidung, Olten 1962, hier zit. nach der 10. Aufl. 1973.

[192] Ebd., 9.

[193] Vgl. ebd., 53–58, Zitat 53.

[194] *Boros* zitiert *Marcels* Denkspruch zu »Présence et Immortalité« (Paris 1959): »Le mythe d'Orphée et d'Eurydice est au coeur même de mon existence.« *L. Boros,* a.a.O., 53.

[195] Alle Zitate ebd., 54.

[196] Ebd., 55 f.

che liegt in der Körperlichkeit, die »absolutes Haben« bedeutet und deshalb das »Sein« hindert. Im Tod nun erreichen wir den Gipfel des Seins, weil »unser absolutes Haben, unser Leib, uns verläßt«[197]. Jetzt ist die Seele ohne alle schützende Umhüllung des Habens, total ausgeliefert. Damit ist sie zum ersten Mal fähig zu totaler Liebe, zu »vollkommener Selbstvergessenheit und Hingabe«. »Liebe und Tod haben also eine gemeinsame Wurzel. Die schönsten Liebesgeschichten enden mit dem Tod, und das ist nicht von ungefähr. Erst im Tod ist die totale Hingabe der Liebe möglich, denn erst im Tod können wir voll und vorbehaltlos ausgeliefert sein. Darum gehen auch die Liebenden so einfach und unberührt in den Tod hinein, sie begeben sich ja nicht ins Fremde, sondern in den Innenraum der Liebe.«[198]

Gegen die Endentscheidungstheorie von Lasislaus Boros sind eine Reihe von kritischen Einwänden erhoben worden: sie habe weder ein empirisches noch ein biblisches Fundament, sie arbeite mit dem inzwischen fragwürdig gewordenen Modell vom Tod als Trennung von Leib und Seele, sie verführe dazu, die Entscheidungen in diesem Leben (also *vor* dem Tod) zu wenig ernstzunehmen usf.[199] In bezug auf seine Ausführungen über

---

197 Ebd., 57.

198 Ebd., 58.

199 Vgl. *G. Greshake,* a.a.O., 271 f.: *ders.,* Bemerkungen zur Endentscheidungshypothese, in: *G. Greshake/G. Lohfink,* Naherwartung – Auferstehung – Unsterblichkeit, Freiburg i. B. 1975, 121–130; *ders.,* Stärker als der Tod, Mainz 1976, 74 f.; *K. Rahner,* Prolixitas mortis, in: *J. Feiner/M. Löhrer* (Hrsg.), Mysterium Salutis, Bd. 5, Einsiedeln 1976, 466–472, bes. 466 f. *Greshake* (Bemühungen, 278, A. 2; Bemerkungen, 121) subsumiert auch *Rahner* unter die Vertreter der Endentscheidungshypothese, – was mir nicht recht einleuchtet. Möglicherweise haben *Rahners* streckenweise abstrakte Formulierungen zu *Greshakes* Interpretation geführt. Vgl. aber *Rahners* eindeutige Aussage: »Man sollte dem Tod als einem am Ende des biologischen Lebens und nur da eintretenden Ereignis nicht ... Eigentümlichkeiten zuschreiben, die man grundsätzlich anderen Zeitmomenten im Leben eines Menschen abspricht.« Prolixitas mortis, 466. Auch schon in der frühen Abhandlung Zur Theologie des Todes, 76 f.: »Aber eben weil wir den Tod im Leben sterben, weil wir dauernd lassen, dauernd Abschied nehmen, dauernd durchschauen auf das Ende hin, dauernd enttäuscht werden, ... darum sterben wir durch das ganze

Liebe und Tod wird man – so faszinierend und anregend sich diese lesen – fragen müssen, ob hier nicht eine Verkehrung der Prioritäten vorliegt, wenn nämlich nicht die Bejahung des Du, sondern die Selbstaufgabe und »Selbstentleerung« an oberster Stelle steht, und ob die Möglichkeit höchster Liebe im Kontrast zu den Möglichkeiten dieses Lebens (*vor* dem Tode) dargestellt werden muß. Kann man nicht umgekehrt das Sterben als ständige Hingabe des Lebens *in* diesem Leben formulieren? Das möchte ich im folgenden versuchen.

Versuch einer Systematik: Sterben als Hingabe des Lebens

Was bedeutet konkret das von Paulus ausgesprochene »Mitsterben mit Christus«? Es meint sicher nicht: den Tod suchen, sich ganz auf das Lebensende konzentrieren. Paulus spricht ja vom »täglichen« Sterben[200]. »Ständig«, sagt er, »tragen wir Jesu Todesnot an unserem Leib herum . . . Denn immer werden wir, solange wir leben, um Jesu willen in den Tod gegeben.«[201] Es handelt sich aber auch nicht um eine bloß metaphorische Redeweise, als gehe es um ein ganz anderes »Sterben« als um das am Ende des Lebens; denn dies »Sterben mit Christus« relativiert auch den Tod am Ende, so daß er mit Gelassenheit sagen kann: »ob wir nun leben oder ob wir sterben, wir gehören dem Herrn.«[202] Es muß etwas meinen, das täglich geschieht *und* den Tod am Ende umgreift: »Mit-Sterben mit Christus« ist für Paulus das tägliche Engagement, in dem er sein Leben einsetzt und verbraucht. »Die harte und gefährliche Missionsarbeit, das tägliche Verbrauchtwerden im Dienst an den Gemeinden, die Liebe zu den Brüdern sind Weisen des Sterbens, Formen der Hingabe des Lebens.«[203]
Solches Aufgehen im Dienst, solche Hingabe muß keineswegs

Leben hindurch und ist das, was wir Tod nennen, eigentlich das Ende des Todes. ... Und weil der Tod im ganzen Leben des Menschen, biologisch und existentiell dauernd anwesend ist, darum ist der Tod auch die Tat der Freiheit des Menschen.«

[200] Vgl. 1 Kor 15,31.

[201] 2 Kor 4,10 f.

[202] Röm 14,8. Vgl. auch Phil 1,23.

[203] *G. Greshake,* Bemühungen, 275.

immer als Abbruch, als dem Menschen Wesenswidriges erfahren werden. Im Gegenteil: es kann durchaus mit der Erfahrung von Freude und Sinn verbunden sein. Wenn nun aber diese Hingabe »Sterben« genannt wird, dann muß umgekehrt Sterben als sinnerfüllende Hingabe gedacht werden können.

Man könnte also, etwas systematisierend, sagen: Der Mensch ist, so wie er von Gott entworfen ist, geschaffen für die Liebe, das heißt: für die Hingabe, die im täglichen Sicheinlassen auf den andern und im Einsatz für den anderen vollzogen wird. Am Ende seines Lebens soll er diese Hingabe vollenden, indem er sich ganz in die Hände Gottes übergibt, dem er sich in einem liebend engagierten Leben schon Stück für Stück ausgeliefert hat. So kommt er zu sich selbst, indem er sich an Gott weggibt. Daß diese Bewegung nicht harmonisch und bruchlos gelingt, liegt an einer Perversion des Menschen, an der Sünde. Diese ist im Kern Verweigerung von Liebe. Ihre »konnaturale Folge« [204] ist eine innere Verhärtung und Ich-Verkrampfung. Deshalb kann in dem Zustand, in dem wir uns de facto befinden, nämlich dem der Entfremdung menschlicher Existenz durch die Sünde, die Bewegung der Hingabe schmerzen, kann Liebe auch als sinnwidrig empfunden werden. Deshalb sträubt sich vieles in uns gegen die Totalhingabe im Tod. Von daher die Angst vor der Liebe und vor dem Tod. Deshalb ist aber auch die Überwindung der Sünde Entmachtung des Todes. Genauer gesagt, dem Tod wird sein »Stachel« [205] genommen: die Ich-Verkrampfung, die vor der Hingabe zurückschrecken läßt. In dem Maße, in dem der Glaube die Fähigkeit zur liebenden Selbsthingabe schenkt und in dem diese im Leben eingeübt und vollzogen wird, in dem Maße wächst die Möglichkeit, sich im Tode ganz aus der Hand zu geben. Wer liebt, hat schon ein gut Teil des Sterbens hinter sich gebracht.

---

[204] So formuliert *K. Rahner* das Wesen der »Sündenstrafe«, um sie von der Vorstellung einer rein äußerlich verhängten Strafe abzugrenzen. Vgl. *K. Rahner,* Art. Sündenstrafen, in: LThK, Bd. 9, Freiburg i. B. [2]1964, 1185 ff.; *ders.,* Zur heutigen kirchenamtlichen Ablaßlehre, in: Schriften zur Theologie, Bd. VIII, Einsiedeln 1967, 506–515; *ders.,* Kleiner theologischer Traktat über den Ablaß, ebd., 472–487.

[205] Vgl. 1 Kor 15,55.

Nicht alles am Sterben ist der Lebensbewegung des Menschen zuwider. Im biblischen Bild gesagt: Man muß nicht annehmen, der paradisische Mensch wäre überhaupt nicht gestorben, sondern: er wäre nicht *unseren* Tod gestorben, er hätte den Tod nicht als Herausbrechen aus der Ich-Verkrampfung erfahren, sondern als Akt freudiger Übergabe.

C. Zwischenergebnis

Der Glaube bestätigt die vielfache Erfahrung: Wer liebt, riskiert seine Existenz. Liebe und Tod hängen miteinander zusammen. Sie haben – so kann man nun genauer sagen – eine gleiche Struktur. Im Lieben und im Sterben geht es um die Transzendenz des Ich, um das Sich-Loslassen in der Hingabe an einen anderen.

Das trifft für die Liebe zu: Insofern sie Sein-für ist, verlagert sie das Zentrum der eigenen Aufmerksamkeit aus dem Ich hinaus, als Mit-sein bedeutet sie Sich-einlassen auf und Hereinziehenlassen in die Existenz des anderen. Das trifft für das Sterben zu, sofern es nicht – unchristlich – als rein passiv erlittenes Verenden betrachtet wird. Die Orientierung am Tod Jesu eröffnet die Möglichkeit, Sterben als aktive Selbsthingabe zu begreifen; dies freilich nicht als isolierten Akt am Ende eines beliebigen Lebens, sondern als letzte Konsequenz eines Lebens, das durch liebende Hingabe bestimmt ist.

Die innere Verwandtschaft mit dem Tod, in Mythos und Dichtung besonders anschaulich gemacht an der Liebe zwischen Mann und Frau, gilt nicht nur für diese, sondern für jedes liebende Engagement, weil Liebe immer Hingabe bedeutet.

Daß sie diese »tödliche« Struktur hat, ist aber kein vernichtender Einwand gegen die Liebe, weil nach christlichem Verständnis Sterben nicht eindeutig negativ zu bestimmen ist, sondern die Chance zu letzter sich ausliefernder Hingabe bedeutet.

Man muß aber wohl beachten, daß Hingabe nicht einfach dasselbe ist wie Weggabe. Hingabe hat immer ein Du im Auge. Auf diese Hinwendung zum Du kommt es entscheidend an.

Nur um dieser Hinwendung willen ist Selbstweggabe wertvoll, nicht um ihrer selbst willen. Die Liebe macht den Tod sinnvoll, aber nicht umgekehrt. Das Sterben allein garantiert weder Liebe noch Sinn. Das wird man betonen müssen gegen eine pseudochristliche Opferaszetik, gegen romantische Todessehnsucht und zur Unterscheidung von sinnvollem und sinnwidrigem Martyrium.

V. Auferstehung als Vollendung der Liebe

A. Die These

Wenn ich vom Tod als einer Chance zur Selbstauslieferung und Hingabe gesprochen – und erst recht, wenn ich betont habe, daß Hingabe immer Hinwendung zu einem Du meint, dann bin ich von einer Voraussetzung ausgegangen, welche rein von der Erfahrung her keineswegs selbstverständlich ist: von einer, so könnte man mit Otto Semmelroth sagen, »perspektivischen Sicht«[1] des Todes, d.h. einer Auffassung, die in und hinter dem Tod mit einer lebendigen, personalen Wirklichkeit rechnet, so daß, wer sich sterbend fallen läßt, nicht einfach ins leere Nichts fällt, sondern aufgefangen und angenommen wird von einem Du. Insofern war unausdrücklich schon von christlichem Auferstehungsglauben die Rede. Sein Bezug zu Liebe und Tod soll nun noch ausdrücklich bedacht werden.

Die Auferstehungsbotschaft ist – ich sprach anfangs schon davon – auch für viele Christen existentiell wenig wirksam, ihr Inhalt erscheint blaß und irrelevant, weil die in ihr gemeinte Zukunft in mehrfacher Weise in blasser Ferne zu liegen scheint. Diese Zukunft gilt vielen als etwas, was erst nach dem Tod an der Reihe ist, so daß man sich vor die Alternative gestellt sieht, sich entweder auf dieses zwar vergängliche, aber gegenwärtige und aktuelle Leben zu konzentrieren oder auf das andere, das »ewige Leben« nach dem Tod. Außerdem scheint der Inhalt der Auferstehungshoffnung wenig mit den Hoffnungsinhalten des irdischen Lebens zu tun zu haben. So wenig wie der bierdurstige »Münchner im Himmel« in Ludwig Thomas gleichnamiger Satire[2] mit dem himmlischen Manna anzufangen wuß-

---

[1] Vgl. *O. Semmelroth,* Der Tod – wird er erlitten oder getan? Die Lehre von den letzten Dingen als christliche Interpretation des Todes, in: *K. Rahner/O. Semmelroth* (Hrsg.), Theologische Akademie, Bd. IX, Frankfurt/M. 1972, 9–26, Zitat 18.

[2] Vgl. *L. Thoma,* Der Münchner im Himmel (dtv 323), München [14]1975, 18–20.

te, so wenig können manche Christen die »visio beatifica« als Erfüllung ihrer zentralen Lebenserwartungen begreifen.
Dies dürfte u. a. auch daran liegen, daß der christliche Auferstehungsglaube oft zu unexistentiell und einseitig verkündigt wird. Insbesondere kommt m. M. n. dabei zu kurz, daß es bei der Auferstehung um die Vollendung dieses heute gelebten Lebens geht und nicht um den Beginn eines völlig anderen, »zweiten« Lebens; daß diesem Leben eine Zukunft gerade in dem Punkt versprochen wird, in dem es sich am intensivsten verwirklicht: in der Liebe; daß schließlich die Zukunft zwar echte Zukunft ist, aber doch nicht schlechthin gegenwartsjenseitig, daß sie vielmehr schon in dieser Zeit anfängt. Auf diese drei Momente möchte ich im folgenden eingehen. Dabei wird dann auch zur Sprache kommen, wieso man von Gott als Garantie der Liebe [3] sprechen kann.
Als These dieses Kapitels kann ich also formulieren: *Auferstehung besagt wesentlich [4] durch Gott garantierte Erfüllung und Vollendung der Liebe.* Das bedeutet, im Anschluß an das über Liebe und Tod Gesagte: *Wer sich hingibt, sich hingebend weggibt, wer an seiner Liebe stirbt, geht in seinem Tod nicht unter, sondern kommt gerade darin zur Erfüllung seiner Liebe, zu denen, die er liebt, und zu sich selbst.*
Was die Methode dieses Kapitels betrifft, so können hier, im Gegensatz zu den beiden vorhergehenden Kapiteln, nicht Lebenserfahrungen und Glaubensaussagen in Parallele zueinander gesetzt werden; denn die Korrespondenz von Erfahrung und Botschaft liegt hier weniger in der Parallele als vielmehr in der Entsprechung von Frage und Antwort. Die Frage ist aber durch das unmittelbar vorhergehende Kapitel gestellt: wie kann Liebe gewagt werden, wenn sie wesentlich Sterben bedeutet? Natürlich kann und soll keine vollständige Darstellung des Auferstehungsglaubens erfolgen. Es sollen nur einige Ge-

[3] Vgl. *K. Rahners* »anthropologische Kurzformel«, zuletzt in: Grundkurs, 437.
[4] »Wesentlich« heißt selbstverständlich nicht »ausschließlich«. Die Auferstehungsbotschaft ist viel zu komplex, als daß sie in einem Satz bündig definiert werden könnte. Hier soll nur gesagt sein, daß mit dieser These ein wesentliches Moment dieser Botschaft formuliert wird.

sichtspunkte genannt werden, die geeignet erscheinen, die Behauptung dieses Kapitels zu stützen und zu veranschaulichen. Dabei gehe ich von der Voraussetzung aus, daß Aussagen über die für alle erhoffte Auferstehung von der Auferstehung Jesu her genommen werden können, der nach Paulus der »Erste der Entschlafenen« und der Erste in der Reihe der Auferstandenen ist.[5]

B. Auferstehung als Vollendung des Lebens

Christlicher Auferstehungsglaube meint weder eine einfache Rückkehr ins Leben, so daß dies noch einmal gelebt werden könnte, noch eine geradlinige Verlängerung des irdischen Lebens ins Unendliche, »als ob nur ... die Pferde gewechselt wären und dann weitergefahren würde«[6], noch auch den Anfang eines neuen, diesmal besseren Lebens, in dem das frühere einfach zurückgelassen und vergessen wäre; er meint vielmehr die Verendgültigung und Vollendung des je konkret und individuell vollzogenen Lebens. Die ganze Geschichte meines Lebens wird für immer gültig, mein dauernder Besitz. Sie wird von Gott vollendet, was zwar die Hoffnung einschließt, daß das Negative und Fehlende in ihr geheilt und ergänzt wird, was aber nicht bedeutet, daß Gott etwas »ganz anderes« aus mir machte. Gott macht etwas aus *meinem* Leben. Dieses Verständnis von Auferstehung kann sich auf zwei in der neueren Eschatologie hervorgehobene Aussagen stützen: die von der »Auferstehung im Tod« und die von der Bestätigung und Vollendung der Lebensgeschichte im Tod.

---

[5] Vgl. 1 Kor 15,20.23. Diese Logik kam allerdings in der traditionellen Dogmatik wenig zum Zuge; dafür waren Christologie und Eschatologie zu weit voneinander getrennt.

[6] *K. Rahner,* Das Leben der Toten, in: Schriften zur Theologie, Bd. IV, Einsiedeln 1960, 429–437, Zitat 429.

1. Auferstehung im Tod

Die durchschnittlichen Glaubensvorstellungen von Tod, Auferstehung und Erhöhung Jesu und von der Geistsendung sind stark geprägt von der alten Bekenntnisformel »auferweckt am dritten Tage«[7] und von dem lukanischen Erzählschema, nach welchem zwischen Auferstehung und Himmelfahrt Jesu vierzig Tage und dann zwischen Himmelfahrt und Geistsendung nochmals zehn Tage liegen.[8] Man stellte sich deshalb Tod, Auferstehung, Himmelfahrt und Geistsendung als nacheinander folgende, voneinander unterschiedene Ereignisse vor.

Neben dem lukanischen gibt es aber andere neutestamentliche Vorstellungsmodelle. Nach dem Johannesevangelium z. B. ist der Tod Jesu gleichzeitig seine »Erhöhung«[9], »Verherrlichung«[10], sein »Gehen zum Vater«[11]; Tod und Auferstehung erscheinen hier wie zwei Seiten eines Vorgangs; ja auch Auferstehungserfahrung und Geistempfang der Jünger fallen zusammen.[12] Hat man erkannt, daß das Wort vom »dritten Tag« (ähnlich wie die lukanischen »vierzig« bzw. »fünfzig« Tage) eigentlich nicht eine kalendarische Zeitspanne, sondern theologische Zusammenhänge meint[13], dann wird man leicht Zugang haben zu Interpretationen der neueren Theologie, in de-

---

[7] Vgl. 1 Kor 15,4; Apg 10,40; ferner öfters im Zusammenhang mit Leidensweissagungen. Dazu: *J. Kremer,* Das älteste Zeugnis von der Auferstehung Christi. Eine bibeltheologische Studie zur Aussage und Bedeutung von 1 Kor 15,1–11, Stuttgart ²1967, 47–52.

[8] Vgl. Apg 1,3 und 2,1. Lukas nennt allerdings auch den Ostertag als »Termin« der Himmelfahrt Jesu (vgl. Lk 24,50 ff. und die Gesamtkomposition von Lk 24.), – ein Zeichen dafür, wie wenig es ihm auf die kalendarische Notierung als solche ankommt. Vgl. hierzu auch *W. Kasper,* Jesus der Christus, Mainz ²1975, 173 f.

[9] Joh 3,14; 8,28; 12,32.34.

[10] Joh 7,39; 12,16.23. Dazu: *W. Thüsing,* Die Erhöhung und Verherrlichung Jesu im Johannesevangelium, Münster 1970.

[11] Joh 13,1; 14,12.28; 16,10.16 f; 28.

[12] Vgl. Joh 20,22.

[13] Vgl. Hos 6,2; Jon 2,1; Mt 12,40. Dazu ausführlich: *K. Lehmann,* Auferweckt am dritten Tage nach der Schrift, Freiburg i. B. ²1969. Für eine knappe Übersicht vgl. *J. Kremer,* a.a.O.; *H. Frankemölle,* Jesus von Nazareth, Mainz 1976, 141 f.

nen der Tod Jesu das historisch greifbare Ereignis, seine Auferstehung und Erhöhung aber die geglaubte »Innenseite« desselben Ereignisses sind. »Die Auferstehung ist das vollendete und vollendende Ende des Todes am Kreuz. Sie ist deshalb nicht ein anderes Ereignis nach dem Leben und nach dem Leiden Jesu, sondern das, was im Tod Jesu zutiefst geschehen ist: die getane und erlittene Übergabe des einen leibhaftigen Menschen an Gott und die erbarmend liebende Annahme dieser Hingabe durch Gott. Die Auferweckung ist gleichsam die göttliche Tiefendimension des Kreuzes . . .« [14]

Was von Tod und Auferstehung Jesu gesagt wird, kann (in diesem Punkt) auf den allgemeinen Tod und die allgemeine Auferstehung aus den Toten übertragen werden. Auch hier hat sich im allgemeinen Bewußtsein eine Vorstellung breitgemacht, welche die beiden Momente weit voneinander trennte, die Auferstehung in eine fast unendliche Ferne rückte und damit psychologisch auch weit vom Interesse an der eigenen Existenz entfernte. So konnte man anschaulich Tod, individuelles Gericht, Auferstehung der Toten und allgemeines Gericht in zeitlichem Nacheinander darstellen. Nimmt man aber wiederum diese »Daten« als Momente *eines* Vorgangs, dann kann man die heute von vielen Theologen vertretene [15] These nachvollziehen, daß auch unsere Auferstehung sich im Tod vollzieht,

---

[14] *W. Kasper,* Jesus der Christus, 175 f. Vgl. auch *K. Rahner:* »Der Tod Jesu ist ein solcher, der von seinem eigensten Wesen aus in die Auferstehung sich aufhebt, in diese hineinstirbt. Und die Auferstehung bedeutet nicht den Beginn einer neuen, mit anderem Neuen erfüllten, die Zeit weiterführenden Lebensperiode Jesu, sondern gerade die bleibende, gerettete Endgültigkeit des einen, einmaligen Lebens Jesu, der gerade durch den freien Tod im Gehorsam diese bleibende Endgültigkeit seines Lebens gewann.« Grundlinien, 36; auch in: *ders.,* Grundkurs, 262. Vgl. ferner *ders.,* Dogmatische Fragen zur Osterfrömmigkeit, in: Schriften zur Theologie, Bd. IV, Einsiedeln 1960, 157–172, bes. 165 f.

[15] Vgl. *G. Greshake,* Das Verhältnis »Unsterblichkeit der Seele« und »Auferstehung des Leibes« in problemgeschichtlicher Sicht, in: *G. Greshake/G. Lohfink,* a.a.O., 82–120, bes. 118 f.; *W. Breuning,* Gericht und Auferweckung von den Toten als Kennzeichen des Vollendungshandelns Gottes durch Jesus Christus, in: *J. Feiner/M. Löhrer* (Hrsg.), Mysterium Salutis, Bd. 5, Zürich 1976, 844–890, bes. 881–885. Bei beiden zahlreiche Belege für die Verbreitung dieser These in der gegenwärtigen

daß *im* Tod das Leben »gerichtet« wird. »In unserem Tod werden wir Gott endgültig und für immer begegnen ... Diese Begegnung wird uns zum Gericht ... In dieser Begegnung erfahren wir ... zugleich und auf immer das Erbarmen und die Liebe Gottes ... Im Tod tritt der ganze Mensch mit ›Leib und Seele‹, das heißt mit seinem ganzen Leben, mit seiner persönlichen Welt und mit der ganzen unverwechselbaren Geschichte seines Lebens vor Gott hin.« [16]

2. Bestätigung und Vollendung des Lebens

Die neutestamentliche Botschaft von der Auferstehung Jesu meint nicht ein freundliches Nachspiel zu einem tragischen Leben, sondern die Bestätigung und Inkraftsetzung dieses Lebens. »Dieser Jesus mit seinem konkreten Anspruch und seiner Geschichte wird in der Auferstehungserfahrung als bleibend gültig erfahren.« [17]
Das wird aus einzelnen Zügen der Ostergeschichten deutlich, etwa im Bild vom Sehen der Wundmale am Leibe des Auferstandenen: die Jünger »sehen«, erkennen den Sinn und die bleibende Bedeutung der Passion Jesu [18], – oder im Wort vom heilsgeschichtlichen »Muß«: »Mußte nicht der Messias all das leiden und so (!) in seine Herrlichkeit eingehen?« [19] Stärker aber verdeutlicht diesen Glauben die gesamte, von uns »nachösterlich« genannte Erzählweise der Evangelisten. Diese haben bekanntlich ja kein Interesse an rein historischer, deutungs- und wertfreier Berichterstattung, sondern sie wollen vom ersten Buchstaben des Evangeliums an den auferstandenen Christus verkünden. Aber sie tun das nicht so, daß sie sich auf seine jetzige, »nach-österliche« Existenz konzentrieren, sondern sie

---

Theologie. Die These kam auf in der Diskussion über das Dogma der leiblichen Aufnahme Mariens in den Himmel (1950).

[16] *G. Lohfink,* Was kommt nach dem Tod? in: *G. Greshake/ G. Lohfink,* a.a.O., 133–148, Zitat 136 f.; 139; 143.

[17] *K. Rahner,* Grundlinien, 44.

[18] Vgl. Joh 20,20.27.

[19] Lk 24,26. Vgl. Lk 24,7.

erzählen sein irdisches Leben, dies aber mit einem Blick für das, was vom Osterglauben her Bedeutung hat, end-gültig geworden ist. Mit anderen Worten, die Auferweckung Jesu wird bezeugt, indem man sich zu seinem (»vor-österlichen«) Leben bekennt. In diesem Zusammenhang ist auch zu verstehen, warum in der Apostelgeschichte bei der Nachwahl in das Zwölfergremium gesagt wird, »Zeuge der Auferstehung« müsse einer von denen werden, »die während der ganzen Zeit, in der der Herr Jesus bei uns ein- und ausging, mit uns zusammen waren«.[20] Ein konkretes historisches Leben wird in der Auferweckung von Gott bestätigt.

Wiederum ist diese Sicht auf die allen zugedachte Auferstehung zu übertragen, diesmal freilich so, daß wegen der Unvollkommenheit und Fehlerhaftigkeit aller Menschen außer Jesus der Gedanke der Heilung und Vervollkommnung hinzugedacht werden muß.[21] Dies ist aber nicht so zu verstehen, als werde die in einer Lebensgeschichte gewordene Existenz einfach gegen eine bessere eingetauscht, sondern so, daß die ganze konkrete Geschichte in der neuen Existenz im positiven Sinne aufgehoben ist. Der einzelne in seiner unvertauschbaren Einmaligkeit wird von Gott angenommen und zu seiner vollen Identität geführt. Diesen hier etwas abstrakt formulierten Gedanken hat Gerhard Lohfink anschaulicher ausgesprochen: »Jeder Mensch«, sagt Lohfink im Anschluß an ein Gedicht von Jewgenij Jewtuschenko, »ist eine Welt für sich, eine eigene, unverwechselbare Welt. In jedem Menschen leben die Erlebnisse und Erfahrungen seiner Vergangenheit. Tief in unserem Unterbewußtsein ruht die Erfahrung unserer ersten Liebe, die Erfahrung des ersten Schmerzes, das Erlebnis des ersten Schnees.

---

[20] Apg 1,21 f.

[21] Hier hat der alte Gedanke vom »Reinigungsort« oder »Fegfeuer« seinen Platz und seine positive Bedeutung. Er müßte nur nicht in Kategorien von Strafjustiz und physischer Peinigung gedacht werden, sondern in der Kategorie der personalen Begegnung: In der Begegnung mit Gott erfährt der Mensch eine zwar schmerzliche, aber ihn auch erst zur Erfüllung seiner eigenen Möglichkeiten führende und darum glücklich machende Vollendung. Vgl. *K. Rahner,* Trost der Zeit, in: Schriften zur Theologie, Bd. III, Einsiedeln 1956, 169–188; *G. Lohfink,* Was kommt nach dem Tod? 137 f.; *G. Greshake,* Stärker als der Tod, 90–93.

Und weil jeder seine ganz eigenen Erfahrungen hat, die nur *er* machen konnte und die nur *ihm* gehören, darum ist jeder Mensch ein unendlich kostbares und unbegreifliches Geheimnis ... Auferstehung heißt ..., daß der ganze Mensch zu Gott gelangt, der ganze Mensch mit all seinen Erfahrungen und mit seiner ganzen Vergangenheit, mit seinem ersten Kuß und mit seinem ersten Schnee, mit all den Worten, die er gesprochen und mit all den Taten, die er getan hat ...«[22] Karl Rahner betont besonders den ethischen Aspekt dieser Aussage: Der Tod verendgültigt die im Leben getroffenen Entscheidungen und verleiht ihnen damit letzten Ernst und unendliche Bedeutung. Die Ewigkeit ist »Frucht der Zeit«, d. h.: nicht eine äußerlich angehängte Belohnung oder Bestrafung, sondern »Kommen vor Gott entweder in der absoluten Entscheidung der Liebe für ihn ... oder in der Endgültigkeit der Selbstverschließung gegen ihn«.[23]

C. Auferstehung als Vollendung der Liebe

Das gilt nun insbesondere für die Liebe. Die »Belohnung« der Liebe im »ewigen Leben« ist nicht zu denken wie die Auszahlung des Lohnes für irgendeine Arbeit, die man eigentlich nicht wegen ihres eigenen Produktes, sondern um des vereinbarten

---

[22] *G. Lohfink,* Was kommt nach dem Tod? 142 f. Vgl. auch *W. Breuning:* »Gott liebt mehr als die Moleküle, die sich im Augenblick des Todes im Leib befinden. Er liebt einen Leib, der gezeichnet ist von der ganzen Mühsal, aber auch der rastlosen Sehnsucht einer Pilgerschaft, der im Lauf dieser Pilgerschaft viele Spuren in einer Welt hinterlassen hat, die durch diese Spuren menschlich geworden ist ... Auferweckung des Leibes heißt, daß von all dem Gott nichts verlorengegangen ist, weil er den Menschen liebt. Alle Tränen hat er gesammelt, und kein Lächeln ist ihm weggehuscht. Auferweckung des Leibes heißt, daß der Mensch bei Gott nicht nur seinen letzten Augenblick wiederfindet, sondern seine Geschichte.« Tod und Auferstehung in der Verkündigung, in: Concilium 4 (1968) 77–85, Zitat 81. Vgl. auch *ders.,* Gericht und Auferweckung, 882.

[23] Vgl. *K. Rahner,* Grundkurs, 419–423, Zitat 423; *ders.,* Das Leben der Toten.

Lohnes willen auf sich genommen hat. Der Lohn der Liebe ist vielmehr die Liebe selbst. Ewiges Leben ist wesentlich Realisierung, Gelingen und Vollendung der Liebe, die auf Erden angefangen wird. Das soll verdeutlicht werden anhand einiger Beobachtungen, die das biblische Zeugnis von der Auferstehung Jesu betreffen, und anhand neuerer Ansätze in der systematischen Theologie, die Glaubensüberlieferung von der »Auferstehung des Leibes« zu interpretieren.

1. Die neue Nähe des Auferstandenen

Ein wesentlicher Inhalt des biblischen Osterglaubens [24], besonders artikuliert in den Erzählungen von Begegnungen mit dem Auferstandenen [25], ist die neue Nähe Jesu zu den an ihn Glaubenden, die Endgültigkeit seines Daseins für sie und seines Mitseins mit ihnen.

Diese Nähe ist prinzipiell überall erfahrbar, in der Gemeindeversammlung »am Abend des ersten Wochentages« [26], »beim Brechen des Brotes« [27], beim Schriftgespräch [28], bei jedem gemeinsamen Bedenken der eigenen Situation [29], bei der beruflichen Arbeit [30], in der Begegnung mit einem Fremden [31] wie im Kreis der vertrauten Bekannten [32], überall, wo zwei oder drei im Namen Jesu zusammenkommen [33], »alle Tage bis ans

---

[24] Viele Anregungen für das Folgende verdanke ich *A. Kassing,* Auferstanden für uns. Eine Auslegung der neutestamentlichen Osterbotschaft, Mainz 1969; *ders.,* Das Kommen des Auferstandenen, und: Die Begegnung in anderer Gestalt, in: Wort und Weg, Mainz 1967, 19–25; 26–32. Vgl. ferner: *J. Kremer,* Die Osterevangelien – Geschichten um Geschichte, Stuttgart 1977, und die dort gen. Literatur.

[25] Vgl. Mt 28,16–20; Mk 16,9–19; Lk 24,13–53; Joh 20,11–21,23.

[26] Joh 20,19. Vgl. auch 20,26.

[27] Lk 24,35. Vgl. Lk 24,30 f.; Joh 21,13.

[28] Vgl. Lk 24,27.

[29] Vgl. Lk 24,14 f.

[30] Vgl. Joh 21,1–14, bes. 3.

[31] Vgl. Lk 24,13–35; Joh 20,14; 21,1–14.

[32] Vgl. Lk 24,36–49; Joh 19,19–29.

[33] Vgl. Mt 18,20.

Ende der Welt«[34]. Er kommt nahe als einer, der füreinander und für den Glauben aufschließt[35], der zusammenführt und zum Handeln aus dem Glauben ermutigt und befähigt[36]. Was vor dem Tod nie gelingen wollte[37], wird nun Wirklichkeit: endlich verstehen ihn die Jünger, endlich gelingt die Kommunikation. Diese neue durch Tod und Auferstehung ermöglichte Nähe ist dichter als jede vor dem Tod mögliche Begegnung, sie kann als »Sein *im* anderen« beschrieben werden.[38] Die Leibhaftigkeit des Auferstandenen gewinnt konkrete Gestalt in der Gemeinde der Glaubenden, so daß Paulus vom Leib Christi in wechselnder Bedeutung sprechen kann: mal meint »Leib des Herrn« das eucharistische Brot, in dem Jesus sich selbst mitteilt, mal meint es die Gemeinde, für die und an die er sich weggibt.[39]

In diesem Zusammenhang lohnt es sich, noch einmal auf das aussagekräftige Bild in der Ostergeschichte Joh 20,19–23 zurückzukommen. Jesus, in der Mitte seiner Jünger, »zeigte ihnen die Hände und auch die Seite. Da freuten sich die Jünger, den Herrn sehend«. Die Jünger sehen die Spuren des Leidens am Leibe des Auferstandenen. Sie sehen und erkennen den auferstandenen Jesus nicht als einen, der sein für sie erlittenes Schicksal hinter sich gebracht und abgestreift hätte, sondern als einen, dessen Lebensgeschichte unauslöschlich seinem Leibe eingeschrieben, endgültig Wirklichkeit geworden ist; und diese Geschichte ist wesentlich Pro-Existenz, Liebe bis in den Tod. Diese Erfahrung stiftet Freude und macht die Sache Jesu zur Sache der Jünger.[40]

---

[34] Mt 28,20.

[35] Vgl. Lk 24,27.32.45.

[36] Vgl. Mt 28,16–20; Mk 16,15–20; Joh 21,6.

[37] Vgl. Mt 16,9; Mk 8,17–21; 9,31; Lk 2,50; 9,45; 18,34; Joh 12,16; 13,7.28; 20,9.

[38] Vgl. z. B. Joh 14,20: »ihr in mir ... ich in euch«. Ähnlich Joh 17,21. 23.26.

[39] Vgl. 1 Kor 10,17; 11,27.

[40] Vgl. Joh 20,21.

Die eben vorgenommene Deutung des Bildes vom Leib des Auferstandenen, in welchem die Endgültigkeit seiner Lebensgeschichte und seiner in dieser Geschichte verwirklichten Pro-Existenz zum Ausdruck kommt, berührt sich mit Überlegungen in der neueren Eschatologie, wie der Glaubenssatz von der leibhaftigen Auferstehung der Toten zu interpretieren sei.[41]

Weit verbreitet ist noch ein Vorstellungsmodell, das zwar anschaulich ist, aber heutigem Denken erhebliche Schwierigkeiten bereitet: Im Tod trennt sich die unsterbliche Seele vom sterblichen Leib und kommt, während dieser im Grabe ruht, unmittelbar vor Gott. Am Ende der Zeit, am Jüngsten Tag, werden auch die Leiber aus den Gräbern erweckt und wieder mit ihren Seelen vereint. Gegen diese Vorstellung melden sich heute etliche Einwände: Die Zerlegung des Menschen in Leib und Seele entspringt nicht dem biblischen, sondern dem dualistisch gefärbten hellenistischen Menschenbild; die starke Betonung einer Unsterblichkeit der Seele scheint das biblisch stark betonte Auferweckungshandeln Gottes überflüssig zu machen; die Vorstellung, daß die Seele eine Zeitlang ohne Leib existieren könne, begünstigt die Tendenz zur Abwertung des Leibes; die zeitliche Trennung von individuellem Gericht (im Tode) und allgemeinem Gericht (am Jüngsten Tage) verträgt sich nicht mit der oben erwähnten These, daß die Auferstehung *im* Tod geschieht; schließlich fragt sich auch der weniger theologisch Argumentierende, wie er denn die Auferweckung seines Leibes denken soll, wenn dieser doch längst zerfallen und anderen Organismen assimiliert ist, so daß eine Wiederbelebung und erneute Zusammenführung der Moleküle schlecht denkbar erscheint.

Während angesichts dieser Schwierigkeiten evangelische Theo-

---

[41] Für einen Überblick über die Diskussion vgl. *G. Greshake,* Das Verhältnis; *ders.,* Stärker als der Tod, 63–70; *W. Breuning,* Gericht und Auferweckung, bes. 864–890. Ausführlicher: *G. Greshake* Auferstehung der Toten. Ein Beitrag zur gegenwärtigen theologischen Diskussion über die Zukunft der Geschichte, Essen 1969; *J. Ratzinger,* Eschatologie – Tod und ewiges Leben, Regensburg 1977, bes. 91–160.

logen vorwiegend dazu neigen, die Rede von »Seele« und »Leib« grundsätzlich zu verwerfen und nur von der Totenerweckung zu sprechen, machen etliche katholische Theologen den Versuch, den christlichen Inhalt dieser – zugegebenermaßen mißverständlichen – Redeweise zu übersetzen: Mit dem Begriff der »unsterblichen« Seele wird die Identität des Auferstandenen mit dem Gestorbenen festgehalten; die Leibhaftigkeit der Auferstehung besagt seinen bleibenden Weltbezug, die Präsenz seiner Geschichte (davon sprach ich schon) und die Endgültigkeit und Vollendung seiner Kommunikation mit den anderen. »Demnach bedeutet Auferstehung des Leibes ... nicht ein mirakulöses Endereignis an Knochen, Haut und Sehnen, vielmehr meint sie ›die Einbeziehung jener Dimension, die als das Materielle unzertrennbar zur Konkretheit des menschlichen Geistes gehört und doch nicht mehr als physikalische Körperlichkeit gedacht werden muß‹.« [42]

Um das, was hier etwas abstrakt von der Leiblichkeit des Menschen als Dimension seiner Geschichte und seiner Kommunikation gesagt wurde, verständlicher zu machen, seien einige anschauliche Sätze des Schweizer Arztes und Eheberaters Theodor Bovet angeführt. Bovet meditiert über die Falten im Gesicht des älteren Menschen: »Einmal betrachtete ich meine Frau, während sie schlief. Sie war nicht ›alt‹, hatte aber einige Falten im Gesicht. Diese kleinen Falten über den Augenbrauen machte sie, wenn sie eine witzige Frage stellte; jene senkrechten in der Mitte, wenn sie angestrengt nachdachte. Die größeren waagrechten Falten bekam sie, als ich krank war und wir um die Zukunft bangten. In den Augenwinkeln sah ich die ganze strahlende Liebe, mit der sie unser Kind anblickte ... Je mehr ich in ihr Gesicht schaute, desto mehr Erinnerungen tauchten auf, und desto unmittelbarer schaute ich ihr Wesen ... Einige Falten waren stille Anklagen gegen mich. Ich las in ihnen den Kummer, den ich ihr dann und damals und wiederum bereitete. Der Vorwurf, den sie nie aussprach, um mich zu schonen, drückte sich in jener kleinen Falte aus, die vorher nicht da

---

[42] *G. Greshake,* Das Verhältnis, 118. Greshake zitiert hier *U. Ranke-Heinemann,* Antwort auf aktuelle Glaubensfragen, Essen 1965, 35.

war ...« Bovet faßt reflektierend zusammen: »Des Menschen Gesicht enthält in Kurzschrift seine ganze Biographie.«[43] Wenn also Leiblichkeit die Fähigkeit der Person bedeutet, Geschichte und Kommunikation in sich zu sammeln, dann drückt sich im Glauben an eine leibhaftige Auferstehung die Hoffnung aus, daß die in der Lebensgeschichte gewachsene Liebe nicht »verfällt«, sondern auferweckt und verendgültigt wird. Dann sollte man sich den Himmel besser nicht so vorstellen, als würde nach dem Tod das zentrale irdische Lebensinteresse, nämlich das an der liebenden Kommunikation mit anderen, aufgesaugt und abgelöst von dem einzig noch interessierenden Akt der Anschauung Gottes, sondern so, daß gerade die Nähe zu Gott auch Nähe der Menschen zueinander schafft. »Das Sterben führt nicht zur Vollendung eines intimen ›Dieu et mon âme‹-Verhältnisses, sondern zur engsten Teilnahme am Reich Christi und damit zur intensivsten Partizipation an der von Christus gestifteten Liebe, die die Menschen untereinander (und mit Gott) verbindet.«[44] Darum wird die himmlische Vollendung auch in solchen Bildern veranschaulicht, die Offenheit füreinander, angstfreie und in Freude gelingende Kommunikation ausdrücken: hochzeitliches Mahl, Leben in einer festlich geschmückten Stadt, deren Tore nicht mehr geschlossen zu werden brauchen.[45] Auferstehung, sagt Joseph Ratzinger, »ist das Stärkersein der Liebe gegenüber dem Tod«[46].

---

[43] *Th. Bovet,* Die Ehe, Tübingen [3]1972, 139. Vgl. auch *G. Greshake,* Stärker als der Tod, 69: »In der endgültigen Verfaßtheit des Menschen ist darum Leib und Welt auf immer in uns versammelt; ein Stück Welt ist bleibend in uns aufgehoben. So wie in den Falten eines alten Gesichtes die ganze Lebensgeschichte eingeschrieben ist, so ist im menschlichen Subjekt ›seine‹ Geschichte und Welt unrücknehmbar eingetragen.«

[44] *G. Greshake,* Das Verhältnis, 117. Vgl. auch *K. Rahner,* Die ewige Bedeutung der Menschheit Jesu für unser Gottesverhältnis, in: Schriften zur Theologie, Bd. III, Einsiedeln 1956, 47–60.

[45] Vgl. z. B. Mt 22,1–10; Offb 21,2–5. 9–27, bes. 25.

[46] *J. Ratzinger,* Einführung in das Christentum, München 1968, 249.

D. Auferstehungserfahrungen schon in diesem Leben

Eschatologische Aussagen meinen zwar echte, noch ausständige Zukunft, interpretieren aber immer auch die Gegenwart.[47] So bedeutet auch der Glaube an die Vollendung der Liebe in der Auferstehung mehr als nur den Traum von einem vorläufig noch fernen und unerreichbaren Land. Er sagt, was jetzt gilt und Gewicht hat: Jede Freude über eine gelungene Liebe, jede Erfahrung von Sinn gerade dort, wo der Einsatz für den Nächsten Nachteile und Verwundungen kostete und trotzdem durchgehalten wurde, wo Versöhnung in voller Freiheit gelang, obwohl man dabei über seinen eigenen Schatten springen mußte, all das darf als anfanghafte Auferstehungserfahrung gewertet werden, als Erfahrung, daß die Liebe stärker ist als der Tod.
Eine nur phänomenologische Betrachtung gibt so viel nicht her. Sie kann nur Glücks- und Sinnerfahrungen registrieren und sie den Erfahrungen von Tragik, Angst und Frustration gegenüberstellen. Erst vom Glauben an die Auferstehung her ergibt sich: das Verlangen nach einem liebenden Engagement hat mehr recht als die Angst, sich darin zu verlieren.
Von diesem Glauben her darf man aber auch von Auferstehung schon in diesem Leben sprechen.[48] Den Geschmack des »ewi-

---

[47] Vgl. *K. Rahner,* Theologische Prinzipien der Hermeneutik eschatologischer Aussagen, in: Schriften zur Theologie, Bd. IV, Einsiedeln 1960, 401–428; *ders.,* Grundkurs, 414 ff.

[48] Hier berührt sich christlicher Auferstehungsglaube mit den Auferstehungsinterpretationen *R. Garaudys.* »Jedesmal, wenn es uns gelingt, mit unserem routinemäßigen Verhalten, unserem Hang zur Resignation, unserer Nachgiebigkeit, unseren Entfremdungen hinsichtlich der bestehenden Ordnung oder mit unserer beschränkten Individualität zu brechen und dann kraft dieses Durchbruches etwas Schöperisches zu tun, sei es auf künstlerischem oder wissenschaftlichem Gebiete, sei es in revolutionärer Tat oder in der Liebe, jedesmal wenn wir etwas Neues beitragen zur menschlichen Lebensverwirklichung, immer dann ist Christus lebendig, immer dann wird in uns, durch uns und unser Mitwirken die Schöpfung weitergeführt. Die Auferstehung vollzieht und vollendet sich jeden Tag.« *R. Garaudy,* Glaube und Revolution. Die Postulate schöpferischer Existenz des Menschen, in: *I. Fetscher/M. Machovec* (Hrsg.), Marxisten und die Sache Jesu, München [2]1975, 22–45, Zitat 43. – »Wie soll ich nicht an die Auferstehung glauben, die Jesu Christi und meine eigene, ... wenn der Elan eines neuen Vorhabens und einer

gen Lebens« hat schon gespürt, wer angefangen hat zu lieben und darin die Erfahrung von Sinn und Freude gemacht hat. Das betont besonders die präsentische Eschatologie des Johannes. Für ihn beginnt das ewige Leben nicht erst nach dem Tod.[49] Es gibt so etwas wie eine Gewißheit – mitten in diesem Leben –, den Tod (wir würden vielleicht vorsichtiger sagen: das eigentlich Tötende am Tod, die lähmende Angst vor der Hingabe und damit vor dem Leben überhaupt) schon hinter sich gelassen zu haben. Diese Gewißheit wächst aus der Realisierung der Liebe: »Wir wissen, daß wir aus dem Tod in das Leben hinübergegangen sind, weil wir die Brüder lieben«[50].

E. Die Garantie der Liebe: Auferweckung durch Gott

In der Verkündigung des Osterglaubens begegnet uns – nicht erst heute, sondern schon in den biblischen Schriften[51] – ein doppelter, scheinbar widersprüchlicher Sprachgebrauch. Einmal ist von »Auferstehung« die Rede (»daß Jesus gestorben und auferstanden ist«[52]; »dein Bruder wird auferstehen«[53]), ein andermal von »Auferweckung« (»Gott hat Jesus auferweckt«[54]; »Gott hat die Macht, sogar von den Toten zu erwecken«[55]). Die beiden verschiedenen Wendungen verraten eine unterschiedliche Sehweise. Bei »Auferstehung« ist das handelnde Subjekt der Gestorbene selbst; bei »Auferweckung« handelt ein anderer am Toten. Beide Wendungen werden so-

---

neuen Tat, die ewige Jugend der Liebe, die Ekstase des Schöpferischen aufbrechen wie die Knospen im Frühling in einem Ostern ohne Ende? Wie soll man nicht freudig den Gott der Liebe und des Todes feiern, den Christus der Glückseligkeit, des Kreuzes und der Auferstehung?« *Ders.,* Menschenwort, 48. Vgl. auch ebd., 59.

[49] Vgl. *R. Schnackenburg,* Das Johannesevangelium, II. Teil, 434–445.

[50] 1 Joh 3,14.

[51] Vgl. *A. Oepke,* Art. ἀνίστημι, in: ThW, Bd. I, Stuttgart 1933, 368–372; *ders.,* Art. εγείρω, in: ThW, Bd. II, Stuttgart 1935, 334–336; *J. Kremer,* Das älteste Zeugnis, 39–47; *W. Kasper,* Jesus der Christus, 168 ff.

[52] 1 Thess 4,14.

[53] Joh 11,23.

[54] Vgl. z. B. Apg 5,30; 1 Kor 15,4.

[55] Hebr 11,19.

wohl für Jesus als auch für die anderen Gestorbenen gebraucht. Diese Beobachtung scheint mir nicht nur von philologischem Interesse. In dem scheinbar widersprüchlichen Sprachgebrauch spiegelt sich die Dialektik von göttlichem und menschlichem Handeln.

Einerseits und zuerst besagt die Osterbotschaft eine Offenbarung Gottes: Er hat sich gezeigt. Ohne eine todüberlegene Macht könnte der Tod nicht überwunden werden. In der Auferweckung Jesu »wird endgültig und unüberbietbar offenbar, wer Gott ist: derjenige, dessen Macht Leben und Tod, Sein und Nichtsein umgreift, der schöpferische Liebe und Treue ist, die Macht des neuen Lebens, auf den deshalb auch noch im Zerbrechen aller menschlichen Möglichkeiten unbedingt Verlaß ist ...«[56] Wir könnten auch sagen: Die Liebe *ist* deshalb stärker als der Tod, weil Gott da ist und weil er ein Gott der Liebe ist; er *macht* die Liebe stärker, als der Tod ist.[57] Andererseits besagt Gottes Handeln am Menschen nicht dessen reine und absolute Passivität. Daran könnte die andere Formulierung erinnern: Gott »macht« den Menschen »auferstehen«. Wie sein Schöpferhandeln das Geschöpf freisetzt zu eigener Aktivität, so setzt seine Auferweckung das gelebte Leben und die gelebte Liebe in Kraft. So könnte man sagen: Weil Gott da ist und weil er meine Liebe bejaht und mir »wiedergibt«, deshalb ist *meine* Liebe stärker als der Tod. Gott ist die Garantie dafür, daß unsere Liebe gelingt und ans Ziel kommt.

So sagt der Auferstehungsglaube mehr als nur, daß es eine Zukunft über den Tod hinaus gibt. Diese unsere Lebensgeschichte selbst hat eine Zukunft, und zwar gerade insofern sie eine Geschichte der liebenden Selbstübereignung ist. Das bedeutet für den Glaubenden Ermutigung zum Wagnis der Liebe. In umgekehrter Richtung könnte es bedeuten, daß, wer radikale Liebe will, zuletzt auf die Frage nach der Auferstehung aus dem Tode und damit auf die Gottesfrage stößt.

---

[56] *W. Kasper,* a.a.O., 169. Vgl. auch *H. Frankemölle,* Jesus von Nazareth, 137 ff.

[57] Vgl. *J. Ratzinger,* Einführung, 249 f.: »Zugleich ist sie (die Auferstehung) der Erweis dafür, was allein Unsterblichkeit zu schaffen vermag: das Sein im anderen, der noch steht, wenn ich zerfallen bin.«

VI. Ergebnisse und Grenzen

A. Resümee

Am Anfang unserer Überlegungen stand die Suche nach der Mitte des Glaubens und nach dem Zusammenhang von Lebenserfahrung und Glaubensbotschaft. Ich hoffe, eine Perspektive angedeutet zu haben, in der beides sichtbar wird. Auf die Glaubensmitte verweisen zwei Stichworte, aus denen man je eine Kurzformel des Christlichen entwerfen könnte: Liebe und Auferstehung. Daß sie jedoch nicht zwei verschiedene, sondern das eine Zentrum des Glaubens meinen, wird verständlich, wenn man den Zusammenhang von Liebe und Tod mitbedenkt. Gerade dieser Zusammenhang aber gehört, wie das Verlangen nach Liebe überhaupt, zu der Wirklichkeit, von der grundsätzlich jeder – auch schon vor der Annahme des Evangeliums – weiß.

Um noch einmal Lebenserfahrung und Glaubensaussage einander gegenüberzustellen: Zur Erfahrung gehört das jedem Menschen innewohnende Verlangen nach Liebe, wenigstens anfanghaft erfahren als Wunsch, geliebt zu werden, und als Verlangen, die eigene Existenz als Mit-Sein mit anderen verwirklichen zu können, oft auch verbunden mit der Ahnung, daß solches Mit-Sein nur mit dem Einsatz der eigenen Person, m. a. W. als Sein für, gelingen kann. Zur Erfahrung gehört aber auch die Angst vor diesem Einsatz, das Bewußtsein von der Gefährlichkeit einer Liebe, in der das Ich sich selbst weggibt und ausliefert, und – von daher – das Unvermögen, das radikal, ohne Vorbehalte und Widerstände zu leben, wonach man doch verlangt: sich selbst loslassende, an ein Du hingebende Liebe. Zur Erfahrung gehört schließlich die aus dieser Paradoxie erwachsende Sinnfrage.

Die christliche Glaubensbotschaft bestätigt und verstärkt das »natürliche« Verlangen. Zu ihrem Kern gehört die Zusicherung, daß jeder Mensch von Gott unbedingt angenommen und bejaht ist. Der Glaube lockt dazu heraus, sich auf die von Gott ausgehende Bewegung der Liebe einzulassen; er führt die vom eigenen Glücksverlangen getragene, zunächst vorwiegend begehrende Liebe weiter in die schenkende, zuletzt sich selbst gebende Hingabe. Der Glaube bestätigt aber auch die Erfahrung der Gefährlichkeit. Er verschärft sie sogar noch. Christliche Agape bedeutet den Einsatz des eigenen Lebens, sie riskiert den Tod – und alle Stufen des Sterbens mitten im Leben. Gleichzeitig verdeutlicht der Glaube die Sinnrichtung dieses Risikos: Nur um des anderen willen und nur im Zuge der Hinwendung zu ihm (nicht aber aus irgendwelchen selbstzerstörerischen Motiven) sind Opfer und Selbstweggabe sinnvoll.

Wenn die christliche Botschaft nicht mehr sagte als dies, dann unterstriche sie zwar kräftig die zentralen Lebenserfahrungen, verstärkte damit aber nur die Paradoxie menschlicher Existenz. Sie riefe auf, sich tapfer auf den einzigen dem Menschen angemessenen Weg der Selbstverwirklichung zu begeben – und ließe ihn auf diesem Wege umkommen. Deshalb ist an dieser Stelle der Auferstehungsglaube von entscheidender Bedeutung. Hier geht die Glaubensbotschaft weit über die allgemeine Erfahrung hinaus. Auferstehung besagt, daß nichts, was liebend weggegeben wird, weggeworfen ist oder auch nur spurlos im Sande versickert, daß vielmehr jede Tat der Liebe und das ganze in ihrem Dienst eingesetzte Leben – sei es in einem heroischen Augenblick geopfert oder in vielen Jahren verbraucht –, daß dies alles aufgehoben ist und uns zurückgegeben wird zu unserer eigenen Vollendung in einer endlich gelingenden und allem Glücksverlangen gerecht werdenden Gemeinschaft von Liebenden. Die Auferstehungshoffnung sagt: Die Liebe ist stärker als der Tod. Weil und insofern der Glaubende darauf setzt, kann er auch schon die gemischten Erfahrungen des gegenwärtigen Lebens deuten und ihnen unterschiedliches Gewicht geben. Jede Sinnerfahrung in der Liebe wiegt mehr als aller Schmerz, den dieselbe Liebe verursacht. Von daher gewinnt er eine größere Freiheit zum Wagnis der Liebe.

Von Auferstehung kann aber der Glaubende nur deshalb sprechen, weil er an einen Gott glaubt, der dem Tod überlegen und selbst Liebe ist. Daß er von diesem Gott weiß, daß er ihn »seinen« Gott nennen und sich auf ihn verlassen darf, das verdankt er Jesus von Nazareth, in dessen Leben und Schicksal Liebe, Tod und Auferstehung (jetzt kann ich es in dieser Kurzformel sagen) radikale Wirklichkeit geworden sind.

B. Glaubensinhalte, die in dieser Perspektive verständlicher werden

Bei diesem Durchblick auf die Glaubensmitte können auch einige Einzelinhalte des Glaubens verständlicher werden, denen gegenüber heute eher Verlegenheit herrscht.
Das Wort *»Sünde«* z.B. scheint so verengt und verbraucht zu sein, daß es kaum noch geeignet ist, das zu benennen, was den Menschen belastet, vergiftet und wessen er sich vor sich selber und vor anderen wirklich schämt. Vielen scheint es eine Vokabel einer religiösen Sonderwelt zu sein, in der es zusätzliche Ge- und Verbote gibt und eine zusätzliche Instanz, vor der man sich zu verantworten hat. Für sie sieht es so aus, als seien außer den Bestrafungen durch Polizei, Justiz und die Umwelt auch noch von Gott verhängte Sündenstrafen zu fürchten. Demnach wäre es besser, man hätte mit Gott nichts zu tun; man hätte dann immer noch Probleme genug mit sich selbst, aber Sünde als Schuld vor Gott wäre dann wenigstens belanglos. Von diesem Ansatz her müßte die Glaubensverkündigung nicht als Befreiung, sondern eher als zusätzliche Belastung erscheinen.
Dagegen könnten nun Sünde und Sündenstrafe verstanden werden als etwas, worunter jeder Mensch längst vor einer Konfrontation mit dem Evangelium leidet: als Entfremdung des Menschen von sich selbst, als innerer Widerspruch, der im Kern darin besteht, daß der Mensch die Liebe verweigert oder zu verwirklichen unfähig ist, auf die er doch in seinem innersten Wesen ausgerichtet ist. Die Erfahrung, daß der einzelne sich einerseits schon vor seiner freien Verfügung über sich selbst so zerrissen und entfremdet vorfindet, daß er aber andererseits in Gefahr ist, durch seine eigenen Entscheidungen diese vorgegebene Entfremdung zu seiner persönlich zu verantwortenden Lebensgeschichte zu machen, hat ihre theologische Entsprechung in der Unterscheidung von Sünde als Macht (»Sünde

der Welt«, »Erbsünde«) einerseits und Sünde als Tat andererseits.[1]

Auch die christliche Lehre von den Sündenstrafen muß nicht im Sinne einer zusätzlichen, speziell den Glaubenden bedrükkenden Belastung verstanden werden; auch sie thematisiert eine Erfahrung. Wie das dauernde Zurückweichen vor dem Risiko die Angst vergrößert, wie die wiederholte Verweigerung von Liebe zunehmende Isolierung, Unfähigkeit zur Kommunikation, Ich-Verkrampfung schafft, so kann man sagen, daß Sünde sich selbst bestraft, daß Sündenstrafe eigentlich nichts anderes ist als die leidschaffende Folge der Sünde selbst.[2]

All dies ist aber nicht der eigentliche Inhalt der christlichen Botschaft. Es ist vielmehr die Situation, in die hinein die Glaubensbotschaft spricht, erlösend und befreiend, weil zur Liebe ermutigend und so den Menschen von seiner Entfremdung heilend und zu sich selbst führend. Der Gott des Evangeliums nimmt für den Menschen und sein Verlangen nach Glück und Liebe und gegen die in ihm sitzende, ihn lähmende und vergiftende Sünde Stellung. Die dem Glaubenden angebotene Versöhnung mit Gott und dem Nächsten ist gleichzeitig Versöhnung des zerrissenen Menschen mit sich selbst. In dieser Sicht bedeutet Gott nicht eine zusätzliche Belastung, sondern die Hoffnung des Menschen, zu sich selbst zu kommen. Ohne Gott wäre Sünde nicht belanglos, sondern hoffnungslos.

Die Rede von *Himmel und Hölle* ist, nachdem das eine zu blutleer und das andere zu blutrünstig, beides aber arg objektivistisch und unexistentiell dargestellt wurde, mittlerweile so heruntergekommen, daß sie heute mehr in Witzen zu Hause zu sein scheint als in Predigt, Unterricht und Glaubensgespräch.

---

[1] Vgl. die Unterscheidung von Sünde als Tat, als Macht und als Zeichen bei *F. Böckle,* Fundamentalmoral, München 1977, 122–149; vorher schon: *ders.,* Grundbegriffe der Moral, Düsseldorf 1967, 83–98; *ders.,* Das Problem der Sünde, in: *F. X. Arnold* u. a. (Hrsg.), Handbuch der Pastoraltheologie, Bd. IV, Freiburg i. B. 1969, 115–127, bes. 119–123. Für den Begriff »Sünde der Welt« und seinen Zusammenhang mit der traditionellen Erbsündenlehre vgl. außerdem besonders *P. Schoonenberg,* Theologie der Sünde, Einsiedeln 1966, 115–213.

[2] Vgl. die Kap. IV, Anm. 204, gen. Beiträge von *K. Rahner.*

Sie wäre aber sehr geeignet, den Ernst, die Chance und die bleibende Bedeutung der Grundvollzüge des Menschlichen zu artikulieren: die Hoffnung auf endgültiges Gelingen des Menschseins in der Liebe und die Gefahr, endgültig in furchtbarem Egoismus steckenzubleiben. In der Entscheidung für die Liebe oder aber in der Verweigerung ihr gegenüber wächst die Geschichte eines Lebens, das weit über die Grenzen unserer jetzt erfahrbaren Existenz hinausgeht, das aber doch schon jetzt beginnt und entscheidend gestaltet wird, – weshalb man mit Recht von anfanghaften Erfahrungen des ewigen Lebens in dieser Zeit sprechen kann und auch von der Möglichkeit, sich schon auf Erden das Leben zur Hölle zu machen.[3]
Man wird allerdings darauf achten müssen, daß eigentlich nicht von der Hölle in der gleichen Weise geredet werden kann wie vom Himmel. Es wäre sicher irreführend zu sagen, Gott habe für die einen die ewige Seligkeit und für die anderen die ewige Verdammnis bereitet. Zum Glauben an Gott gehört der Glaube an die Vollendung in der Gemeinschaft der Heiligen, kurz: an den Himmel; die Hölle dagegen wird eigentlich nicht geglaubt, sondern gefürchtet: als das endgültige Nichtgelingen des Lebens. Es gibt nicht alternativ eine Vollendung im Guten und

---

[3] Vgl. z. B. *D. Sölle,* Der Tod am Brot allein, in: Die Hinreise, Stuttgart 1975, 7–23. Sölle gebraucht hier die Worte »Hölle« und »Tod« (»Tod am Brot allein«) synonym. Mit Anspielung auf Samuel Becketts Stück »Glückliche Tage« schreibt sie: »Das ist eine Art Tod, so sieht die Hölle aus: Im Sand vergraben, unfähig, die eigene Lage zu ändern, alleingelassen, aber ohne Schmerzen, glückliche Tage, Sonnenaufgang und Sonnenuntergang, das ist die Hölle ... das ist der Tod am Brot allein. Alleinsein und dann alleingelassen werden wollen; keine Freunde haben und dann den Menschen mißtrauen und sie verachten; die anderen vergessen und dann vergessen werden; für niemanden dasein und von niemandem gebraucht werden; um niemanden Angst haben und nicht wollen, daß einer sich Sorgen um einen macht; nicht mehr lachen und nicht mehr angelacht werden; nicht mehr weinen und nicht mehr beweint werden: der schreckliche Tod am Brot allein.« Vgl. *S. Beckett,* Glückliche Tage. Happy days. Oh les beaux jours, Frankfurt/M. 1975 (deutsche, englische und französische Fassung). Vgl. auch *J. P. Sartre,* Huis clos, Paris 1947 (deutsch: Bei geschlossenen Türen, z. B. Als rororo-Tb 788): Nicht voneinander loskommen und doch unfähig sein zur Kommunikation – das ist die Hölle.

eine Vollendung im Bösen. Vollendet werden kann der Mensch nach christlichem Verständnis nur in der Liebe; denn auf sie hin ist er geschaffen. Die Alternative dazu ist nur das Verfehlen der Vollendung, die bleibende und schmerzliche, weil wesenswidrige Unfähigkeit zur Kommunikation.

Der Begriff der *Erlösung* wurde schon im Laufe unserer Überlegungen bedacht. Erlösung muß nicht als rein jenseitige Aufrechnung von Schuld und Sühne interpretiert werden; man kann sie vielmehr – wie Michael Schmaus [4] formuliert – als Befreiung des Menschen »von sich selbst zu sich selbst« verstehen: von seinen »Verklemmungen, Versponnenheiten und Hemmungen« zu der Fähigkeit, sich dem anderen zu öffnen und für ihn dazusein. In einer Kurzformel: Erlösung ist Befreiung zur Liebe, geschehen durch Jesus von Nazaret, der radikal und konsequent bis in den Tod liebte, und in Kraft gesetzt durch Gott, der diesen Jesus auferweckte.

Auch Elemente einer Theologie des *Todes* kamen zur Sprache, insbesondere der alte Glaubenssatz vom Tod als Folge der Sünde. Nicht das biologische Absterben des organischen Lebens ist auf die Sünde zurückzuführen, sondern unser Erleben des Todes als eines zerstörerischen, dem Lebenswillen entgegenstehenden Widerfahrnisses. Dieses negative Erleben hängt in der Deutung des Glaubens mit unserer Unfähigkeit zusammen, uns liebend-loslassend wegzuschenken. Darüber hinaus könnte sich aus unseren Überlegungen eine Möglichkeit ergeben, sich auf den eigenen Tod vorzubereiten und das Sterben nicht nur an sich geschehen zu lassen, sondern wenigstens bruchstückhaft selbst positiv und schon in diesem Leben zu realisieren. Dies braucht keineswegs in Weltverachtung und Konzentration auf das »Danach« zu geschehen. Sterben »mit Christus« wird vielmehr eingeübt und schon ein Stück verwirklicht in jedem Akt der Liebe, insofern dieser nämlich Sich-selbst-Loslassen und vertrauende Übereignung ist. So darf man hoffen, daß, wer gelernt hat zu lieben, »leichter« stirbt. Für den Liebenden hat der Tod sein Gift (seinen »Stachel«, wie Paulus sagt) verloren. Daraus darf man allerdings nicht die

---

[4] *M. Schmaus,* Der Glaube der Kirche, Bd. 2, 609.

Garantie eines sanften Todes ableiten. Jesus starb mit einem lauten Schrei: selbst der größte Liebende leidet unter der Unerlöstheit der Welt.

Schließlich könnte man in der Perspektive von Liebe, Tod und Auferstehung auch die beiden Hauptsakramente *Taufe und Eucharistie als zeichenhafte Darstellung christlicher Existenz* verständlich machen und so – umgekehrt – am sakramentalen Bild ablesen, was Christsein heißt.

Die *Taufe* ist nach Paulus eine Art Sterben mit Christus, Mitihm-begraben-werden, um mit ihm aufzuerstehen.[4a] Ein besonders anschauliches Zeichen dafür ist die in der Antike praktizierte[5] Tauchtaufe: der Täufling steigt hinab ins Wasser und taucht darin unter. Das Element des Wassers symbolisiert für den antiken Menschen nicht nur Leben und Reinigung, sondern auch das Unheimliche, die lebensbedrohenden Chaosmächte. Im Hintergrund stehen Erfahrungen mit dem gefährlichen, oft als Ungeheuer personifizierten Meer, der Gedanke an die Sintflut, an die Wasser des Lösens und Vergessens in der Unterwelt, an das Wasser als Element, das alles Gewordene auflöst und die feste Gestalt zerstört.[6] So kann Untertauchen im Was-

---

[4a] Vgl. Röm 6,3–8. Dazu außer den exegetischen Kommentaren: *N. Gäumann,* Taufe und Ethik. Studien zu Römer 6, München 1967; *G.R. Beasley-Murray,* Die christliche Taufe, Kassel 1968, 169–195, bes. 185–190; *E. Schlink,* Die Lehre von der Taufe, Kassel 1969, 43–49; *H. Frankemölle,* Das Taufverständnis des Paulus. Taufe, Tod und Auferstehung nach Röm 6, Stuttgart 1971; *R. Schulte,* Das sakramentale Geschehen der Umkehr in der Taufe, in: *J. Feiner/M. Löhrer* (Hrsg.), Mysterium Salutis, Bd. V, Zürich 1976, 136–221, bes. 147–150.

[5] Über die Verbreitung dieser Praxis besteht keine völlige Klarheit. Vgl. *A. Stenzel,* Die Taufe. Eine genetische Erklärung der Taufliturgie, Innsbruck 1958, 19–23, 108–111, 168; *G. Kretschmar,* Die Geschichte des Taufgottesdienstes in der alten Kirche, in: Leiturgia. Handbuch des evangelischen Gottesdienstes, hrsg. von *K. F. Müller* u. *W. Blankenburg,* Bd. V, Kassel 1970, 1–348. Auch die Frage, ob man von der paulinischen Formulierung Röm 6,3 f., »in seinen Tod getauft (= getaucht?)«, auf den Ritus der Untertauchtaufe schließen kann, wird unterschiedlich beantwortet. Vgl. z. B. *O. Kuss,* Der Römerbrief, Regensburg 1957, 316 f. u. *H. Schlier,* Der Römerbrief, 192 f.

[6] Vgl. *C.H. Ratschow,* Die eine christliche Taufe, Gütersloh 1972, 117–124; *G. van der Leeuw,* Phänomenologie der Religion, 46 ff.; *M. Eliade,* Die Religionen und das Heilige. Elemente der Religionsge-

ser das Untergehen im Tod darstellen. Nach einem alten Grundsatz der Sakramentenlehre darf man vom sichtbaren Zeichen auf den unsichtbaren Inhalt schließen.[7] Wenn nun Taufe das Sakrament des Christwerdens ist, dann bedeutet Christwerden das Eintauchen in eine gefährliche Existenz.

In der altrömischen Taufliturgie betraten die Täuflinge, nachdem sie aus dem Wasser aufgestiegen waren, die Kirche. Dort wurden sie vom Bischof mit Handauflegung, Salbung und Friedensgruß begrüßt; sie durften zum erstenmal zusammen mit der Gemeinde beten; dann küßten die neu hinzugekommenen und die alten Gemeindemitglieder einander zum Zeichen des Friedens auf den Mund, und man hielt miteinander das eucharistische Mahl.[8]

Man kann sich vorstellen, daß diese ganze, als eine Einheit erlebte Eingliederungsfeier zumal dem erwachsenen Taufbewerber, der sich jahrelang darauf vorbereitet hatte, die Erfahrung vermittelte, nicht nur in den Tod, sondern auch in die Auferstehung und in die Liebe hineingenommen zu sein. Demgegenüber ist die gegenwärtige kirchliche Taufpraxis freilich viel weniger symbolkräftig. Immerhin kann die Erinnerung an die Zeit des Anfangs lehren, was eigentlich mit Taufe gemeint ist und was man vielleicht auch einmal wieder aus ihr machen könnte.

Die dargelegte Perspektive eröffnet auch einen Zugang zum Verständnis der *Eucharistiefeier* und gleichzeitig eine Möglichkeit, die alte Kontroverse »Mahl oder Opfer« zu überholen.

Vom sichtbaren Zeichen her handelt es sich in der Eucharistie ja um eine Mahlfeier. Mahl bedeutet Versöhnung, Kommunikation, Gemeinschaft, Liebe. Das deutende Wort spricht aber nicht nur die Aufforderung aus, an der Tischgemeinschaft teilzunehmen, mitzuessen und mitzutrinken[9], sondern es spricht

---

schichte, Salzburg 1954, 217–246; *O. Biehm/F. Mußner,* Art. Wasser, in: LThK Bd. 10, Freiburg i. B. ²1965, 962–965.

[7] Vgl. z. B. DS 1606; NR⁸ 511.

[8] Vgl. die um 215 verfaßte Kirchenordnung des *Hippolyt,* 40.42–46, 8, in: *A. Heilmann* (Hrsg.), Texte der Kirchenväter, Bd. IV, München 1964, 253–256.

[9] »Nehmet und esset alle davon ... trinket alle daraus!« So das eucharistische Hochgebet in allen zur Zeit offiziell vorgesehenen Textformen. Vgl. Mt 26,26 f.; Mk 14,22.

auch von der Hingabe des Lebens[10], von Tod und Auferstehung[11], vom »Opfer der Versöhnung«[12], von einem Opfer, das die feiernde Gemeinde darbringt[13].

Diese beiden Aspekte, Mahl und Opfer, schienen früheren Theologengenerationen (und manchen heute noch) so schwer vereinbar, daß sich hier jahrhundertelang konfessionstrennende Fronten bildeten. Die evangelischen Christen sprachen betont vom Abendmahl und die katholischen ebenso betont vom Meßopfer.[14] In jüngerer Zeit setzte sich (besonders unter dem Einfluß der Liturgischen Bewegung und der katholischen Jugendbewegung) der Gedanke der Mahlgemeinschaft innerkatholisch wieder stark durch, begegnete aber erheblichen Widerständen, weil viele meinten, mit ihm würde der Opfergedanke preisgegeben.[15]

---

[10] »Mein Leib für euch hingegeben ... mein Blut, für euch und für alle vergossen.« Eucharistisches Hochgebet. Vgl. Lk 22,19 f.; 1 Kor 11, 24 f.

[11] »Deinen Tod, o Herr, verkünden wir, und deine Auferstehung preisen wir...« Eucharistisches Hochgebet. Vgl. 1 Kor 11,26.

[12] »Dieses Opfer unserer Versöhnung bringe der ganzen Welt Frieden und Heil.« Drittes eucharistisches Hochgebet.

[13] »Nimm diese heiligen, makellosen Opfergaben an...« (lat.: »dona, munera, sancta sacrificia«); »Für sie bringen wir dieses Opfer des Lobes dar...« (lat.: »sacrificium laudis«). Erstes eucharistisches Hochgebet.

[14] Vgl. *P. Meinhold/E. Iserloh,* Abendmahl und Opfer, Stuttgart 1960. Für die gegenwärtige Reflexion des Opfer-Begriffs in der katholischen Eucharistie-Theologie vgl. *Th. Schneider,* Gewandeltes Eucharistieverständnis? Einsiedeln 1969, 49–60; *ders.,* Die neuere katholische Diskussion über die Eucharistie, in: EvTh 35 (1975) 497–524, bes. 514–517; *ders.,* Eucharistie in der Sicht der heutigen Theologie, in: *G. Bitter/G. Miller* (Hrsg.), Konturen heutiger Theologie, München 1976, 294–307, bes. 300 ff.; *ders.,* Wir sind sein Leib. Meditationen zur Eucharistie, Mainz 1977, 53–68; *A. Gerken,* Theologie der Eucharistie, München 1973, 48–54; *J. Ratzinger,* Ist die Eucharistie ein Opfer? in: Concilium 3 (1967) 299–304; *ders.,* Gestalt und Gehalt der eucharistischen Feier, in: IKZ 6 (1977) 385–396.

[15] Noch 1947 mußte *Romano Guardini* in der Neuauflage seiner »Besinnung vor der Feier der heiligen Messe« das in der ersten Auflage enthaltene Kapitel über die Mahlgestalt der Messe wegfallen lassen, »da es Anlaß zu Mißverständnissen gegeben hat«. *R. Guardini,* Vorwort zur vierten Auflage, in: Besinnung vor der Feier der Heiligen Messe, Mainz ^{6}o. J., 14.

In der Tat ist die Einheit der beiden Aspekte schwer einzusehen, und die Benennung der Eucharistie als »Opfermahl« wirkt wie eine verlegene Kompromißformel, solange man das Opfer isoliert als religiösen Kultakt begreift. Sieht man jedoch den Zusammenhang von Hingabe und Weggabe, von Liebe und Tod, bedenkt man, daß Jesu Tod am Kreuz die Konsequenz seiner Pro-Existenz ist, dann wird verständlich, daß die von ihm praktizierte Mahlgemeinschaft Ausdruck derselben Solidarität und Liebe ist wie der freiwillig angenommene Tod, daß also Jesus beim »Geben« des Brotes letzten Endes sich selber gibt, und daß Christen, die in der Eucharistie ihre Verbundenheit mit Christus in der Gemeinschaft miteinander feiern, sich damit auf eine Bewegung einlassen, in der nicht nur irgend etwas verschenkt, sondern das eigene Leben eingesetzt wird. Wenn Mahl wirklich Liebesgemeinschaft (und nicht nur unverbindliches Beieinander) bedeutet, dann bedeutet es unter den Bedingungen unserer Existenz grundsätzlich immer auch Opfer.

Daß diese Feier aber nicht als finsterer Kult des Todes, sondern als Fest und unter Danksagung begangen wird, bekundet den Glauben an die größere Sinnhaftigkeit und den Sieg der Liebe, kurz: an die Auferstehung. In der Eucharistie werden also nicht zwei (oder gar drei) verschiedene Dinge gefeiert, Mahlgemeinschaften *und* Opfer (*und* Ostern), sondern gefeiert wird ein einziges: die Liebe, die das eigene Leben riskiert und die von Gott stärker als der Tod gemacht wurde.

C. Grenzen und Gefahren

Ich möchte nicht schließen, ohne auf einige Grenzen meiner Ausführungen aufmerksam zu machen und auf Gefahren, die sich aus einer verkürzenden Übernahme insbesondere der Idee von Liebe und Tod ergeben könnten.

Mancher, der die hier vorgelegten Gedanken vor der Niederschrift mit mir durchgedacht hat, hoffte dabei auch etwas für die Realisierung der Liebe zwischen Mann und Frau zu lernen.

Nun war diese Liebe ganz gewiß immer – und nicht nur am Rande – mitgemeint. Aber zum Gelingen der Liebe in einem partnerschaftlichen Verhältnis zwischen Mann und Frau gehört vieles, was hier nicht zur Sprache kommen konnte und was auch in Spannung zu dem hier Gesagten stehen kann: die Auswahl eines ganz bestimmten Menschen, die ihrerseits schon Antwort auf die vom anderen ausgehende Faszination ist, die Sorge um das Eigensein und die Selbständigkeit der Partner, das Ringen um ein gewisses Gleichgewicht in der Beziehung und vieles andere mehr. Die Kunst des Liebens zwischen Mann und Frau ist ein aus vielen Fäden geflochtenes Seil. Die Agape, von der hier die Rede war, ist darin ein wichtiger, lebensnotwendiger – vielleicht kann man sagen: der spezifisch christliche – Strang, aber nicht der einzige. Praktisch: Ich hoffe, daß die von mir vorgetragene Konzeption auch für diese »Kunst« hilfreich sein kann; aber man wird auch andere Aspekte miteinbeziehen müssen.

Ähnliches ist für eine christlich inspirierte allgemeine Pädagogik zu sagen. Die Erziehung zur Liebesfähigkeit darf nicht auf die Erziehung zu Verzicht und Hingabe eingeengt werden. Letztere setzen ja gerade die Fähigkeit zu Selbstbejahung und Selbstbehauptung voraus.

Einigen Mißverständnissen versuchte ich schon im Laufe der Darlegung zu begegnen. Da sie sich nach meiner Erfahrung aber doch leicht einstellen, wenn man den Gedanken von Liebe und Tod, wie hier geschehen, stark betont, will ich sie noch einmal beim Namen nennen.

Ein Mißverständnis ist die Verabsolutierung des Opfers. Diese hat eine Tradition in mancherlei Praktiken von beziehungslosen »Abtötungen« in der christlichen Frömmigkeitsgeschichte. Dagegen ist festzuhalten: Nicht das Opfer an sich ist wertvoll, sondern nur das je konkret um der Liebe willen gebrachte Opfer.

Ein zweites ist die Verliebtheit in den eigenen Tod, wie sie sich in der romantischen Todessehnsucht, stark mit religiösen Motiven durchsetzt, ausdrückt. Vielleicht kann man hierher auch eine heute mancherorts wirksame Tendenz rechnen, sein Leben in fast gleich welcher Gefahr, und sei es in einem Mordkommando, einzusetzen, um ihm angesichts totaler Sinnlosigkeit gewaltsam doch noch einen Sinn zu geben.[16] Dagegen ist nochmals zu betonen: Nicht der Tod, sondern die Liebe ist das Sinngebende. Liebe liebt nicht den Tod, sondern das lebendige Du. Sie kann den Tod zur Konsequenz haben; aber nicht jeder Tod ist Konsequenz von Liebe.

Ein drittes, in der Praxis weitverbreitetes Mißverständnis könnte man die Verabsolutierung der Liebe oder Verliebtheit in die eigene Liebe nennen, wobei man allerdings »Liebe« in Anführungszeichen setzen müßte. René Laurentin nennt das Beispiel einer »hingebungsvollen Ehegattin«, das er in Zeitungsmeldungen gefunden hatte. Die Frau pflegte ihren kranken Mann mit beispielhafter Hingabe, sorgte aber durch kleine Dosen Arsen dafür, daß seine Krankheit anhielt – und sie den Gegenstand ihrer Fürsorge behielt. Laurentin hält diese groteske Geschichte für vergleichbar mit dem Verhalten mancher frommer Wohltätigkeitsvereine früherer Zeit.[17] Weniger sensationell, dafür aber um so mehr zur Identifikation einladend, erzählt Clive Staples Lewis in der ihm eigenen humorig aufspießenden Art die Geschichte von Mrs. Fidget (»Frau Wusel«), die in rücksichtsloser Fürsorge »nur für ihre Familie« lebte und damit alle Familienmitglieder unglücklich machte.[18] Beim Lesen fragt man sich, ob nicht eine überzogene christliche Verkündigung an der Entstehung solcher Karikaturen von Liebe mitschuldig ist. Deshalb sei zum Schluß nochmals präzisiert: Wirkliche Agape konzentriert meine Aufmerksamkeit nicht auf mein eigenes Verhalten, sondern auf das Du. Dem Liebenden kann und darf es nicht um die Anbetung seiner eigenen Liebe gehen, sondern um das Wohl des anderen. Die johanneische Kurzformel darf nicht umgedreht werden: Nicht »die Liebe ist Gott«, sondern »Gott ist Liebe«.

---

[16] Vgl. *E. Fromm,* Anatomie der menschlichen Destruktivität, Stuttgart 1974, auch als Tb: Reinbek 1977, bes. die Abschnitte »Das Bestreben, etwas zu bewirken« und »Langeweile und Depression«, in der Tb-Ausgabe 264–267; 273–283.

[17] Vgl. *R. Laurentin,* a.a.O., 10.

[18] Vgl. *C. S. Lewis,* The Four Loves, 73–76; Vier Arten, 77–80.

Zum Weiterdenken: Nachwort zur 3. Auflage

Im Gespräch über die in diesem Buch vorgestellte Kurzformel plädierten einige Stimmen dafür, die hier vornehmlich an Beispielen aus dem Bereich der Ich-Du-Beziehung illustrierte Perspektive von Liebe, Tod und Auferstehung ins Politische auszuweiten. Andere sprachen von der Möglichkeit, den Gedankengang trinitarisch zu vertiefen. Wieder andere, vornehmlich Gesprächspartner*innen*, äußerten ihr Unbehagen, durch die Betonung des Zusammenhangs von Liebe und Tod könne ein Aufopferungs-Ethos bestätigt werden, das sie aus ihrer früheren christlichen Erziehung als lebensfeindliche Belastung in Erinnerung haben. Manchen erscheint überhaupt die systematische Konzentration auf die Liebe fragwürdig: Wird dadurch die bunte Vielfalt der Selbstverwirklichung nicht eingeengt? Außerdem wurde gefragt, ob nicht auch pädagogisch, im Hinblick auf das, was heute junge Menschen bewegt, ganz andere Probleme als die Liebe im Vordergrund stehen müßten: individuell etwa das der Freiheit und der eigenen Authentizität und sozial das des Überlebens der Menschheit.

Andererseits scheint mir aufgrund einer ganzen Welle von einschlägigen neueren Veröffentlichungen heute vielleicht sogar noch stärker als vor fünfzehn Jahren das, was ich das Dilemma der Liebe nannte, von vielen als Herausforderung empfunden zu werden. Wenn das stimmt, dürfte die Frage nach einem Sinnhorizont der Liebe nach wie vor dringlich sein.

Im folgenden seien diese verschiedenen Denkanstöße kurz aufgegriffen, freilich nur in Andeutungen und hauptsächlich als Anreiz zu weiterem Nachdenken.[1]

---

[1] Für den eschatologischen Hintergrund der hier entwickelten Perspektive vgl. jetzt auch meine mehr überblickshaften systematischen Darstellungen: *F.-J. Nocke*, Eschatologie, Düsseldorf 4. Aufl. 1991; *ders.*, Eschatologie, in: Handbuch der Dogmatik, hrsg. v. Th. Schneider, Bd. 2, Düsseldorf 1992, 377–478.

A. Durchblick, nicht Überblick: Zur Einordnung dieser Perspektive

Zunächst ist an die eingangs[2] genannte methodische Einschränkung zu erinnern: Hier soll zwar ein Zugang zur Mitte des Glaubens gesucht werden, aber eben nicht ein Überblick von oben, sondern ein Durchblick von einer Seite her, ein Zugang, der von einer ganz bestimmten existentiellen Fragesituation ausgeht. Es gibt auch andere Fragesituationen, und von ihnen her werden andere Zugänge zu erschließen sein. Um diese formale Aussage inhaltlich zu füllen, und zur Einordnung der in diesem Buch entfalteten Perspektive seien einige andere Ansätze kurz skizziert.

Nicht nur die Liebe kann zum zentralen Lebensproblem werden, sondern z. B. auch die *Identität*. Ganz offensichtlich trifft Eugen Drewermann den Lebensnerv vieler heutiger Menschen, wenn er ausgeht von der Sorge, das eigene Selbst zu verfehlen, und von einer tief sitzenden Angst als dem »Hintergrund aller menschlichen Krankheit, ›Besessenheit‹ und Selbstverfehlung«. Von daher geht es ihm im Evangelium vor allem um »Heilung durch ein vertieftes Vertrauen in den Hintergrund des Daseins«, darum, daß der Mensch »in dem Gefühl einer ... neu geschenkten Berechtigung und Erlaubnis zum Dasein wieder mit sich selbst zusammenwachsen kann.«[3] Von daher ist »das Wichtigste, was wir im Leben lernen können: das eigene Wesen zu finden und ihm treu zu bleiben. Allein darauf kommt es an, und nur auf diese Weise dienen wir Gott ganz: daß wir begreifen, wer wir selber sind, und den Mut gewinnen, uns selber zu leben. Denn es gibt Melodien, es gibt Worte, es gibt Bilder, es gibt Gesänge, die nur in uns, in unserer Seele schlummern, und es bildet die zentrale Aufgabe unseres Lebens, sie auszusagen und auszusingen. Einzig zu diesem Zweck sind wir gemacht; und keine andere Aufgabe ist wichtiger, als herauszufinden, welch ein Reichtum in uns liegt.«[4]

---

[2] Vgl. oben, 16.

[3] *E. Drewermann*, Das Markusevangelium, I, Olten 1987, 36.

[4] Ebd., II, Olten 1988, 289f.

Auch dieser Ansatz ist (nimmt man einmal Formulierungen wie »allein«, »einzig« nicht als dogmatische Ausschließlichkeitsformeln, sondern als rhetorische Akzentuierungen) theologisch gut begründet. Schöpfungstheologisch: An einen wohlwollenden Schöpfer glauben, bedeutet glauben, absolut erwünscht zu sein. Soteriologisch: Erlösung kann wesentlich als Heilung begriffen werden. Pneumatologisch: Weil Gott sich selbst in seiner Selbstmitteilung »zum innersten Konstitutivum des Menschen selber macht«[5], geschieht Gotteserfahrung in der Selbsterfahrung. Auch so kann ein Weg zur Mitte des Glaubens erschlossen werden.
Übrigens ist auch für Drewermann, von der Frage nach der eigenen Identität her, die Liebe »das Wichtigste in unserem Leben«, »der wirkliche Maßstab unseres Lebens«: »Einzig entlang dieser Frage reifen wir wirklich. ... Sollte man uns in zehn, in fünfzehn Jahren noch einmal fragen, wer wir sind, was wir in der Zwischenzeit gemacht haben und was aus uns geworden ist, so wird sich die Antwort einzig an dieser Frage orientieren: Haben wir es vermocht, in der Liebe zu wachsen?«[6]
Nahe bei diesem Ansatz liegt der der *Freiheit*. Vor dem Hintergrund der Erfahrung, dauernd außengeleitet zu handeln, kann er zum zentralen Anliegen werden. So bestimmt der Ethiker Albert Keller, der nicht primär die inhaltliche Seite, sondern das Wie, die Grundbedingungen des Handelns reflektiert, Freiheit als »das einzig unbedingte Ziel, das dem Menschen ... gegeben ist«. Auch der Begriff der Liebe bekommt dann einen entsprechenden Akzent: »Jemanden lieben heißt wollen, daß er frei ist, oder ihn als Freien bejahen.«[7] Was Keller so als ethische »Grundpflicht« formuliert, erinnert an einen Kernsatz paulinischer Verkündigung des Evangeliums: »Zur Freiheit hat uns Christus befreit.«[8]

---

[5] *K. Rahner*, Grundkurs des Glaubens, Freiburg 1976, 122. Vgl. *ders.*, Selbsterfahrung und Gotteserfahrung, in: Schriften zur Theologie, X, Zürich 1972, 133–144.

[6] *E. Drewermann*, Ich steige hinab in die Barke der Sonne, Olten 1989, 222f.

[7] *A. Keller*, Freiheit und Bindung – Ausdruck verantwortlichen Handelns, in: *J. Gründel* (Hrsg.), Leben aus christlicher Verantwortung. Ein Grundkurs der Moral, Bd. 1, Düsseldorf 1991, 41–62, hier 42 u. 58.

[8] Gal 5,1. Zur theologischen Reflexion über die Freiheit vgl. vor allem *Th.*

Die lateinamerikanische Befreiungstheologie geht von einer Situation aus, welche durch und durch von Unfreiheit geprägt ist – auf der politischen Ebene: korrumpierte und korrumpierende gesellschaftliche Strukturen – auf der psychischen Ebene: ein durch diese Strukturen pervertiertes Bewußtsein, das seinerseits wiederum pervertierte Strukturen hervorbringt – auf der im engeren Sinne religiösen Ebene: die Zerstörung der Gottesbeziehung durch diese Strukturen und durch dieses Bewußtsein, eine Zerstörung, die zugleich Ursache für eine weitere Perversion des Bewußtseins und der sozialen Ordnung ist. Erlösung, Evangelisierung bedeutet für sie deshalb die Überwindung dieser dreifachen Perversion: *integrale Befreiung* auf allen drei, sich gegenseitig bedingenden Ebenen. Dieser Erlösungsbegriff war anfangs innerhalb der christlichen Theologie stark umstritten; vielen aber, welche die konkrete Ausgangssituation wirklich wahrnahmen, leuchtete ein, daß er (und das damit gemeinte pastorale Programm) die Mitte der biblischen Reich-Gottes-Verkündigung trifft.[9]

Vor dem Hintergrund einer möglichen kriegerischen Selbstzerstörung der Menschheit wurde »*Frieden*« zum theologischen Hauptbegriff. Auch in der Bibel wird ja die ganze Erfahrung von bereits geschenktem und die Hoffnung auf zukünftiges Heil in diesem Wort versammelt, vom aaronitischen Segen[10] bis zu der vielfach wiederholten Grußformel »Gnade und Friede« in den neutestamentlichen Briefen[11].

Der Suche nach dem Frieden sowie dem Verlangen nach einer

Pröpper, Erlösungsglaube und Freiheitsgeschichte, 2. Aufl. München 1988; *ders.*, Freiheit, in: NHThG, 2 (1991), 66–95.

[9] Vgl. z.B. *G. Gutiérrez*, Theologie der Befreiung, Mainz 10., erweiterte und neubearbeitete Aufl. 1992, bes. 46–50 u. 205–243. Als Einführung und Überblick vgl. *H. Kessler*, Reduzierte Erlösung? Zum Erlösungsverständnis der Befreiungstheologie, Freiburg i.B. 1987. Für den Wandel in der kirchenamtlichen Beurteilung empfiehlt sich, die beiden Instruktionen der Kongregation für die Glaubenslehre vom 6. 8. 1984 und vom 22. 3. 1986 miteinander zu vergleichen; beide sind abgedruckt in: *J. B. Metz* (Hrsg.), Die Theologie der Befreiung: Hoffnung oder Gefahr für die Kirche?, Düsseldorf 1986, 161–243.

[10] Vgl. Num 6,26.

[11] Vgl. Röm 1,7; 1 Kor 1,3; 2 Kor 1,2; Gal 1,3; Eph 1,2; Phil 1,2; Kol 1,2;

deutlichen geschwisterlich strukturierten Kirche und schließlich auch der heute starken persönlichen Sehnsucht nach Gemeinschaft entspricht die z.B. von Gisbert Greshake betonte Ausrichtung der Theologie am *Communio-Gedanken*: Communio (Gemeinschaft) als »Urgedanke des Schöpfers«, ja als Gottes eigenes Wesen: »engste Gemeinschaft der Liebe in drei Personen«, Sünde als »Verweigerung von Communio«, Erlösung als »neue Communio-Stiftung«, Kirche als Ort »communialer Praxis«.[12]

Die Erfahrung der ökologischen Bedrohung weckte neu den Sinn für die Eingebundenheit des Menschen in den Gesamtzusammenhang aller Lebewesen und rückte den Begriff des *Lebens* in den Mittelpunkt. Man erinnert sich heute gern an Albert Schweitzers Grundgedanken, »ich bin Leben inmitten von Leben, das leben will«, und erkennt den Zusammenhang mit christlichem Schöpfungs- und Vollendungsglauben: »Im Willen zum Leben zeigt sich das Geheimnis des Seins. . . . Das ewige Leben ist . . . der Horizont für die Ehrfurcht vor dem geschöpflichen Leben.«[13]

Aus all diesen Ansätzen (die Reihe ließe sich fortsetzen) können Kurzformeln des christlichen Glaubens formuliert werden. Die unterschiedlichen Perspektiven schließen sich nicht nur nicht gegenseitig aus, sondern sie sind geradezu notwendig, wenn die existentiellen Ausgangsfragen unterschiedlich sind. Niemals freilich wird man dabei die Mitte des Glaubens absolut und objektiv darstellen, sondern, wenn überhaupt, dann immer nur relative und subjektive (d. h. auf den Redenden bezogene, von seinem Standort her ausgerichtete) Perspektiven, Durchblicke auf diese Mitte gewinnen. Relativität und Subjektivität sind aber nicht bloße Schwäche, sondern gerade auch die Stärke der Kurzformeln: Sie sind ein Zeichen dafür, daß persönliche Glaubenserfahrungen ins Spiel kommen, und ermutigen die Hörerin

---

1 Thess 1,1; 2 Thess 1,2; 1 Tim 1,2; 2 Tim 1,2; Tit 1,4; Phlm 3; 1 Petr 1,2; 2 Petr 1,2; 2 Joh 3; Jud 2; Offb 1,4.

[12] Vgl. z.B. *G. Greshake*, Erlöst in einer unerlösten Welt?, Mainz 1987, 29. 31. 55. 80. 122 u.ö.

[13] *J. Hübner*, Leben, V. Historisch/Systematisch, in: TRE 20, Berlin 1990, 530–561, hier 540f.

und den Hörer dazu, ihre je eigene Glaubensperspektive zu suchen. Das gilt auch für die Perspektive von Liebe, Tod und Auferstehung.

B. Hingabe-Ideologie und Beziehungssucht: Zu einem schlechten Liebesbegriff

Mit dieser Einordnung sind natürlich noch nicht alle Fragen beantwortet, die an den Gedankengang dieses Buches gestellt wurden. Eine Anfrage betrifft den Begriff der »Hingabe« und die darin ausgedrückte Idee, daß Lieben eine Art Selbst-Auslieferung bedeute und von daher mit dem Sterben verwandt sei.[14] Die hier von mir gebrauchten Formulierungen weckten Assoziationen an fragwürdige Ideale, unter denen besonders Frauen gelitten haben und zum Teil heute noch leiden.
»Von klein an waren sie«, schreibt die evangelische Theologin Elisabeth Moltmann-Wendel, »dazu angehalten, weniger nach sich und ihrem Willen als nach dem der Väter, Brüder, später der Vorgesetzten und Ehemänner zu fragen. Als Mütter sind sie ausgerichtet, das Wohl ihrer Kinder an die erste Stelle zu setzen. Freie Berufswahl und eigene Lebensgestaltung hatten stets zurückzutreten vor dem Wohl der anderen, dem der Familie, der alten Eltern. Liebe als Verpflichtung zu anderen wurde zu einem Gesetz, das sich über Frauenleben legte, das ihr Selbstverständnis und ihren Lebensraum bestimmte, dem sich viele Frauen kaum entziehen konnten. Bei Christinnen verdoppelt sich diese Forderung noch durch das Gebot der Nächstenliebe. Es verdoppelt sich auch das Schuldgefühl, nicht genug Liebe gehabt zu haben, eigensüchtig gewesen zu sein und die alte Liebesrolle verlassen zu haben.«[15]
Tatsächlich haben dieses Verständis von Liebe (mit den Akzen-

---

[14] Vgl. oben, 93–141, bes. 114–130.

[15] *E. Moltmann-Wendel*, Liebe, III. Feministische Diskussion, in: Wörterbuch der Feministischen Theologie, hrsg. von *E. Gössmann* u.a., Gütersloh 1991, 249–251, hier 249f.

ten des Dienens und des Selbstverzichts) und insbesondere die einseitige Zuweisung dieser Forderung an die Frauen eine starke Tradition, die auch theologisch begründet wurde. So sprach man jahrhundertelang in Dogmatik, Moraltheologie und Kanonistik wie selbstverständlich von der »hierarchischen Struktur der Ehe« und hielt diese, weil biblisch begründet, für eine Ordnung göttlichen Rechts: »Der Mann wurde zuerst erschaffen, nach ihm und aus ihm die Frau als ›eine Hilfe, die ihm entspricht‹; so ist die Frau auf den Mann hin und um des Mannes willen ... entworfen und geschaffen und steht durch diese Ursprungsbeziehung in einer seinsmäßigen Abhängigkeit vom Mann.«[16]

Gertrud von Le Fort ging in ihrem bis um die Jahrhundertmitte viel gelesenen Buch »Die ewige Frau« (1934) davon aus, daß es ein übergeschichtliches Wesen der Frau gebe, »das kosmisch-metaphysische Antlitz der Frau, ... das Weibliche als Mysterium«[17], und sah dies vor allem in der Haltung der Hingebung: »Hingebung ... ist also nach der katholischen Dogmatik das Geheimnis der Frau ... Überall, wo Hingebung ist, da ist auch ein Strahl vom Geheimnis der Ewigen Frau; wo aber die Frau sich selbst will, da erlischt das metaphysische Geheimnis.«[18] Das »weibliche Moment« besteht wesentlich im »verborgen Hilfreichen, Mitwirkenden, Dienenden«[19]. Wenn die Frau öffentlich am kulturellen Leben mitschafft, dann nur in besonderen Notlagen: Sie »springt ein« und »tritt von selbst wieder zurück, wenn keine besondere Notlage mehr besteht«[20]. »Zumeist verschwindet die Frau im Werke des Mannes oder wird nur sichtbar in der Huldigung, die dieses ihr darbringt.«[21]

---

[16] *K. Mörsdorf*, Lehrbuch des Kirchenrechts aufgrund des Codex Iuris Canonici, II, Paderborn 9. Aufl. 1958, 139. Vgl. *G. Reidick*, Die hierarchische Struktur der Ehe, München 1953 (zustimmend); *K. Hilpert*, Liebe und Selbstverwirklichung, in: *Ders.* (Hrsg.), Selbstverwirklichung, Mainz 1987, 95–137, bes. 104–111 (kritisch berichtend).

[17] *G. von Le Fort*, Die ewige Frau, München 1934, hier zit. nach der 12. Aufl. München 1949, 12.

[18] Ebd., 17 u. 20.

[19] Ebd., 72.

[20] Ebd., 49.

[21] Ebd., 60.

Das hohe Ansehen, das Gertrud von Le Fort als Dichterin und Schriftstellerin in katholischen Kreisen genoß, bewirkte, daß ganze Generationen von Christinnen dieses Ideal verinnerlichten; viele unterziehen es heute einer für sie selbst schmerzlichen Kritik. Für sie und erst recht für ihre Töchter sind Begriffe wie Hingabe, Verzicht, Opfer nun so negativ besetzt, daß sie nur Abwehrreaktionen hervorrufen können, für manche wird selbst das Wort Liebe fragwürdig.

Seit einigen Jahren erhält die Problematik einen weiteren Akzent durch die selbstkritische Beschäftigung von Frauen mit einem Phänomen, das »Beziehungssucht« genannt wird. Einschlägige psychologische und therapeutische Veröffentlichungen sprechen Leserinnen und Leser in enormer Zahl an.[22] Unter dem Titel »Wenn Frauen zu sehr lieben« beschreibt die amerikanische Therapeutin Robin Norwood das Phänomen so: »›Zu sehr lieben‹ bedeutet: sich für einen Menschen bis zur Selbstaufgabe zu verzehren, diese Besessenheit mit Liebe gleichzusetzen, zuzulassen, daß sie die eigenen Gefühle und einen Großteil des Verhaltens bestimmt, zu erkennen, daß sie sich auf die eigene körperliche und seelische Gesundheit negativ auswirkt – und trotzdem nicht loslassen zu können. Es bedeutet, den Grad der Liebe zu einem anderen Menschen am Grad der mit ihr verbundenen Qualen zu messen.«[23] »Sucht« wird diese Haltung deshalb genannt, weil sie in vielem der Abhängigkeit vom Alkohol oder von anderen Drogen ähnelt: Der Partner wird zum »Äquivalent für eine Droge und damit zum Mittel, die eigenen Gefühle zu unterdrücken. ... Eine Trennung wird häufig mehr

[22] Vgl. *R. Norwood*, Wenn Frauen zu sehr lieben. Die heimliche Sucht, gebraucht zu werden, Reinbek bei Hamburg 1986 (zuerst veröffentlicht in Los Angeles 1985), im folg. zit. nach der Tb-Ausgabe Reinbek 1990, 19f. (1992 waren allein in deutscher Übersetzung über 300 000 Exemplare verkauft); *dies.*, Briefe von Frauen, die zu sehr lieben, Reinbek 1988 (zuerst in New York 1988), im folgenden zit. nach der Tb-Ausgabe Reinbek 1992; *M. Beattie*, Die Sucht gebraucht zu werden, München 1990 (amerik. Erstausgabe 1987. 1992 meldete der Heyne-Verlag eine Weltauflage von 1,7 Millionen); *A. Wilson Schaef*, Die Flucht vor der Nähe. Warum Liebe, die süchtig macht, keine Liebe ist, München 1990 (amerik. Erstausgabe 1989).

[23] *R. Norwood*, Wenn Frauen, 19f.

gefürchtet als die schlimmsten Qualen in der Beziehung.«[24] Als eine besondere Ausprägung dieser Beziehungssucht gilt die »Co-Abhängigkeit«, das heißt die Sucht, gebraucht zu werden von jemandem, der seinerseits süchtig ist, z. B. von einem Alkoholiker. Der (die) sich um ihn kümmert, wird sich ständig um ihn Sorgen machen, dessen Probleme miterleiden, dazu neigen, daran zum Märtyrer zu werden usw. – und das alles mit dem Gefühl eigener Minderwertigkeit.

Es ist nicht auszuschließen, daß die hier beschriebenen Phänomene von den Betroffenen selbst oder von ihrer Umgebung als Beispiele inniger Liebesbeziehungen bzw. als Realisierungen einer opferbereiten Nächstenliebe angesehen und daß sie auch in kirchlicher Verkündigung als solche vorgestellt werden. Demgegenüber ist der Theologie eine kritische Funktion aufgegeben: Sie hat im Gespräch mit Psychologie und Therapie den Unterschied zwischen Beziehungssucht und wirklicher Liebe herauszuarbeiten.

Als erstes sei mit Nachdruck vermerkt, daß, wie immer die noch nicht abgeschlossene Diskussion über eine seinsmäßige Differenz der Geschlechter[25] ausgehen mag, heute wohl keine Ehe-Theologie mehr zu rechtfertigen ist, die prinzipiell von Frauen ein Mehr an hingebender Liebe erwartet als von Männern. Der katholische Moraltheologe Konrad Hilpert betont zurecht, daß es »keinen akzeptablen Grund [gibt], das Spannungsverhältnis zwischen Selbstannahme und Selbstdistanz so zu lösen, daß dem Mann alle Chancen der Selbstfindung zugeteilt und der Frau die daraus resultierende maximale Verzichtmenge zugemutet wird.«[26]

Was sodann den Unterschied zwischen Beziehungssucht und Liebe betrifft, so finden sich auch schon bei denen, welche bestimmte Ausprägungen scheinbarer Liebe als Beziehungssucht entlarven, Bemühungen zu unterscheiden. Auf die Frage einer Leserin »Was ist wirkliche Liebe?«, antwortet Robin Nor-

---

[24] Ebd., 84.

[25] Vgl. hierüber z. B. *Th. Schneider* (Hrsg.), Mann und Frau – Grundproblem theologischer Anthropologie, Freiburg 1989.

[26] *K. Hilpert*, Liebe, 118.

wood zunächst abgrenzend: »... was Liebe *nicht* ist«: »Lust, Leidenschaft, Eifersucht, Leiden, Angst ... Unterwerfung, Selbstaufgabe, Befreiung von Langeweile und Einsamkeit...«, und nennt dann als Bedingung wirklicher Liebe die Fähigkeit, »sich selbst ganz zu lieben und anzunehmen. ... Die Fähigkeit, einen anderen Menschen zu lieben, erwächst aus einem vollen Herzen, nicht aus einem leeren.«[27]

Von theologischer Seite ist hier an die positive Wertung der Selbstliebe bei Thomas von Aquin und der an ihm orientierten Ethik zu erinnern. Selbstliebe ist für Thomas »die Voraussetzung und die Ursache der Liebe zum anderen und sogar der Liebe zu Gott: Mit dem Anderen kann ich nur dann zu einer durch Liebe verbundenen Einheit werden, wenn ich zuvor mit mir selbst eins bin; der Andere kann nur so geliebt werden, wie der Liebende sich selbst liebt. ›Darin nämlich haben wir Freundschaft mit anderen, daß wir uns zu ihnen verhalten wie zu uns selbst.‹«[28] Das bedeutet, »daß Liebe nicht Folge seelischer Armut oder Entselbstung ist, sondern Reichtum, Überfluß, tatkräftige Entfaltung, die über die eigene Person hinausreicht, sich an andere verströmen kann.«[29]

Von der Selbstliebe (von den theologischen Kontroversen über ihren Stellenwert, aber auch von meiner Entscheidung für die positive Wertung der Selbstliebe) war schon im Kapitel über Liebe und Selbstverwirklichung die Rede.[30] Aber dort habe ich mich ganz auf den Zusammenhang von Selbstliebe und Liebe zum anderen (zum Nächsten und zu Gott) konzentriert: Die Selbstliebe ist das Motiv der Liebe zum anderen, unser eigenes Interesse gebietet die Liebe zum Du. Aufgrund der inzwischen ergangenen Anfragen sollte ich wohl stärker betonen, daß diese

---

[27] *R. Norwood*, Briefe, 311.

[28] *K. Hilpert*, a.a.O., 116. Das Zitat steht bei *Thomas von Aquin*, Summa theologiae, II–II, quaest. 25, art. 4.

[29] *K. Hilpert*, a.a.O., 117.

[30] Vgl. oben, 67–92. Dort habe ich auch kritisch gegen die von einigen evangelischen Theologen forcierte radikale Trennung von Eros und Agape Stellung genommen, die nach Elisabeth Moltmann-Wendel mitschuld ist an der Herausformung eines einseitigen Liebes-Ideals. Vgl. *E. Moltmann-Wendel*, a.a.O., 250.

Selbstliebe schon in sich einen hohen Wert darstellt. Sonst könnte sie auch nicht Voraussetzung der Liebe zu anderen sein: Erst muß ich mich selbst (mit meinen eigenen Träumen und Hoffnungen ebenso wie mit meinen eigenen Verletzungen und Schwächen) annehmen, mein eigenes Wohl wollen, aus meinem eigenen Leben schöpferisch etwas machen wollen, bevor ich den anderen annehmen und zu seinem Wohl beitragen kann. Der Franziskaner Richard Rohr gebraucht für diesen Sachverhalt, auf die Begegnung des Franz von Assisi mit dem Aussätzigen anspielend, die Metapher vom »Aussätzigen in uns«: »Viele von uns müssen zuerst lernen, den Aussätzigen in uns zu umarmen, bevor wir den Aussätzigen draußen umarmen können.«[31]

Für diese Reihenfolge sprechen ja auch schon die altersphasenspezifischen Akzente in der Lebensentwicklung: Das kleine Kind ist notwendig »narzißtisch« auf sich selbst bezogen, und auch der junge Mensch muß lange »reifen«, das heißt: wachsen, innerlich reich werden, sich mit sich selbst auseinandersetzen, bevor er einem anderen die Liebe versprechen kann. Freilich darf man sich den Zusammenhang auch nicht einfach als ein zeitliches Nacheinander vorstellen. Einerseits wächst das Ich auch und gerade in der Kommunikation mit dem Du, und andererseits bleibt auch innerhalb einer Ich-Du-Beziehung die Liebe zum eigenen Ich eine lebenslange Aufgabe. Deshalb muß es, obwohl sich die Akzente in den verschiedenen Altersphasen verlagern, doch immer auch innerhalb der Liebesbeziehung nicht nur die Hingabe, sondern auch die Abgrenzung geben. Der Psychotherapeut Peter Schellenbaum nennt das »das Nein in der Liebe«[32].

Aber das Nein *in* der Liebe bedeutet nicht das Nein *zur* Liebe. Es bedeutet auch nicht deren Reduzierung. Insofern könnte Robin Norwoods griffiger Titel »Wenn Frauen zu sehr lieben« irreführend sein. Es geht, auch im Sinne der Verfasserin, nicht darum, weniger zu lieben, sondern darum, richtiger zu lieben:

---

[31] *R. Rohr*, Von der Freiheit, loszulassen – Letting go, München 3. Aufl. 1992, 52.

[32] *P. Schellenbaum*, Das Nein in der Liebe, Stuttgart 1984.

nicht süchtig, sondern in Freiheit; nicht aufgrund innerer Leere, sondern »aus einem vollen Herzen«[33]; wir sollen den anderen lieben nicht anstelle des Ich, sondern auf der Basis der Liebe zum Ich.

Unter dieser Voraussetzung kann dann auch von Opferbereitschaft und »selbstloser« Liebe die Rede sein. Auch Eugen Drewermann, der sich immer wieder für die Stärkung des Ich und für die Findung des Selbst einsetzt und energisch die »moralisch erzwungene Unterdrückung des eigenen Ichs« kritisiert, spricht (bejahend) von der Agape als »dem Ideal einer hingebungsvollen Verehrung und Aufopferung«, von der »Reife einer weise gewordenen ›Selbstlosigkeit‹«; diese Reife aber wird geboren »aus einem Vertrauen, das sich bedingungslos mit dem gesamten eigenen Leben in die Hände Gottes legt«[34]. Wie mir scheint, berührt Drewermann mit diesen Formulierungen den mir wichtigen Gedanken, daß wir zu einer loslassenden Liebe, in der wir die anfängliche Erfahrung des Sterbens machen, fähig werden könnten durch das Vertrauen auf einen Gott, der alle Geschichte der Liebe sammelt und für uns aufbewahrt.[35]

Eine Bemerkung noch zum Begriff »Selbstverwirklichung«[36]. Konrad Hilpert hat auf die unterschiedlichen Bedeutungen und Nuancen aufmerksam gemacht, die mit diesem Wort verbunden werden. Hilfreich scheint mir seine Unterscheidung zwischen »Selbstverwirklichung als Selbstbezogenheit« und »Selbstverwirklichung als Ausweitung und Vertiefung der Persönlichkeit über die jeweils augenblickliche Begrenztheit hinaus«[37]. Ich habe (wie Hilpert) die zweite Bedeutung im Auge: Ich gehe davon aus, daß in der Person Möglichkeiten und Fähigkeiten schlummern, die entfaltet, »verwirklicht« werden wollen. Solche Entfaltung, solche Selbstverwirklichung braucht die Person, wie jedes Lebewesen die Möglichkeit zum Wachstum braucht,

---

[33] *R. Norwood*, Briefe, 311.

[34] *E. Drewermann*, Ich steige hinab in die Barke der Sonne, Olten 1989, 224–226.

[35] Vgl. oben, 149–154, bes. 149, Anm. 22.

[36] Vgl. oben, Kap. III.

[37] *K. Hilpert*, Einführung: Stichwort »Selbstverwirklichung«, in: *Ders.*, a.a.O., 9–19, hier 18.

wenn es nicht verkrüppeln soll. In diesem Sinne spreche ich vom Zusammenhang von Selbstverwirklichung und Liebe. Ich gehe (aus Gründen, die ich hier nicht zu wiederholen brauche[38]) davon aus, daß jeder Mensch in diesem Sinne lieben will, ja, wenn er nicht verkümmern soll, lieben *muß*. Insofern gehört zur Selbstverwirklichung wesentlich und unverzichtbar die Liebe.

Aber aufgrund meiner Gesprächserfahrungen achte ich heute (mehr als früher) darauf, daß ich dabei Ausschließlichkeits-Formulierungen vermeide. Ich möchte nicht behaupten, alle anderen Entfaltungen der Person, z.B. in der Arbeit, in der sportlichen Leistung, im künstlerischen Schaffen seien demgegenüber unwesentlich, oder sie bekämen ihre Bedeutung nur von daher, daß sie schließlich doch der Liebe dienten. Die These von der Selbstverwirklichung in der Liebe hängt nicht von solchem Ausschließlichkeitsanspruch ab.

Eine weitere sprachliche Korrektur habe ich bei der Besprechung des Hingabe-Charakters der Liebe vorgenommen. Dort sprach ich gelegentlich, um die Bewegung des Sich-Loslassens und Sich-Verschenkens zu unterstreichen, von »Selbstaufgabe«. Nachdem ich bemerkt habe, daß sich bei diesem Wort häufig Assoziationen an Hingabe-Ideologie und Beziehungssucht einstellen, verzichte ich auf diese Vokabel.

C. »Das ganz normale Chaos der Liebe«: Zur Aktualität des Themas

Es wurde schon deutlich, daß die Verfasserinnen, welche die Beziehungssucht kritisieren, eigentlich nicht prinzipiell vor der Liebe warnen, sondern gerade die Liebe retten wollen. Eben deshalb aber warnen sie vor der Vergötzung der Beziehung: »Durch die Intensität und Inbrunst unserer Suche machen wir die Beziehung im Grunde zu einer Religion ... Wir verlangen von einer Beziehung, daß sie uns Bedeutung, Identität und

[38] Vgl. oben, Kapitel III.

Lebenszweck schenkt. ... Wir erwarten, daß wir uns in einer unsicheren Welt sicher fühlen und vor der Bedrohung durch Verlust, Trennung und Tod geschützt sind...«[39] Damit die Beziehung gelebt werden könne, brauche es ihre Unterscheidung von der Religion – aber eben auch das religiöse Vertrauen auf »eine Macht, die größer ist als wir«: »Wir haben kein Recht, von einem anderen Menschen zu erbitten, was wir von Gott erbitten müssen. ... Das Vertrauen in etwas, das größer und anders ist als wir und unsere Beziehung, *muß* vorhanden sein, damit wir ungehemmt, tief und richtig lieben können.«[40] Dementsprechend heißt es in den für die Gruppenarbeit von Anonymen Alkoholikern und von Beziehunssüchtigen entwickelten »Zwölf Schritten«: »Wir faßten den Entschluß, unseren Willen und unser Leben der Sorge Gottes – so wie wir ihn verstanden – anzuvertrauen.«[41]

Was in einer vielleicht typisch nordamerikanischen Unkompliziertheit unmittelbar (wenn auch undogmatisch: »Gott – so wie wir ihn verstanden«) in eine Empfehlung zu religiöser Praxis überführt wird, begegnet uns bei einem deutschen Autorenpaar in der Form einer sozialpsychologischen Beschreibung und als Problemanzeige. Der Soziologe Ulrich Beck und die Sozialpsychologin Elisabeth Beck-Gernsheim sehen zwei Tendenzen in der gegenwärtigen Gesellschaft, die notwendig zum »Chaos« führen: Einerseits bringt das Verlangen nach Selbstentfaltung eine immer größere Individualisierung mit sich; andererseits führt die dadurch um so mehr empfundene Einsamkeit dazu, alle Erfüllung von der Liebesbeziehung zu erwarten. Schließlich entsteht aus der Kombination der beiden Erwartungen eine hoffnungslose Überforderung: »das ganz normale Chaos der Liebe«[42], das sich in unzähligen Auseinandersetzungen, in Fru-

---

[39] *R. Norwood*, Briefe, 312.

[40] Ebd., 313.

[41] Ebd., 292 u. 294. Vgl. außer dem zitieren 3. Schritt auch die Schritte 2, 5, 6, 7 und 10. Das (ebenfalls in Amerika entwickelte) Programm der »Zwölf Schritte« wird in der einschlägigen Literatur vielfach empfohlen. Vgl. z. B. *M. Beattie*, a. a. O., 229–236; *A. Wilson Schaef*, a. a. O., 208–218.

[42] *U. Beck / E. Beck-Gernsheim*, Das ganz normale Chaos der Liebe, Frankfurt 1990.

strationen und unerfüllbaren Idealen in Partner- und Familienbeziehungen zeigt.
Ulrich Beck sieht diese Situation dadurch verschärft, daß heute, nachdem die Sinngebung nicht mehr greife, wie sie einmal vom religiösen Glauben, vom Kampf gegen die materielle Not oder von der Teilnahme am marxistischen Klassenkampf erfolgte, eine postmoderne Sinn-Leere entstanden sei. »Was bedeutet es, wenn im Zentrum des Alltags nicht Religion, nicht Klasse, nicht materielle Not, auch nicht mehr die ... Rollenmuster der Kleinfamilie stehen, sondern die Ansprüche auf Selbstentfaltung und das Ringen um neue Liebes- und Lebensformen? ... Endet damit die Aufklärung ... im lustlosen Frust der Geschlechter, die nicht mehr miteinander und noch nicht ohne einander leben können?«[43]
Diese Leere versuche man dadurch zu füllen, daß man die Liebe in den Rang einer Religion erhebe: »die irdische Religion der Liebe«, »Liebe als Nachreligion«[44]. »Wenn der Glaubensanspruch der Religionen verdämmert, suchen die Menschen Zuflucht in der Einsamkeit der Liebe.«[45] Beck findet immer wieder Parallelen zwischen dem Glauben an die Liebe und dem religiösen Glauben, vor allem in der Absolutheit des Anspruchs, dem alles andere untergeordnet wird.
Aber er sieht auch eine entscheidende Differenz. »Die Analogie ... endet dort, wo die Liebe selbst endet. Der Tod, ihr Tod bleibt für die nachreligiöse Religion der Liebe sinnleer, sinnlos ... Die irdische Religion der Liebe steht unter dem Diktat der Diesseitigkeit, der Duhaftigkeit, der Konkretheit und Nachprüfbarkeit der Erfüllung, die verheißen wird. ... Es fehlt das Erbarmen des Jenseits, mit dem die Religionen die Konflikte und das Überbordende der Ansprüche zugleich entladen *und* erfüllen konnten. ... Der Horizont der Religion verbindet Diesseits und Jenseits, Anfang und Ende, Zeit und Ewigkeit, Lebende und Tote. ... Der Horizont der Liebe dagegen ist ebenso konkret wie eng. Es sind kleine Ich-Du-Welten, die hier entste-

[43] Ebd., 223.
[44] Ebd., 222 u. 231.
[45] Ebd., 237.

hen. Liebe ist, anders gesagt, partikularistisch, von außen betrachtet borniert, ihrer Logik nach ungerecht bis grausam . . .«[46] »In der Religion gilt der Satz: es gibt ein Leben *nach* dem Tod; in der Liebe gilt der Satz: es gibt ein Leben *vor* dem Tod.«[47] Wenn Robin Norwood, Melody Beattie, Anne Wilson Schaef, Ulrich Beck und Elisabeth Beck-Gernsheim mit ihren Beobachtungen und Interpretationen wichtige aktuelle Probleme beim Namen nennen (die letzten Jahre zeigten mir, daß viele, Frauen und Männer, sich hier persönlich angesprochen fühlten), dann ist mir dies ein Indiz für die bleibende, ja offenbar noch gesteigerte Aktualität der Perspektive von Liebe, Tod und Auferstehung.

Ich denke, ich brauche den Gedankengang zur Verarbeitung der hier aufgeworfenen Problematik nicht mehr neu zu entfalten, und beschränke mich auf zwei Bemerkungen: eine Unterstreichung und eine Abgrenzung.

1. Es bedarf offenbar eines größeren, die Grenzen des überschaubaren Lebens übergreifenden Sinnhorizonts, wenn Liebe und Selbstverwirklichung, statt miteinander zu konkurrieren und sich dauernd gegenseitig zu zerstören, in einen fruchtbaren Zusammenhang gebracht werden sollen.

2. Ein solcher Sinnhorizont könnte in der Perspektive christlicher Eschatologie gefunden werden. Soll Eschatologie aber nicht wieder in den Verdacht einer bloßen, Gegenwart und konkrete Welt vernachlässigenden Vertröstung geraten, dann ist sie nicht auf der Gegenüberstellung von »Diesseits« und »Jenseits« aufzubauen, sondern hat eher deren Zusammenhang darzustellen. Statt der Alternative »Leben vor dem Tod *oder* Leben nach dem Tod?« müßte ihre Kurzformel lauten: »Leben vor dem Tod, *weil* Leben nach dem Tod«. Eine solche Sicht ergibt sich dann, wenn Auferstehung nicht als Ablösung des ersten, endlichen durch ein zweites, unendliches Leben, sondern als »Erhöhung«, Vollendung des irdischen Lebens verstanden wird, mit anderen Worten, dann, wenn das »ewige Leben« nicht als das Leben *nach* diesem irdischen Leben, sondern als mit diesem

---

[46] Ebd., 237–239.

[47] Ebd, 232.

irdischen Leben identisch, aber nicht an dessen Grenzen endend beschrieben wird, kurz: nicht als »Leben *nach* dem Tod«, sondern als »Leben *über* den Tod *hinaus*«. Dann eröffnet sich ein Sinnhorizont, in welchem gerade das irdische Verlangen nach radikaler Liebe und nach grenzenlosem Glück weder zugunsten anderer, jenseitiger Werte abgewertet werden noch an den Frustrationen der Endlichkeit scheitern muß.

D. Solidarisierung, Martyrium, Auferstehung: Zur politischen Dimension

Der Begriff Liebe, wie er im II. Kapitel dieses Buches erläutert wurde, gilt nicht nur für den Bereich der Ich-Du-Beziehung, sondern auch für den Bereich des Diakonischen und des Politischen. In diesem Zusammenhang sprechen wir von Solidarität bzw. von Solidarisierung. Diese Vokabel ruft genau die beiden Elemente in Erinnerung, mit denen ich »Liebe« definierte[48]: Das Dasein-für als Eintreten für die anderen, das Mit-sein, insofern das eigene Schicksal mit dem Schicksal der anderen verbunden wird.

Wenn man in der klassischen katholischen Soziallehre vom Solidaritätsprinzip spricht, dann denkt man meist an das Ganze der Gesellschaft (das »Gemeinwohl«). »Die Glieder des Ganzen haben sich um das Wohl des Ganzen anzunehmen ...; ebenso hat das Ganze sich um das Wohl seiner Glieder anzunehmen ...« Mit dieser ethischen Forderung soll eigentlich nur einem seinsmäßigen Sachverhalt Rechnung getragen werden: »Wir alle sitzen in einem Boot. ... das gesellschaftliche Ganze und seine Glieder sind aufs engste schicksalhaft miteinander verbunden.«[49] Mit dem Wort »Solidarisierung« dagegen meinen wir eher einen Akt bewußter Parteinahme, etwa für eine bestimmte Gruppe, für die wir eintreten und auf deren Seite wir

---

[48] Vgl. oben, 40–42.

[49] *O. von Nell-Breuning*, Gerechtigkeit und Freiheit. Grundsätze katholischer Soziallehre, Wien 1980, 46f.

treten. In diesem Sinne ist die »vorrangige und solidarische Option für die Armen« zu verstehen, zu welcher sich die lateinamerikanische Kirche in Medellin (1968) und in Puebla (1979) bekannt hat[50]. Hier ist das Moment des Mit-seins noch stärker ausgeprägt: Option für die Armen bedeutet nicht nur, *für* die Armen einzutreten, sondern vor allem, an ihre Seite zu treten und *mit* den Armen zu kämpfen.
Solidarisierung ist riskant. Das wurde deutlich am Beispiel des polnischen Arztes Janusz Korczak, der mit »seinen« jüdischen Waisenkindern in das Vernichtungslager Treblinka ging.[51] Dafür steht auch der Name des salvadorianischen Bischofs Oscar Romero, der wegen seiner (wie die Lateinamerikaner oft sagen) »Bekehrung zum Volk« ermordet wurde. Wie Oscar Romero werden heute Tausende von Landarbeitern, Katecheten und Katechetinnen, Ordensschwestern und Priestern in Lateinamerika als Märtyrer verehrt, weil sie in Solidarität mit den Armen ihr Leben einsetzten und umgebracht wurden.[52]
Dabei bekam der Begriff des Märtyrers, gemessen an seiner traditionellen Verwendung, eine neue Nuance. In der bisherigen kirchlichen Sprachregelung ging man von der Verfolgung gläubiger Christen durch Ungläubige oder Irrgläubige aus. In Lateinamerika aber gehören die Täter oft derselben Kirche an wie die Opfer. Der Kampf geht nicht um Glaubenssätze oder um kultische Verehrung, sondern um Menschenrechte und soziale Gerechtigkeit. In der Sicht der Befreiungstheologie gilt aber die Parteinahme für die Armen als Zeugnis für den Gott der Bibel. »Romero wurde ermordet, weil er Zeugnis gegeben hatte vom Gott des Lebens und von dessen Vorliebe für die Armen und

---

[50] Die Evangelisierung Lateinamerikas in Gegenwart und Zukunft. Dokument der III. Generalkonferenz des Lateinamerikanischen Episkopats Puebla 26. 1. bis 13. 2. 1979, Nr. 1134. Vgl. ebd., Nr. 382. 707. 733. 769. 1142. 1217.

[51] Vgl. oben, 97.

[52] Vgl. die Zusammenstellung: La Sangre por el Pueblo, hrsg. vom Instituto Historico Centroamericano, Managua 1983, hier zit. nach der deutschen Übersetzung: Sie leben im Herzen des Volkes. Lateinamerikanisches Martyrologium, Düsseldorf 1984. Für die Wendung »Bekehrung zum Volk« vgl. ebd., 61.

Unterdrückten«, sagt Gustavo Gutiérrez[53]. So spricht man nun nicht mehr nur von den »Märtyrern für den christlichen Glauben«, sondern auch von den »Märtyrern für das Reich Gottes«.[54] Das Martyrium um der Gerechtigkeit willen wird als eine Art Sakrament verstanden, in welchem die Liebe und das Leiden Jesu zeichenhaft dargestellt und vergegenwärtigt werden. Beim Trauergottesdienst für den ermordeten Gewerkschaftsführer Tuspal Jiménez in der Kathedrale von Santiago di Chile (1982) sagte Weihbischof Jorge Hourton: »Wir wären keine Christen, wenn wir im Tod als Opfer im Dienst für eine gerechte Sache nicht das *Zeichen* einer großen Liebe erkennen würden, die auf geheimnisvolle Weise das Leiden Jesu wiederholt und *vergegenwärtigt*.«[55]

So tritt der Zusammenhang zwischen Liebe und Tod auf der Ebene des Politischen deutlich zu Tage. Daß aber vom Martyrium nicht nur in Schmerz und ohnmächtiger Resignation die Rede ist, hängt mit der Hoffnung auf Auferstehung zusammen. Im Lateinamerikanischen Martyrologium finden sich trotz der oft düster endenden Berichte von Folter, Verschleppung, Ermordung und postumer Verleumdung immer wieder Formulierungen einer Hoffnungsperspektive: Der Name der entführten und verschwundenen Ordensschwester Victoria ist »eine Verheißung für die Armen von Esquipulas, daß die Befreiung trotz allem kommen wird«.[56] Von Alicia Domon, die sich den Müttern der »Verschwundenen« auf der Plaza de Mayo in Buenos Aires anschließt, bis sie schließlich selbst »verschwindet«, wird das Wort überliefert, »daß diese Passionssituation ... der Auferstehung vorangeht«.[57] Die Hoffnung auf Auferstehung bedeutet aber nicht bloße Hoffnung auf jenseitigen Lohn, sondern durchaus die Hoffnung darauf, daß dieses Leben, das in einer

---

[53] *G. Gutiérrez*, Theologie der Befreiung, Mainz 10. Aufl. 1992, 54.

[54] *L. Boff*, Martyrium: Versuch einer systematischen Reflexion, in: Concilium 19 (1983) 176–181, hier 178f. Vgl. auch *K. Rahner*, Dimensionen des Martyriums. Plädoyer für die Ausweitung eines klassischen Begriffs, ebd., 174–176 (auch in: Schriften zur Theologie, XVI, Zürich 1984, 295–299).

[55] Sie leben im Herzen des Volkes, 51 (Hervorhebungen von mir).

[56] Ebd., 26.

[57] Ebd., 202.

konkreten Geschichte gelebt und erlitten wurde, auch in dieser Geschichte seine Früchte trägt. »Padre Rodolfo Escamilla, ermordet aufgrund seines Engagements für das Volk, wird auferstehen bei jedem Schritt, den das Volk zur Befreiung unternimmt...«[58] Johann Baptist Metz spricht treffend von einer »Koalition der Lebenden und der Toten, die uns der Glaube an die Auferstehung verbürgt«.[59]

Bekanntlich wurde in lateinamerikanischen Gemeinden, wie auch vielerorts bei uns, den vierzehn Kreuzwegstationen (die mit der Grablegung Jesu enden) eine fünfzehnte hinzugefügt: »Jesus ist zum vollen Leben auferstanden.« So wird auch in der Frömmigkeitspraxis die Leidensgeschichte in eine Hoffnungsperspektive gestellt. »Die Auferstehung ... ist die Antwort auf das Warum? unserer Opfer«, sagt Leonardo Boff, die fünfzehnte Station kommentierend. Und auch hier ist der Gedanke wichtig, daß Auferstehung schon prozeßhaft in der Geschichte geschieht und anfangshaft schon erfahren werden kann: »Die Auferstehung geschieht jetzt; sie ist ein laufender Prozeß. Ein Herz hat sich einem anderen Herzen in Liebe und Vergebung geöffnet? Hier ist die Auferstehung geschehen! Die Menschen haben untereinander gerechtere und brüderlichere Beziehungen hergestellt? Hier verwirklicht sich die Auferstehung! Es hat eine Verbesserung der Lebensumstände, besonders für die Unterdrückten und Abgeschriebenen gegeben? Hier zeigt sich die Auferstehung!«[60]

So läßt sich also der Gedanke von Liebe und Tod auch mit den Begriffen Solidarisierung und Martyrium umschreiben. Vielleicht könnte es allerdings manchem so scheinen, als würden hier nur Extremfälle vor Augen geführt: Der Durchschnittsgläubige, selbst wenn er politisches Handeln als seine christliche Pflicht erkannt hat, rechnet doch nicht, zumindest nicht in Mitteleuropa, mit dem Martyrium. Bleibt also für ihn die eben vorgetragene Perspektive nur ein exotisches Gedankenspiel? Hier ist daran zu erinnern, was auch über den Zusammenhang

---

[58] Ebd., 83.

[59] Ebd., 11.

[60] *L. Boff*, Kreuzweg der Auferstehung, Düsseldorf 1984, 76.

von Liebe und Tod gesagt wurde: Lieben kann als eine Art von Sterben betrachtet werden, selbst wenn dieses Sterben in vielen kleinen Schritten des Abgebens, Loslassens usw. vollzogen wird.[61] Ähnlich ist es mit dem Martyrium. Vielleicht sollten wir allerdings ein so großes Wort nicht zu schnell bemühen; dann sprechen wir vielleicht besser von Opfer und Verzicht. Daß Solidarität mit den Ärmeren Opfer und Verzicht kostet, das weiß heute jeder, auch ohne Glauben oder theologische Erläuterung. Und daß dies auch für Menschen in relativ glücklichen politischen Verhältnissen gilt, wird zunehmend bewußt.[62] Daß aber solches Verzichten ein wirklicher Beitrag zu einer kommenden Welt der Gerechtigkeit und des Friedens wird, das ist das Versprechen der Auferstehung. Nochmals anders gesagt: Die Hoffnung auf das Reich Gottes gibt den einzelnen oft vergeblich erscheinenden Schritten auf dem Weg zu einer solidarischen Gesellschaft und auch den Opfern auf diesem Weg einen Sinnhorizont.

E. Mit-leidender Gott: Zur trinitarischen Vertiefung

Im IV. Kapitel dieses Buches hatte ich schon kurz angedeutet, daß der Zusammenhang von Liebe und Schmerz von einigen christlichen Theologen sogar auf Gott selbst bezogen wird.[63] Dieser Gedanke wurde inzwischen in der evangelischen und katholischen Theologie deutlicher herausgearbeitet. Dabei wirkte sich vor allem aus, daß christliche Theologie in den letzten Jahren in größerem Maße offen und lernbereit wurde gegenüber dem Glaubenszeugnis der Juden und daß anderer-

---

[61] Vgl. oben, Kap. IV.

[62] Vgl. hierzu den Roman von *I. Allende*, Von Liebe und Schatten, Frankfurt 1986 (Originalausgabe: Barcelona 1984): Die persönliche Geschichte einer Zweierbeziehung und die politische Geschichte unter der Pinochet-Diktatur sind ineinander verflochten. Das bislang sorglos heitere Leben einer Frau aus der chilenischen Oberschicht wird in der Begegnung mit Unrecht und Elend zur Nacht und zur Heimatlosigkeit.

[63] Vgl. oben, 127–130.

seits die alte jüdische Überlieferung selbst, insofern sie vom Schmerz, von der Trauer und der Klage Gottes spricht, in jüngster Zeit gründlicher erforscht und neu zur Sprache gebracht[64] wurde.
Clemens Thoma und Simon Lauer sprechen von den »sympathischen« und den »empathischen« Gleichnissen in der rabbinischen Literatur: »In den sympathischen Gleichnissen wird Gott ... als verständnisvoller, das Leid verstehender und mitfühlender Partner Israels vorgestellt. ... In den empathischen Gleichnissen wird Gott nicht nur als Verständnisvoller, sondern als Mitbetroffener, ... Hilfe- und Trostbedürftiger dargestelllt.«[65] Von Gottes Mitbetroffenheit durch menschliches Elend handeln die zahlreichen Texte aus Talmud und Midrasch, die Peter Kuhn zusammengestellt hat. Um nur einige Beispiele zu nennen: Gott weint (und kann auch von den Engeln nicht getröstet werden) bei der Vernichtung der Menschheit durch die Sintflut, beim Untergang der Ägypter im Schilfmeer und bei der Zerstörung des Tempels.[66] Grund für seine Trauer ist aber nicht ein tragisches Schicksal, das über Gott wie über die Menschen verfügt, sondern eine Geschichte, die auf Gottes freier Zuwendung beruht: In diese frei begonnene Geschichte ist Gott nun verstrickt. In den Ruinen des zerstörten Jerusalems hört ein Beter eine seufzende Stimme hallen: »Weh mir, daß ich [!] mein Haus zerstört, meinen Tempel verbrannt und meine Kinder unter die Völker ins Exil geführt habe!«[67] Gott selbst hat die Israeliten zu seinen »Kindern«, den Tempel zu seiner Wohnung erwählt; er selbst ist auch der Herr der Geschichte von Zerstörung und

---

[64] Vgl. *P. Kuhn*, Gottes Trauer und Klage in der rabbinischen Überlieferung, Leiden (NL) 1978; *ders.*, Gottes Selbsterniedrigung in der Theologie der Rabbinen, München 1968; *C. Thoma / S. Lauer*, Die Gleichnisse der Rabbinen, 1. Teil: Pesiqta de Rav Kahana (PesK), Bern 1986, bes. 40. 139f. 224–236. Für einen Überblick über neuere Strömungen in jüdischer Theologie vgl. *M. Brocke / H. Jochum* (Hrsg.), Wolkensäule und Feuerschein. Jüdische Theologie des Holocaust, München 1982, darin bes. *M. Brocke / H. Jochum*, Der Holocaust und die Theologie: 238–270 (zum Thema Leiden Gottes: 268f).
[65] *C. Thoma / S. Lauer*, a.a.O., 40.
[66] Vgl. *P. Kuhn*, Gottes Trauer, 61–64.
[67] Ebd., 258.

Vertreibung, und trotzdem, ja gerade deshalb leidet er an dieser Geschichte.

Aus der *Gegenwart* seien zwei jüdische Stimmen genannt: Elie Wiesel, der als Jugendlicher das Grauen von Auschwitz durchlitt und als einziger seiner Familie Konzentrationslager und Todesmarsch überlebte, und Hans Jonas, dessen Mutter in Auschwitz umkam. Beide knüpfen bei dem Versuch, nach der furchtbaren Erfahrung des Holocaust noch eine Sprache für den Glauben an Gott zu finden, an die rabbinische Überlieferung von Gottes Mitleiden an, allerdings mit unterschiedlichen Konsequenzen.

Elie Wiesel, dessen Romane wie eine immer neue Suche nach dem in Auschwitz gemordeten Glauben wirken, sieht, nachdem er erzählend die Rollen des Opfers, des Henkers, des Flüchtenden, des Zuschauers und des Wahnsinnigen durchprobiert hat,[68] schließlich Gott so sehr in die Geschichte des Menschen verstrickt, daß nun »die Befreiung des einen an die des andern geknüpft ist«. So formuliert er es in der Legende vom freiwilligen Rollentausch Gottes mit dem Menschen[69], und ähnlich sagt er es in reflektierender Rede: »Die Trauer Israels und die Trauer der Schechina, der offenbar gewordenen Seite Gottes, sie gehören beide zusammen: Gemeinsam erwarten sie die Erlösung.« Darin besteht eine »Solidarität« zwischen Gott und seinem Volk: »Was uns zustößt, berührt Ihn; was Ihm zustößt, das betrifft auch uns. Wir erleben das gleiche Abenteuer, und wir nehmen teil an der gleichen Suche. Wir leiden aus den gleichen Gründen und geben unserer gemeinsamen Hoffnung den gleichen Sinn.«[70]

Auch *Hans Jonas* geht aus von einer Selbstentäußerung Gottes zugunsten der Welt. Der narrativen Tradition des Judentums entsprechend erzählt er die Geschichte dieser Entäußerung in

---

[68] Vgl. hierzu vor allem (die Trilogie »Nacht«, »Morgengrauen«, »Tag« in:) *E. Wiesel*, Die Nacht zu begraben, Elischa, Frankfurt/M., 1987; *ders.*, Gezeiten des Schweigens, Freiburg 1987. Zur Interpretation vgl. *R. McAfee Brown*, Elie Wiesel. Zeuge für die Menschheit, Freiburg 1990, bes. 61–91.

[69] *E. Wiesel*, Gezeiten des Schweigens, 176.

[70] *E. Wiesel*, Der Mitleidende, in: *R. Walter* (Hrsg.), Die hundert Namen Gottes, Freiburg 1985, 70–74, hier 71.

einem »selbsterdachten Mythos« von der Erschaffung der Welt und der »Selbstpreisgabe«[71] Gottes in diese seine Schöpfung hinein. In dem anschließenden Versuch einer begrifflichen (»spekulativen«[72]) Präzisierung kommt er zu der Aussage, ein leidender, sich sorgender Gott, »verwickelt in das, worum er sich sorgt«[73], könne nicht ein allmächtiger Gott sein. »Nicht weil er nicht wollte, sondern weil er nicht konnte, griff er [in Auschwitz] nicht ein.« Hans Jonas weiß, daß er sich mit dieser These »weit von ältester jüdischer Lehre« entfernt. Das für jüdischen Glauben zentrale, jährlich im Pesach-Gedächtnis zitierte Motiv von Gottes »starker Hand« und seinem schützend »ausgestreckten Arm« fällt für ihn dahin und damit auch die Überzeugung »von Gottes Herrschermacht über die Schöpfung, seiner Belohnung der Guten und Bestrafung der Bösen, selbst vom Kommen des verheißenen Messias.«[74] »Nachdem er sich ganz in die werdende Welt hineingab, hat Gott nichts mehr zu geben: Jetzt ist es am Menschen, ihm zu geben.«[75] Was bleibt, ist ein inneres Werben Gottes: der »Ruf an die Seelen«, die »Inspiration der Propheten und der Thora«, das »Höre, Israel«. Das bloße Zulassen menschlicher Freiheit bedeutet für Jonas einen »Verzicht göttlicher Macht«.[76]

So weit möchte Elie Wiesel nicht gehen. Auch er ist davon überzeugt, daß in der Schoa Gott selbst litt. Die Frage aber, warum Gott nicht das Martyrium der Unschuldigen beendete und damit seiner eigenen Qual ein Ende setzte, läßt Wiesel lieber unbeantwortet: »Ich weiß es nicht«. Dadurch daß er den Glauben an Gottes Macht nicht durchstreicht, kann für ihn Gott nicht nur Frage, sondern auch Antwort sein: »Er ist für uns armselige Sterbliche gleichzeitig Bruch und Bindung,

---

[71] *H. Jonas*, Der Gottesbegriff nach Auschwitz, Frankfurt/M. 1987, 15. 17.

[72] Ebd., 7.

[73] Ebd., 31.

[74] Ebd., 41–43.

[75] Ebd., 47.

[76] Ebd., 43. Zum christlichen Gespräch mit Hans Jonas vgl. *H. H. Henrix*, Auschwitz und Gottes Selbstbegrenzung. Zum Gottesverständnis bei Hans Jonas, in: Theologie der Gegenwart 32 (1989) 129–143.

Schmerz und Heilung, Wunde und Frieden, Gebet und Vergebung.«[77]

Beide, Elie Wiesel und Hans Jonas, führen uns eindrucksstark die Überzeugung vor Augen, daß die innere Logik von Liebe und Tod zum Geheimnis Gottes selbst gehört. Freilich stellt sich damit auch die Frage, ob ein Gott, der in der Geschichte seiner Liebe schließlich selbst wehrlos und machtlos wird, für den leidenden Menschen noch eine Hoffnung sein kann. Um dieser Hoffnung willen verzichtet Elie Wiesel lieber auf eine theoretische Erklärung, Hans Jonas legt die Hoffnung ganz in das Tun des (von Gottes Ruf inspirierten) Menschen.

Wie geht christliche Theologie mit diesen Impulsen um? Zunächst einmal gerät sie durch die Wiederentdeckung der jüdischen Tradition (und auch aufgrund der neueren Biblischen Theologie) in eine gewisse Distanz zur eigenen, stark an der griechischen Philosophie ausgerichteten Theologiegeschichte: Sie überprüft nun kritisch die klassischen Aussagen der Dogmatik über die sogenannten »Eigenschaften« (»Attribute«) Gottes, besonders die von seiner Vollkommenheit, Unveränderlichkeit und Allmacht. Der Inhalt dieser Worte soll nicht länger durch Definitionen griechischer Philosophie entschieden werden, sondern durch den biblischen Befund. Von daher aber werden die Aussagen über das metaphysische Wesen Gottes, über Gott, wie er in sich ist, zu Beziehungsaussagen: Sie bringen zum Ausdruck, wie Gott zu seiner Schöpfung steht, was der Mensch an Gott hat.

Wenn man also wissen will, was *Vollkommenheit* bedeuten kann, dann darf man nicht, wie die Griechen, an Unberührbarkeit denken und sich ein Wesen vorstellen, das nichts von außen empfangen kann, weil es alles schon in sich hat, sondern man muß sich von der Bibel sagen lassen, was Gottes Vollkommenheit (und damit überhaupt höchste Vollkommenheit) bedeutet. Nach der Bibel ist Gott der vollkommen Liebende. Von hierher sind also auch alle anderen Attribute zu interpretieren. Gottes *Unveränderlichkeit* bedeutet also nicht, daß er nicht auf die Zuwendung seiner Geschöpfe reagieren, von der Geschichte mit

[77] *E. Wiesel*, Der Mitleidende, 72.

ihnen betroffen sein könnte, sondern daß er in seiner Liebe absolut zuverlässig ist. Und *Allmacht* bedeutet vor allem die Macht seiner Liebe. Er kann sich an das Geschöpf weggeben, ohne damit an ein Ende zu kommen. Solche Allmacht freilich schließt Ohnmacht nicht aus. Im Gegenteil: Die Liebe macht verwundbar, läßt den Liebenden zum Gefangenen derer werden, denen der Liebende sich gibt; aber die Macht der Liebe selbst wird dadurch nicht gebrochen. Häufig versucht man heute, diese Sicht mit bewußt paradoxen Formulierungen zum Ausdruck zu bringen wie etwa der von der »Allmacht ohnmächtiger Liebe«.[78]

Der nächste Schritt wird sein, daß dogmatische Theologie auch die Geschichte christlicher Kunst und Frömmigkeit als theologische Erkenntnisquelle stärker ernst nimmt. Was bedeutet es, daß dort nicht nur (seit der Gotik) der leidende Jesus am Kreuz und die Schmerzensmutter mit dem toten Sohn (die »Pietà«) eine wesentliche Rolle spielen, sondern (in der spätmittelalterlichen Erfahrung von Erschütterung und Ungesichertheit) sogar Gott selbst als der schmerzlich vom Leid Betroffene erscheint?[79]

Wie aber kann Gott zuverlässig bleiben, wenn er selbst in Geschichte verwickelt ist? Wie kann seine Liebe mächtig bleiben, wenn sie in dieser Geschichte gekreuzigt wird? Mit den Worten von Elie Wiesel: Wie kann er »gleichzeitig Bruch und Bindung, Schmerz und Heilung«[80] sein?

Christliche Theologie versucht die Antwort in der Sprache der Trinitätstheologie. Lange Zeit war deren existentielle Bedeutung kaum zu erkennen. Vielen galt sie eher wie eine besonders gehütetete Geheimkammer im Haus des Glaubens, zu deren Tür nur wenige Gelehrte den Schlüssel besaßen. Ein normaler Glaubender schien sie kaum betreten zu können, und er brauchte es wohl auch nicht; denn sie schien zwar vom Geheimnis Gottes,

---

[78] *G. Fuchs / J. Werbick*, Scheitern und Glauben, Freiburg 1991, 45. Vgl. zu diesem ganzen Fragenkomplex auch *J. Werbick*, Bilder sind Wege. Eine Gotteslehre, München 1992, 109–122 u. 226–230.

[79] Vgl. z.B. *G. Lange*, Gottes Not mit dem Leid. Eine Miniatur aus dem Rohan-Stundenbuch, in: KBl 117 (1992) 774–782.

[80] Vgl. oben, Anm. 77.

aber nicht vom Geheimnis menschlichen Lebens zu sprechen. Die neuere Theologie dagegen sucht gerade hier den tiefsten Grund für das Geheimnis von Liebe, Tod und Auferstehung. Sie thematisiert dabei besonders die Hingabe-Dimension, den gefährlichen, tödlichen Charakter der Liebe, und zwar zunächst mit Blick auf den Sohn (christologisch), dann auch mit Blick auf den Geist (pneumatologisch).

Jürgen Moltmann spricht, die paulinische und johanneische Formel von der Hingabe des *Sohnes* durch Gott[81] stark unterstreichend, vom »gekreuzigten Gott«: »In der Passion des Sohnes erleidet der Vater selbst den Schmerz der Verlassenheit. Im Tod des Sohnes kommt der Tod auf Gott selbst, und der Vater erleidet den Tod seines Sohnes an seiner Liebe zu den verlassenen Menschen.«[82] Auch Hans Urs von Balthasar thematisiert die Gottverlassenheit, in die Gott selbst sich in liebender Solidarität mit den Menschen hineinbegibt. Er konzentriert sich dabei auf das Motiv vom Höllenabstieg Christi. Diese deutet er als den Weg in die »vollkommene Selbstentfremdung«, motiviert durch die Liebe zu den von Gott Entfremdeten: »Der Auftrag lautet: Heimholung des verlorenen Menschen«.[83] Die Mythen der Völker vom Abstieg zu den Geliebten in das Totenreich[84] sind für ihn »Annäherungen an das Mysterium, das ... in keiner Weise ausgedacht werden kann, weil es die unausdenkbare Trinität Gottes zu seiner inneren Voraussetzung hat.«[85]

Inzwischen ist die Rede vom Schmerz Gottes auch in kirchenamtliche Sprache eingegangen. »Wir haben hier ein paradoxes Geheimnis der Liebe: In Christus leidet Gott, der von seiner eigenen Schöpfung zurückgewiesen wird«, sagt Johannes Paul II. in seiner Enzyklika über den Heiligen Geist, und er

---

[81] Vgl. Röm 8,32; Joh 3,16.

[82] *J. Moltmann*, Der gekreuzigte Gott, München 1972, 179.

[83] *H. U. von Bathasar*, Abstieg zur Hölle, in: Pneuma und Institution, Einsiedeln 1974, 387–400, hier 396. Zum Motiv des Höllenabstiegs in der Theologiegeschichte und heute vgl. *W. Maas*, Gott und die Hölle. Studien zum Descensus Christi, Einsiedeln 1979.

[84] Vgl. oben, 103–105.

[85] *H. U. von Balthasar*, a.a.O., 399.

spricht, freilich mehr vorsichtig-fragend, von dem »unfaßbaren und unaussprechlichen Schmerz, den die Heilige Schrift ... in den Tiefen Gottes und gewissermaßen sogar im Herzen der unbegreiflichen Dreifaltigkeit zu sehen scheint«.[86]

Im Zuge einer neuen, ökologisch motivierten Schöpfungstheologie wird auch die Pneumatologie neu bedacht. Dabei rückt das trinitarische Sprechen vom *Heiligen Geist* in die Nähe der jüdischen Rede von der Schechina, der Einwohnung Gottes in seiner Schöpfung. Und ähnlich wie die Rabbinen von der Teilnahme der Schechina am Leiden Israels, sprechen heute christliche Theologen vom Stöhnen des göttlichen Geistes in der geschundenen Kreatur. »Gott der Schöpfer nimmt Wohnung in seiner Schöpfung und macht sie zu seiner Heimat ... Durch die Präsenz seines eigenen Seins nimmt Gott aber auch an dem Schicksal seiner eigenen Schöpfung teil. Durch den Geist leidet er die Leiden seiner Geschöpfe mit.«[87] Jürgen Moltmann läßt das christliche Lernen vom Judentum erkennen: »Die Schechinavorstellung macht ... auf die Empfindsamkeit Gottes des Geistes aufmerksam: Der Geist wohnt in uns, der Geist leidet mit, ... der Geist ist in seiner Niederlassung und Einwohnung im irrenden und leidenden Geschöpf voller Triebkraft und Sehnsucht nach der Einung mit Gott und seufzt nach seiner Ruhe in der neuen vollkommenen Schöpfung.«[88] In diesem Sinne interpretiert auch der katholische Systematiker Hans Kessler das viel zitierte Wort vom Stöhnen der Kreatur und vom Stöhnen des Geistes (Röm 8,19–30): »Mit seiner Schöpfung ..., mehr noch: in seiner Schöpfung leidet Gott (bzw. Gottes Geist), wartet sehnsüchtig und seufzend auf uns (vgl. Röm 8,26). Mit seinen gequälten Kreaturen leidet *er*.« Mit dieser Aussage verbindet Kessler eine ethische Absicht: »Und er leidet, bis endlich Gottes Bild, das Gleichbild Jesu, in uns Gestalt annimmt, damit Jesus wirklich der Anfang einer neuen Schöpfung sei, der Erst-

---

[86] Enzyklika Dominum et vivificantem von Papst *Johannes Paul II.* über den Heiligen Geist im Leben der Kirche und der Welt (18. Mai 1986), hrsg. vom Sekretariat der deutschen Bischofskonferenz, Bonn o.J. (1986), Nr. 41 u. 39, S. 40 u. 37.

[87] *J. Moltmann*, Gott in der Schöpfung, München 1985, 107f.

[88] *Ders.*, Der Geist des Lebens, München 1991, 64.

geborene unter vielen Brüdern und Schwestern, die es ihm nachtun (Röm 8,29).«[89] Noch deutlicher: »Gottes Geist ist ... der schöpferische Hauch und Atem Gottes. Mit ihm schafft Gott nicht nur die Welt, so daß er ihr als der unvergleichlich Andere, Heilige, in radikaler Transzendenz und Freiheit gegenübersteht. In ihm geht Gott zugleich auch belebend in seine Schöpfung ein, so daß er ihr und all seinen Geschöpfen zuinnerst innewohnt, ›einwohnt‹ in radikaler Immanenz, Präsenz und Liebe. Gott durchdringt all seine Geschöpfe mit seiner Gegenwart. Deshalb dürfen wir mit keinem seiner Geschöpfe (keinem Element, keiner Pflanze und keinem Tier) achtlos, rücksichtslos umgehen, sondern müssen ihm mit Einfühlung und Ehrfurcht begegnen.«[90]

Interessant für den jüdisch-christlichen Dialog ist dabei, daß nun ausgerechnet an dem Punkt christlicher Lehre, der für jüdischen Monotheismus äußerst befremdlich schien, nämlich in der Trinitätstheologie, Berührungspunkte gesucht werden mit den genuin jüdischen Motiven von Gottes Einwohnung (Schechina) und von Gottes Mitleiden.

Was aber ergeben diese Beobachtungen für unsere Überlegungen? Ich möchte es vorsichtig formulieren: Es legt sich die Ahnung nahe, daß der zunächst auf menschliche Erfahrungen bezogene Zusammenhang von Liebe, Tod und Auferstehung im Geheimnis Gottes selbst verankert sein könnte: Durch den *Geist* und im *Sohn* engagiert sich Gott persönlich in der Geschichte, liefert sich aus, macht sich wehrlos und verwundbar. Daß ebendieser Gott doch ein Gott der Hoffnung bleibt, der letzten Endes die Macht haben wird, den Schmerz und den Tod zu besiegen, dieser Glaube verbindet sich mit dem Wort *Vater*. So spricht die Rede von drei »Personen« von der Liebe: von ihrer Identifizierung mit dem Geliebten, von ihrer Hingabe bis in den Tod und von ihrer Macht, die den Tod überwindet. Aber die Trinitätstheologie betont die Einheit dieser »Drei«: Vater, Sohn und Geist sind nicht Drei, die sich gewissermaßen mit verteilten

---

[89] *H. Kessler*, Das Stöhnen der Natur. Plädoyer für eine Schöpfungsspiritualität und Schöpfungsethik, Düsseldorf 1990, 105.

[90] Ebd., 71.

Rollen am Drama der Geschichte beteiligen, sondern es ist der eine Gott, der im Leben seiner Geschöpfe sich selber gibt, der dadurch verwundbar wird und mit-leidet, der einen Menschen unserer Geschichte, Jesus von Nazareth, ganz und gar erfüllt, mit ihm in den Tod geht[91] und gerade auf diese Weise den Tod besiegt.

---

[91] Mit dieser Formulierung folge ich Jürgen Werbick, der sich damit absetzt von Eberhard Jüngels Wendung, »in und mit dem Menschen Jesus Christus sei Gott selbst *gestorben*«. In der Tat wäre es sprachlich wenig überzeugend, zugleich von Gottes Tod und von seinem Auferweckungshandeln zu sprechen. Dieses Problem empfinde ich auch bei Jürgen Moltmanns emphatischer Rede vom »gekreuzigten Gott«. Dagegen scheint mir Werbicks Formulierung eher Differenzierungen zu erlauben: Vom Gott, der »mit ihm [dem Menschensohn] in den Tod geht«, kann eher gesagt werden, daß er »mitten im Tod neues Leben, neue Beziehung« schafft. *J. Werbick*, Soteriologie, Düsseldorf 1990, 210. Der ganze Disput zeigt, wie die heutige Theologie, durch neue Fragen und neue Einsichten herausgefordert, tastend nach einer neuen Sprache sucht.

Abkürzungen

Bauer	Bibeltheologisches Wörterbuch, hrsg. v. J.B. Bauer, 2 Bde., Graz/Wien/Köln [2]1962
DS	Enchiridion symbolorum, definitionum et declarationum de rebus fidei et morum, hrsg. v. H. Denzinger/A. Schönmetzer, Frb. i. B. [34]1966
EvTh	Evangelische Theologie
HK	Herder-Korrespondenz
HPhG	Handbuch philosophischer Grundbegriffe, hrsg. v. H. Krings/H.M. Baumgartner/C. Wild, Studienausgabe
HThG	Handbuch theologischer Grundbegriffe, hrsg. von H. Fries
HThTL	Herders Theologisches Taschenlexikon, hrsg. von K. Rahner
IKZ	Internationale katholische Zeitschrift »Communio«
KBl	Katechetische Blätter
LThK	Lexikon für Theologie und Kirche, 2. völlig neubearbeitete Aufl., hrsg. v. J. Höfer und K. Rahner
NR	Der Glaube der Kirche in den Urkunden der Lehrverkündigung, hrsg. v. J. Neuner und H. Roos, 8. Aufl., neubearbeitet von K. Rahner und K.-H. Weger
NHThG	Neues Handbuch theologischer Grundbegriffe. Erweiterte Neuausgabe 1991, hrsg. von P. Eicher
PL	Patrologia Latina, hrsg. von J.P. Migne, Paris 1878–90
RGG	Die Religion in Geschichte und Gegenwart. Handwörterbuch für Theologie und Religionswissenschaft, 3. Aufl., hrsg. v. K. Galling
SM	Sacramentum Mundi. Theologisches Lexikon für die Praxis, hrsg. v. K. Rahner und A. Darlap
StdZ	Stimmen der Zeit
ThPh	Theologie und Philosophie
ThQ	Theologische Quartalschrift
TThZ	Trierer Theologische Zeitschrift
ThW	Theologisches Wörterbuch zum Neuen Testament, hrsg. v. G. Kittel, fortges. v. G. Friedrich

TRE	Theologische Realenzykopädie, hrsg. von G. Krause und G. Müller
WPKG	Wissenschaft und Praxis in Kirche und Gesellschaft
ZKTh	Zeitschrift für Katholische Theologie

Autorenregister

KÖSEL

Franz-Josef Nocke

Wort und Geste

Zum Verständnis der Sakramente

156 Seiten. Kartoniert

Der Autor entwirft in diesem Buch eine anthropologisch orientierte und vor der Glaubenstradition verantwortete Sakramententheologie. Die Sakramente sind demnach keine wunderlichen Vorkommnisse in einer religiösen Sonderwelt, sondern Handlungen, die tief im Wesen des Menschen angelegt sind.

Franz-Josef Nocke / Hans Zirker

Einübung in die Systematische Theologie

(Studienbücher Theologie für Lehrer)

163 Seiten. Kartoniert

Die Themen dieses Übungsbuches: Zur heutigen Situation des Glaubens – Was heißt glauben? – Notwendigkeit, Möglichkeiten und Grenzen der Glaubensbegründung – Was ist Theologie? – Praktische Hinweise zur Anfertigung einer wissenschaftlichen Arbeit.

KÖSEL

Geistliche Lesebücher

Die vielen Gesichter Gottes
Ein geistliches Lesebuch
Hrsg. von Franz W. Niehl unter Mitarbeit
von Gotthard Fuchs
144 Seiten. Gebunden

Durch die Texte und Bilder dieses Buches werden wir in die unablässige Suche von Menschen nach Gott – quer durch die Kulturen und Jahrhunderte – hineingezogen. Im Buch finden sich u. a. Texte von Augustinus, Buber, Meister Eckehart, Grass, Heine, Luther, Meckel, Rilke, Nelly Sachs, Silesius, Walser, Texte östlicher Weisheit, Texte der Bibel.

Möchten Sie unsterblich sein?
Ein Lesebuch
Hrsg. von Franz W. Niehl und Rüdiger Kaldewey
166 Seiten. Gebunden

Mit Sterben und Tod geraten wir an die Grenze des Schweigens. Bilder und Texte dieses Lesebuchs helfen, unabweisbare Fragen zu stellen und auszuhalten. Das Buch enthält u. a. Texte von Bonhoeffer, Brecht, Buber, Eich, Epikur, Frisch, Goethe, Kaschnitz, Lasker-Schüler, Mozart, Platon, Proust, Sölle, Wiesel.